本书系樊崇义教授作为首席专家主持的研究阐释
党的十九届四中全会精神国家社科基金重大项目
"健全社会公平正义法治保障制度研究"
（批准号：20ZDA032）的阶段性研究成果之一

崇|明|中|青|年|刑|事|法|文|库

吴宏耀　主编

认罪认罚从宽
制度中的
刑事辩护问题研究

常　铮　著

中国政法大学出版社

2023·北京

图书在版编目（ＣＩＰ）数据

认罪认罚从宽制度中的刑事辩护问题研究/常铮著. —北京：中国政法大学出版社，2023.8
ISBN 978-7-5764-1085-3

Ⅰ.①认… Ⅱ.①常… Ⅲ.①刑事诉讼－辩护－研究－中国 Ⅳ.①D925.210.4

中国国家版本馆CIP数据核字(2023)第203237号

书　名	认罪认罚从宽制度中的刑事辩护问题研究 RENZUIRENFA CONGKUAN ZHIDU ZHONG DE XINGSHI BIANHU WENTI YANJIU
出版者	中国政法大学出版社
地　址	北京市海淀区西土城路 25 号
邮　箱	fadapress@163.com
网　址	http://www.cuplpress.com (网络实名：中国政法大学出版社)
电　话	010-58908466(第七编辑部) 010-58908334(邮购部)
承　印	固安华明印业有限公司
开　本	720mm×960mm　1/16
印　张	14.75
字　数	230 千字
版　次	2023 年 8 月第 1 版
印　次	2023 年 8 月第 1 次印刷
定　价	68.00 元

序
中国特色认罪认罚从宽制度的发展和完善

公正与效率，自始至终都是刑事诉讼追求的两大价值目标。习近平总书记强调："要严格规范公正文明执法，把打击犯罪同保障人权、追求效率同实现公正、执法目的同执法形式有机统一起来，努力实现最佳的法律效果、政治效果、社会效果。"

办理刑事案件，在案多人少、司法资源有限的情况下，如何保障公正不打折、正义不迟到？如何保障案结事了，促进社会和谐，减少情绪对抗？如何努力让人民群众在每一个司法案件中感受到公平正义，最大限度提高人民群众对司法的获得感？对于这些问题，随着全面走进中国特色社会主义新时代，刑事司法工作面临着一连串的拷问。中国特色认罪认罚从宽制度的持续构建与立法确认，就是中国立法、司法、执法机关合力交出的一份富含"中国智慧""中国特色"的改革答卷。

"坦白从宽"是党和国家一贯坚持的重要刑事政策。在实体法中，我国刑法相应规定了自首从宽制度，2011 年《刑法修正案（八）》从实体法角度规定了坦白从宽。在程序法中，刑事诉讼法针对认罪案件规定了简易程序以及刑事和解程序。这些制度设计，在实践中行之有效并已被广泛接受。2018 年《刑事诉讼法》修改后，将认罪认罚从宽确立为刑事诉讼法的重要原则，并在诉讼程序和操作规范中作出了相应规定，形成了认罪认罚从宽的制度激励和程序保障，从程序法角度完善了认罪认罚从宽制度。在我看来，从制度定位方面来讲，认罪认罚从宽制度是对坦白从宽刑事政策的制度化和深化发展。更重要的是，认罪认罚从宽程序进法典，标志着我国刑事诉讼类型的历史性转型。随着辩护律师的主体地位、权利和参与程度的不断扩大，以公正司法、为民司法为共同价值目标的法律职业共同体构建稳步推进，在诉讼中加强控辩审之间的协商与合作，逐渐成为刑事诉讼模式优化发展的客观需求。因而，这一重大的转型，具体是由司法规律直接决定的。而且，其科学性、正当性、合理性，也是由历史发展的应然性、必然性形成的。

随之而来的是，全面推进认罪认罚从宽制度的贯彻实施是当前与今后的重大任务。政治立场的站位要高、全面改革的意识要深、司法模式的转型要快，应作为指导其全面实施的基本方向。应当加快构建全面实施的运行机制，既涉及诉讼联动机制的有效嵌入，也涉及适用范围的全覆盖、诉讼阶段的全流程适用、诉讼程序类型的准确适用等内容。应当搭建推动认罪认罚从宽制度的实施平台，建立平等的控辩协商机制具有迫切的现实需要与重大意义，由主观认定到程序审理的深度转变则是另一要务。这些工作的积极贯彻落实，也进一步推动中国特色认罪认罚从宽制度的完善和新发展，使其更加具有独立性、专属性，适时地彰显中国特色与优势。

据我了解，在各方面的共同努力下，经过三年多的扎实推动，认罪认罚从宽制度得到了全面的落实。2020年以来，整体适用率稳定保持在85%以上，2022年达到了89.4%，量刑建议的采纳率超过了97%，一审服判率达到96.5%，高出其他刑事案件22个百分点。由此可见，对认罪认罚从宽制度加以适用的制度"自觉"已然形成，成为刑事诉讼的新常态。这项制度的实施，对于促进社会的和谐稳定，及时有效惩治犯罪，切实保障当事人的合法权利，提高刑事诉讼的效率，发挥了显著的作用，已经成为刑事司法与犯罪治理的中国方案、中国样本。

尽管认罪认罚从宽制度在立法上取得了显著的划时代之成绩，在全面实施过程中也积累了丰富的经验，也开始为中国特色的认罪认罚从宽制度的理论体系孕育基础和条件。但仍存在一些不足，尚需以此来考虑下一步制度建设、立法完善等方面的着重点。例如，基于宽严相济刑事政策的程序法定化需要，考虑到国外认罪协商诉讼程序的普遍独立化趋势，特别是我国刑事诉讼程序正朝多元层次性发展，应建构我国独立的认罪认罚从宽诉讼程序，避免"嵌用"模式的司法弊端。认罪认罚从宽诉讼程序首先是认罪认罚案件与不认罪认罚案件分流后的产物，认罪诉讼简化程序有别于简易程序、公诉案件刑事和解程序与刑事速裁程序，是我国混合式诉讼程序体系中的独立部分，而轻罪诉讼体系是其未来的命运方向。为确保认罪认罚从宽诉讼的程序正义，应坚持认罪认罚自愿性的基础地位并强化审查机制，突出控辩量刑协商的关键意义并完善协商程序，规范法院庭审方式等以避免庭审完全流于形式。又如，随着犯罪结构的深度调整，我国已经进入了轻罪治理时代。这既需要刑法的跟进，也需要刑事诉讼法的积极供给。在我看来，速裁程序是轻罪案件落实认罪认罚从宽的程序载体，是构建轻罪诉讼体系的有效抓手。随着认罪认罚从宽的立法化、制度化，中国刑事诉讼的模式正由对抗式向合作式转型，由权利保障型向协商合意型转化，由单一模式化向多元体系化发展。在诉讼模式转型背景下推进速裁程序发展完善，要转变诉讼理念，找准制度基点，把握发展方向，从轻罪诉讼分流全程化、制度设计层次化、配套保障体系化三个维度，进一步激发速裁程序的内生动力，有效地整合司法资源，更好发挥制度优势。

我国《刑事诉讼法》从 1979 年制定至今历经三次修改，刑事诉讼制度的进步与发展举世瞩目。认罪认罚从宽制度的入法及其实施，对中国特色刑事诉讼制度发展，起到了前所未有的重要推动作用。在进一步发展和完善中国特色认罪认罚从宽制度上，我认为，尤其需要把握刑事诉讼制度建构和发展的"定力"。概言之，"定力"就是规律。只有把握住不可逆转的规律，刑事诉讼法治才能健康地发展，才能真正进入科学、民主的轨道。

伴随着我国依法治国的进程，刑事诉讼程序不断地迈向科学、民主、文明，已经形成了不可逆转的"定力"。它主要包括：（1）人权保障的"以人为本"的根基。我国刑事诉讼法从制定到历经三次修改，其根本哲理就是以人权保障为核心的"以人为本"哲学理论。刑事诉讼法是"小宪法"，是实践中的人权法和宪法的适用法，以人权保障为核心的"以人为本"理念是其存在与发展的根基。特别要指出的是，我国刑事诉讼最基本的中国特色，就是中国共产党"以人民为中心"的发展思想在诉讼中的适用。（2）程序的独立价值是永存的。从理论到实践，实体与程序孰轻孰重的争论博弈从未间断。但在争论之中，人们已经认识到"重实体轻程序"的危害性，"无罪推定""疑罪从无""非法证据排除"等一系列程序保障举措陆续写入刑事诉讼法，并得以贯彻实施。尤其是纠正的一大批冤错案件更是让人们深刻地认识到，程序的独立价值是永存的。（3）诉讼模式的适时转型已势在必行。我国过去的刑事诉讼模式属于传统的"职权主义"模式，也有人称之为"强职权主义"。四十多年来，我国的刑事诉讼立法和实践顺应时代发展要求，与时俱进，尤其是1996年、2012年刑事诉讼法的修改，在诉讼程序中大量吸收了当事人主义诉讼程序。当事人、诉讼参与人的参与权、知情权依法得到了保障，我国的诉讼程序更加科学、民主、文明。"法律正当程序""程序公正保障实体公正""只有程序正义才能保障社会的公平正义"等理念已经深入人心。(4) 刑事诉讼构造在实践中不断调试。四十多年来，立法者采用补短板、强弱项的方法，使我国的刑事辩护制度得到不断发展和完善。一是犯罪嫌疑人、被告人有权获得辩护的宪法原则贯彻始终；二是刑事诉讼法中辩护人的地位和权利不断得到强化和扩大，尤其是刑事辩护中的会见难、阅卷难、质证难问题逐渐得到解决；三是辩护人辩护的范围和参与诉讼的阶段不断得以扩大和提前；四是刑事辩护全覆盖和值班律师制度的确立，为刑事辩护的发展开拓了广阔的空间；五是法律援助的阶段和范围得以逐步发展和扩大。

我国刑事诉讼法的完善和进步，最根本的动因还在于诉讼理念的转变。总结过往经验，刑事诉讼法的每一个进步无不与诉讼理念的转变相关，只有建构科学、民主、文明的司法理念，刑事诉讼法才能在修改和实施过程中获得进一步发展。我认为，只要遵循上述"定力"，才能建构更为完善的认罪认罚从宽制度。其关键可以归结为：坚持与时俱进，紧跟诉讼结构和诉讼模式转型的步伐。2018年刑事诉讼法的修改，正式确立了认罪认罚从宽制度，要求刑事诉讼类型必须从"权利型诉讼"转向"协商型诉讼"，促使司法工作人员与当事人从"对抗"走向"合作"，积极建构协商平台和制定协商程序是当前的一项重要任务。

常铮是我在中国政法大学人权研究院指导的博士生。她在入学之前，已经是知名刑辩律师。她入学后，恰逢认罪认罚从宽制度正式立法并全面进入实施阶段。有鉴于此，她决定围绕认罪认罚从宽制度撰写博士学位论文。对此，我表示认同。但考虑到时下对认罪认罚从宽制度的研究已经进入了"全面开花"的状态。为了确保学术研究的特定价值和意义，我建议她结合自己的工作经历，以刑事辩护为切入和归属，将人权保障这一重要理念贯彻始终，以开启针对认罪认罚从宽制度的另一新领域的观察、思考、应对等。经此沟通，最后确定了本书的研究主旨。

　　纵观本书，常铮博士围绕人权保障、辩护权、认罪认罚从宽、独立认罪认罚协商程序等主要关键词，主要讨论以下几个问题：

　　（1）基本理论的阐述，旨在梳理人权保障、辩护权的基本理论问题，明确本书研究主题与人权保障的关联性。同时，最终结论落脚于对内部的关联性的揭示，即对辩护权的研究就是对刑事司法人权问题的研究。（2）认罪认罚从宽制度中的刑事辩护问题，旨在从理论层面论述认罪认罚从宽制度与辩护权的关系。首先，从立法进程、基本概念、价值功能等方面，对认罪认罚从宽制度进行了总括性的介绍；其次，从制度影响等方面阐述了认罪认罚从宽制度中刑事辩护的特点；最后，还重点讨论了辩护权在认罪认罚从宽制度中的地位、作用，并强调认罪认罚从宽制度中必须有律师的参与。（3）认罪认罚从宽制度中刑事辩护的现状问题。首先，着重分析、阐述了认罪认罚从宽制度中存在的理论认识问题；其次，从被追诉人诉讼权利保障、律师行使辩护权保障、刑事辩护的有效性问题等方面，全面剖析了认罪认罚从宽制度中刑事辩护存在的具体问题。（4）阐述了认罪认罚从宽制度的理论内核，即认罪协商，旨在从协商性司法的理论高度，厘清认罪认罚案件之中的刑事辩护问题的解决方法。首先，认为认罪协商是认罪认罚从宽制度的核心，而制度关键则是量刑建议，应当从构建认罪认罚从宽协商制度层面探索解决问题的方案。进而，本章分别从认罪认罚协商的基本原理、独立协商程序的构建，以及协商理念的倡导三个方面进行深入论证，以期对未来认罪认罚从宽制度的改进和完善提供一定思路。（5）结合程序正义理念，并立足于我国当前法律规定，进一步提出了认罪认罚案件中辩护权保障的可行方法。首先，主张应当从对被追诉人知情权、程序选择权、反悔权、上诉权、平等协商等方面强化保障措施；其次，讨论在现有制度下如何进行量刑协商及量刑辩护精细化等问题；最后，从值班律师制度、有效辩护制度、刑事辩护专业化三个层面，探讨如何保障辩护权的有效行使。

　　在我看来，认罪认罚从宽制度是在2018年《刑事诉讼法》修改时被正式写入其中的，成为我国刑事诉讼中的一项重要制度。认罪认罚从宽制度的确立，使得我国的刑事诉讼结构发生了重要转型，控、辩、审三方的职权定位与行使都发生了不同程度的变化，权利型诉讼开始向协商型诉讼转变。随着认罪认罚从宽制度的全面推行，由这一制度引发的实践问题与协商型诉讼的内在弊端也逐渐暴露，特别是其中涉及的刑事辩护问题更为突出。辩护权作为被追诉人的一项基本诉讼权利，是司法人权保障中的重要内容，这在认罪认罚案件中也不例外。保障认罪认罚案件中被追诉人的辩护权，不仅是人权保障的基本要求，更是认罪认罚从宽制度正当性的基础，亦是认罪认罚从宽制度长远稳健运行的重要保障。因此，本书以认罪认罚从宽制度中的辩护问题为研究主题，具有重要的理论与现实意义。

在顺利通过答辩后，常铮博士又根据各位老师的意见和建议，结合最新的实践发展和理论动态，以及自己的刑辩执业经历等，对博士学位论文加以修改和完善，最终遂成本书。本书以人权保障为切入，对认罪认罚从宽制度进行更加微观、具体的探索，进而触及刑事诉讼的基本原理与制度发展等，令人耳目一新。

在本书即将付梓之际，常铮博士发来书稿，邀我作序。作为她的导师，我欣然应允。借此，我也将自己关于认罪认罚从宽制度的一些理解予以分享。

在此，我也一并郑重地向大家推荐本书。本书对于更好地了解人权保障视野下的中国特色认罪认罚从宽制度及其历史缘起、实践成果以及新的发展、完善等，具有积极的参考价值。

是为序。

樊崇义

影响中国法治建设进程的百位法学家

中国政法大学国家法律援助研究院名誉院长、教授、博士生导师

中国政法大学诉讼法学研究院名誉院长

北京师范大学"京师首席专家"、刑事法律科学研究院特聘教授

2022 年 9 月 21 日

目 录

序　　　　　　　　　　　　　　　　　　　　　　　　　　　　　　　001

第一章
辩护权的发展和完善　　　　　　　　　　　　　　　　　　　001

第一节　辩护权概论　　　　　　　　　　　　　　　　　　　　　001
一、辩护权的概念　　　　　　　　　　　　　　　　　　　　　　001
二、辩护权的属性及特征　　　　　　　　　　　　　　　　　　　003
三、域外辩护制度的考量　　　　　　　　　　　　　　　　　　　004
四、我国辩护制度的发展　　　　　　　　　　　　　　　　　　　007
第二节　认罪认罚从宽制度与辩护权　　　　　　　　　　　　　　009
一、认罪认罚从宽制度促进辩护制度的新发展　　　　　　　　　　009
二、保障认罪认罚从宽制度中的辩护权之意义　　　　　　　　　　012
三、认罪认罚从宽制度中辩护权的研究与保障之反思　　　　　　　013
四、立足刑事司法人权保障的法治高度，完善认罪认罚从宽制度中的辩护权　022

第二章
认罪认罚从宽制度与刑事辩护　　　　　　　　　　　　　　025

第一节　认罪认罚从宽制度的基本概况及价值功能　　　　　　　　025
一、认罪认罚从宽制度概况　　　　　　　　　　　　　　　　　　025

二、认罪认罚从宽制度的价值功能　　　　　　　　　033

第二节　认罪认罚从宽制度中刑事辩护的特点　　　　036

一、认罪认罚从宽制度中刑事辩护的新变化　　　　　036

二、认罪认罚从宽制度中刑事辩护与权利保障的辩证关系　043

三、认罪认罚案件中律师辩护的新特点　　　　　　　049

第三节　认罪认罚从宽制度中的辩护权　　　　　　　050

一、辩护权在认罪认罚案件中的核心地位　　　　　　050

二、辩护权在认罪认罚案件中的重要作用　　　　　　052

三、认罪认罚从宽制度与辩护权的关系　　　　　　　054

四、律师参与辩护是认罪认罚从宽制度的基本要素　　056

第三章
认罪认罚从宽制度下刑事辩护的运行现状　　　　　062

第一节　认罪认罚案件刑事辩护的理论问题　　　　　062

一、对认罪认罚从宽程序属性的认识问题　　　　　　062

二、对认罪认罚中刑事辩护意义的认识问题　　　　　065

三、对合作型控辩关系的把握问题　　　　　　　　　067

四、对值班律师身份定位的问题　　　　　　　　　　069

第二节　被追诉人诉讼权利的保障问题　　　　　　　072

一、认罪认罚的自愿性审查机制问题　　　　　　　　073

二、量刑协商的自愿、平等问题　　　　　　　　　　076

三、反悔权的行使问题　　　　　　　　　　　　　　079

四、上诉权的行使问题　　　　　　　　　　　　　　082

第三节　律师行使辩护权的保障问题　　　　　　　　086

一、侦查阶段的律师参与问题　　　　　　　　　　　086

二、会见权的行使问题　　　　　　　　　　　　　　088

三、阅卷权的行使问题　　　　　　　　　　　　　　091

四、律师参与量刑协商的保障问题　093

第四节　认罪认罚中刑事辩护的有效性问题　096

一、辩护律师的数量问题　096

二、传统辩护的方法问题　097

三、认罪认罚案件有效辩护效果体系的标准问题　099

第四章

认罪认罚从宽协商制度的建构　102

第一节　认罪认罚协商的基本原理　102

一、认罪认罚协商的基本原则　102

二、认罪认罚协商的原理与价值　105

第二节　构建独立的协商程序　109

一、认罪认罚协商程序独立化的基本价值　110

二、构建认罪认罚协商程序的基本体系　114

三、构建认罪认罚协商程序的配套机制　122

第三节　协商式辩护理念的倡导　131

一、诉讼合作引领协商理念发展的经验与启示　131

二、协商式辩护的理念与原则　139

三、检察机关主导与认罪认罚协商程序的良性互动　143

四、值班律师地位与职能的实质化、独立化　147

五、法律援助律师的有效参与　151

六、辩护律师充分全面参与协商　154

第五章

认罪认罚案件的程序正义保障机制　156

第一节　被追诉人诉讼权利的保障　156

一、知情权　　　　　　　　　　　　　　　157

二、程序选择权　　　　　　　　　　　　　159

三、反悔权　　　　　　　　　　　　　　　161

四、上诉权　　　　　　　　　　　　　　　163

五、认罪认罚作为诉讼权利　　　　　　　　167

六、辩护律师如何维护被追诉人的诉讼权利　169

第二节　量刑协商公正机制的保障　　　　　172

一、量刑协商的现状与反思　　　　　　　　173

二、量刑协商范围的扩展　　　　　　　　　175

三、量刑辩护的精细化　　　　　　　　　　189

第三节　认罪认罚案件程序正义的制度保障　191

一、值班律师制度的完善　　　　　　　　　191

二、有效辩护制度　　　　　　　　　　　　196

三、认罪认罚案件刑事辩护的专业化及建设　204

结　语　　　　　　　　　　　　　　　　　209

参考文献　　　　　　　　　　　　　　　　210

后　记　　　　　　　　　　　　　　　　　218

第一章

辩护权的发展和完善

本书是对认罪认罚从宽制度中的辩护问题进行研究，在研究具体问题之前，本章先对"辩护权"这一概念的基本理论问题进行梳理和论述。之所以单独对"辩护权"进行梳理和论述，是因为辩护权是刑事诉讼中犯罪嫌疑人、被告人所享有的一项重要的诉讼权利，而权利的实现离不开法律的制度化保障，司法则是权利保障必不可少的救济手段。由于刑事诉讼是以追究犯罪为任务，而犯罪又以承担刑罚为责任，这就决定了辩护权在刑事诉讼中所具有的权利保障的特殊功能，辩护权是权利保障在司法领域的集中体现。研究"辩护权"是对本书所要研究的认罪认罚从宽制度中的辩护问题的承接。

第一节　辩护权概论

一、辩护权的概念

辩护权是法律赋予刑事诉讼中被追诉人的一项民主权利。法律赋予被追诉人辩护权，实质上是保障被追诉人能够针对指控进行辩解，提出自己无罪、罪轻的证据，用法律手段对国家专门机关的活动作出反应，同时获得辩护人的帮助。

对于"辩护"可以从以下几个方面理解：（1）辩护是针对控诉机关施用刑罚的主张进行反驳和辩解的一项诉讼活动。辩护伴随着刑事诉讼的产生而产生，只要有控诉，必然存在辩护活动。在现代刑事诉讼中，辩护已经成为被追诉人最基本、最广泛的一项诉讼权利，贯穿于整个刑事诉讼中。（2）辩护是现代刑事诉讼赖以生存和发展的三大诉讼职能之一。刑事诉讼的运作以控诉、辩护、审判三大职能为轴心。控诉职能以追诉犯罪为根本任务，辩护职能以反驳控诉为基本内容，审判职能则是在控辩双方对抗的基础上对案件作出裁判。辩护职能对侦控、审判职能起平衡和制约作用。（3）辩护是刑事诉讼中被追诉人享有的最基本、最关键的诉讼权利。现代国家都赋予被追诉人以广泛的诉讼权利，比如英美国家赋予被追诉人沉默权、保释权、辩论权等；我国也赋予被追诉人申请回避权、会见权、辩护权等。在这些权利中，辩护权的性质和作用决定了它是一项最重要的诉讼权利，因为被追诉人的其他诉讼权利都直接或间接与辩护权相关。（4）辩护权必须通过辩护制度予以保障。辩护制度是立法对贯彻落实辩护原则所采取的措施和方法的总称。[1]

辩护是决定刑事诉讼结构的一个基本因素，决定刑事诉讼结构运作方式的一个重要方面，直接关系到案件的质量。辩护是公正、民主的集中体现。保障被追诉人的诉讼权利是各国刑事诉讼追求的目标，因为刑事被追诉人可能被限制、剥夺人身自由，因而在刑事诉讼中享有的最有效的保护自身利益的权利无疑就是辩护权了。

辩护权有广义和狭义之分。狭义的辩护权是指，被追诉人针对指控进行反驳、辩解，以及获得辩护人帮助的权利。狭义的辩护权又通过陈述权、提交证据权、辩论权等得以具体化。广义的辩护权，除包括狭义的辩护权之外，还包括其延伸部分，如调查取证权、上诉权、申诉权等。可以说辩护权是被追诉人所有诉讼权利的总和，因为被追诉人各项诉讼权利的行使，其总体目的均在于针对刑事追诉进行防御，维护自身的合法权益。[2]我国台湾地区学者蔡墩铭教授指出："从当事人主义之刑事诉讼构造以观，公诉权应当由检察官行使，原告之检察官既有公诉权，则被告方面亦应有与公诉权相对应之权利，此即防御权。被告所行使之防御权，不失为诉讼程序推进之原动力，与检察官所行使之公诉权同。惟被告行使防御权之目的，在于促使法院认定检察官并未具有有罪请求权，亦即否定检察官对其行使之公诉权。刑事诉讼法对于刑事被告所赋予实施诉讼行为之权能，均不外乎此种防御权之作用。然而防御权不限于刑事被告人有之，即尚未被起诉之犯罪嫌疑人亦应具有此项权利，盖多数之犯罪嫌疑人终不免被起诉，为使其准备被起诉时之防御，实有提前赋予其防御权之必要，例如许其于被起诉之前选任律师为其防御。"[3]

---

〔1〕 樊崇义主编：《刑事诉讼法学》，中国政法大学出版社 2002 年版，第 90-91 页。

〔2〕 熊秋红：《刑事辩护论》，法律出版社 1998 年版，第 6 页。

〔3〕 蔡墩铭、朱石炎：《刑事诉讼法论》，五南图书出版公司 1981 年版，第 82 页。

辩护权的成立要具备两个条件，一是必须有法律明文规定，任何权利都必须为法律赋予，辩护权也不例外。二是辩护权必须有强有力的保障手段。权利不能实现则没有实际意义，所以，在刑事诉讼中，国家专门机关有义务保障被追诉人依法行使辩护权。很多国家都把"被告人有权获得辩护"作为宪法原则，在刑事诉讼中则规定为"保障被告人辩护权"原则，落脚于对辩护权的保障上。

二、辩护权的属性及特征

辩护权作为一项具体权利，应当具备权利成立的必要属性。第一，利益性。权利之所以成立，是为了保护某种利益。辩护权的成立就是旨在保护被追诉人在刑事诉讼中的合法利益。第二，主张性。一种利益如果没有人对其提出主张或要求，就不能成为权利。在刑事诉讼中，国家对被追诉人行使追诉权，在追诉活动中有可能会侵犯被追诉人的正当利益，所以，要给被追诉人提供反驳、辩解的机会，使其能够对自己的利益提出主张或要求。第三，资格性。利益主体提出主张或者要求，就要具备相应的资格。资格有两种，一种是道德资格，一种是法律资格。[1]在封建社会中，被追诉人具有申辩自己无罪、罪轻或者应当减轻处罚的道德资格，但没有针对指控进行辩护的法律资格；到了近现代社会，法律确立了被追诉人的诉讼主体地位，确立了被追诉人有权获得律师帮助的原则后，被追诉人才有了进行辩护的法律资格。第四，权能性。一种利益或者资格要具有权能才能成立。权利应当具备不受侵犯的保障，以及实现权利的实际能力或可能性。辩护权在得到国家法律确认后，就受到了国家强制力的保障，国家专门机关有义务保障被追诉人辩护权的行使。通过法律还规定了委托辩护或者指定辩护的方式，通过辩护人来协助被追诉人利益的实现。第五，自由性。权利主体可以按照自己的意志行使或者放弃某项利益或要求，而不受外力的干扰或胁迫。在刑事诉讼中，辩护权作为一项诉讼权利，被追诉人可以自由选择为自己辩护或者放弃辩护，这是权利的应有之义。[2]

辩护权作为一项基本权利，具有如下特征：第一，辩护权具有专属性。

---

〔1〕　熊秋红：《刑事辩护论》，法律出版社1998年版，第8页。
〔2〕　参见熊秋红：《刑事辩护论》，法律出版社1998年版，第8页。

在刑事诉讼中，辩护权是基于被追诉人所处的诉讼地位而获得的，是被追诉人专属的一项诉讼权利。辩护人协助被追诉人行使辩护权。第二，辩护权具有绝对性。一方面，当公民被认为具有犯罪嫌疑而受到刑事追诉时，其就享有了辩护权。也就是说，刑事诉讼启动之时，就是被追诉人行使辩护权之时。辩护权贯穿刑事诉讼的始终，只是在不同的诉讼阶段行使的方式和侧重内容不同而已。另一方面，不论犯罪行为轻重与否、犯罪性质恶劣与否，在刑事诉讼中被追诉人都享有辩护权。即使是非常严重的犯罪、罪大恶极的被追诉人，也不能剥夺其辩护权。第三，辩护权具有防御性。只要有控诉，就有辩护存在。辩护权的行使就是为了对抗控方的指控，是被追诉人自我保护的一种手段。

三、域外辩护制度的考量

辩护权、辩护制度起源于西方，在西方经历了四个主要的发展演进阶段。

（一）萌芽阶段

公元前 4 世纪到 6 世纪，在罗马奴隶制共和国出现了"代理人"、"代言人"，这与当时的自然因素、政治因素、经济发展、贸易频繁、法律纷杂细碎等有直接关联。之后，随着法律的演进，职业法学家兴起，辩护逐渐被法律认可。《十二铜表法》规定了法庭上辩护人进行辩护的条文；罗马帝国末期又允许刑事案件的原、被告双方均可以聘请懂法的人为辩护人在法庭上开展辩论。古罗马成为当时世界上刑事辩护最发达的国家。

（二）压制阶段

中世纪的欧洲，因基督教权威的膨胀，使得世俗统治之外存在一个平行甚至高于它的神权统治。在裁判中虽然允许被告人辩护，但辩护不是依据事实和法律予以反驳，而倒成为了对审判官有罪或罪重观点的补漏。辩护徒有虚名，甚至背道而驰。

在中世纪世俗政权中的刑事诉讼，奉行的是纠问式诉讼模式，这种诉讼模式在本质上是蔑视人的诉讼权利，剥夺了被告人几乎所有的诉讼权利，司法官奉行有罪推定。所以，中世纪的欧洲没有真正的辩护权，辩护权受到了压制。

（三）发展阶段

资产阶级革命前夕，一批著名的启蒙思想家，如洛克、孟德斯鸠等，提出"天赋人权""法律面前人人平等"的口号，并主张在诉讼中用辩论式诉讼模式取代纠问式诉讼模式，赋予被告人辩护权。

资产阶级革命成功后，英国等资本主义国家均在立法中确立了刑事诉讼的辩论原则，赋予刑事被追诉人自我辩护和聘请律师辩护的权利。1679年英国颁布了《英国人身保护法》，明确规定了诉讼中的辩论原则，承认被告人有权获得辩护，从而确定了刑事被告人在刑事诉讼中的主体地位。[1]1808年拿破仑时期的《法国刑事诉讼法典》对辩护作了更加详细、周密的规定，使得刑事辩护制度逐渐系统化、规范化。1836年，威廉四世颁布法令，"无论任何案件中的预审或审判活动，被告人都享有辩护权"，通过强制方式确认了辩护制度的立法存在。

在美国，美国宪法前十条修正案中，有四条直接与刑事诉讼程序相关，其中第6条[2]就规定了被追诉人享有获得快速、公正审判的权利，以及获得辩护律师帮助的权利。1791年联邦宪法修正案又确认了"被告人获得律师帮助的权利"。除立法外，美国联邦最高法院还通过一系列司法判例确立了对被追诉人获得辩护的制度性保障。德国在1877年颁行了《德意志帝国刑事诉讼法典》，也逐步确立了辩护原则。1965年《德国刑事诉讼法典》第137条第1款[3]也规定了被告人有权选择律师为其辩护的权利。此后，德国又多次修改了刑事诉讼法典，均强化并改善了辩护律师的地位。1988年德国颁布的新的《德国刑事诉讼法典》，突出了对抗制的刑事诉讼模式，并规定辩护律师在侦查阶段就可以介入诉讼程序，还规定了会见权、通讯权、逮捕后讯问时律师在场权等，扩大了被告人的权利。意大利在1930年《意大利刑事诉讼法典》中曾规定，"被告人及其辩护律师无权参加除接受讯问之外的诉讼活动"。但在1956年到1972年的立法进程中，逐步赋予了被告人及辩护人享有参加由

---

〔1〕参见樊崇义主编：《刑事诉讼法学》，中国政法大学出版社2002年版，第92页。

〔2〕美国宪法修正案第6条："在所有的刑事诉讼中，被指控之人享有由罪行发生的州和地区内的公正的陪审团进行迅速和公开的审判之权利；地区由法律事先确定，并被告知指控的性质和原因；对质反对他的证人；获得支持他的证人的强制程序和辩护律师帮助的权利。"

〔3〕《德国刑事诉讼法典》第137条第1款："在诉讼程序的任何阶段，被告人都有权选定辩护人帮助自己辩护。"

预审法官主持的调查程序的权利。

（四）确立阶段

在这一阶段，辩护权的内容通过一系列国际法律文件加以确认，成为世界公认的法律原则，并最终超越了社会制度、意识形态、传统法律文化的界限，在各国刑事诉讼中普遍确立。

辩护权作为被告人最基本的权利，得到了联合国的确认。《公民权利和政治权利国际公约》第 14 条第 3 款规定，要保障被追诉人获得律师帮助的权利，如果其没有委托律师，应当提供法律援助，并且要保障被追诉人与辩护律师的沟通时间。[1]

此外，联合国大会 1988 年 12 月通过的《保护所有遭受任何形式拘留或监禁的人的原则》第 11 条第 1 项[2]、第 17 条第 1 项[3]，以及联合国 1990 年制定的《关于律师作用的基本原则》序言[4]及正文[5]条款中，也都作出

---

〔1〕《公民权利和政治权利国际公约》第 14 条第 3 款第乙项："有相当时间和便利准备他的辩护并与他自己选择的律师联络。"第 14 条第 3 款第丁项，被告人有权"出席受审并亲自替自己辩护或经由他自己所选择的法律援助进行辩护；如果他没有法律援助，要通知他享有这种权利；在司法利益有此需要的案件中，为他指定法律援助，而在他没有足够能力偿付法律援助的案件中，不需要他自己付费"。

〔2〕《保护所有遭受任何形式拘留或监禁的人的原则》第 11 条第 1 项，"任何人如未及时得到司法当局或其他当局审问的有效机会，不应予以拘留。被拘留人应有权为自己辩护或依法由律师协助辩护"。

〔3〕《保护所有遭受任何形式拘留或监禁的人的原则》第 17 条第 1 项，"被拘留人应有权获得法律顾问的协助。主管当局应在其被捕后及时告知他该项权利，并向其提供行使该权利的适当便利"。

〔4〕《关于律师作用的基本原则》序言，"鉴于充分保护人人都有享有的人权和基本自由，无论是经济、社会和文化权利或是公民权利和政治权利，要求所有人都能有效地得到独立的法律专业人员所提供的法律服务"。

〔5〕《关于律师作用的基本原则》第 1 条："所有的人都有权请求由其选择的一名律师协助保护和确立其权利并在刑事诉讼的各阶段为其辩护。"第 2 条："各国政府应确保向在其境内并受其管辖的所有的人，不加任何区分，诸如基于种族、肤色、民族、性别、语言、宗教、政治或其他见解、原国籍或社会出身、财产、出生、经济或其他身份地位等方面的歧视，提供关于平等有效地获得律师协助的迅捷有效的程序和机制。"第 5 条："各国政府应确保由主管当局迅速告知遭到逮捕和拘留，或者被指控犯有刑事罪的所有的人，他有权得到自行选定的一名律师提供协助。"第 6 条："任何没有律师的人在司法需要情况下均有权获得按犯罪性质指派给他的一名有经验和能力的律师以便得到有效的法律协助，如果他无足够力量为此种服务支付费用，可不交费。"第 7 条："各国政府还应确保，被逮捕或拘留的所有人，不论是否受到刑事指控，均应迅速得到机会与一名律师联系，不管在何种情况下至迟不得超过自逮捕或拘留之时起的四十八小时。"

了被拘留人有权自行辩护或者获得律师协助辩护的规定。此外，《关于律师作用的基本原则》中，还规定了刑事司法事件中的特别保障。

尽管在西方各国的刑事诉讼中都规定了被告人有权获得辩护的原则，但由于受到历史传统、民族心态、政治结构、犯罪率等多种因素的影响和制约，不同法系、同一法系的不同国家之间的辩护制度都是不尽相同的。比如英美法系与大陆法系各国的辩护制度在内容、作用、方式等方面都有较大差异，即使是同属英美法系的英国和美国，其辩护制度也是有所区别的。因此，我国辩护制度的建设和发展也应当结合我国国情，这样才能更有力、有效。

四、我国辩护制度的发展

我国的辩护制度从产生、发展到确立也经过了以下几个阶段。

(一) 我国古代时期的辩护权考察

西周时期，《尚书·吕刑》曰："听狱之两辞"，"两造具备，师听五辞……"。当时法律要求双方当事人到庭，坐地对质，贵族可以派臣属为代表人参加诉讼。这是对诉讼代理人出庭并提供讼词、辩护词的准许。

春秋战国时期，曾出现过与辩护人性质相类似的角色。《左传纪事本末》(三)记载，卫侯与元咺的官司中，担任卫侯辩护人的士荣，因卫侯的败诉，而被判处死刑。"士荣必熟刑法者，惟其熟刑法也，故可以为大夫，惟其有为大士之才也，故使与元咺相质证，则犹今列国于讼时之用律师也。"[1] 到了秦代时期，虽然赋予了被讯问人一定自我辩解的权利和机会，但其诉讼主体地位仍非常低下。

在我国从公元前 475 年到 1840 年长达两千多年的封建社会，刑事诉讼中推行的是纠问式诉讼，被告人在整个刑事诉讼程序中基本没有主体地位可言，被告人为自己辩护都较为困难，更谈不上聘请专业人士为自己辩护。可以说，在我国古代辩护权是不发达的，并没有近现代意义上的刑事辩护制度。

(二) 新中国成立前的辩护权考察

我国现代意义上的辩护制度是清末时期发展而来的。1906 年清朝制定的《大清刑事民事诉讼法》，其中规定了律师参与诉讼的内容，并赋予当事人聘

---

〔1〕　杨鸿烈：《中国法律发达史》，中国政法大学出版社 2009 年版，第 33 页。

请律师的权利。这是最早的涉及辩护权的立法。

中华民国时期，中国法制现代化进程开始起步。南京临时政府时期的刑事立法中，废除了刑讯制度。《大总统令法制局审核呈复律师法草案文》中提出，"司法独立，尤不可无律师辅助之。推检之外，不可不设置律师与之相辅相制，必须并行不悖，司法前途方可达到圆满之域"。肯定了律师辩护的重要性。《律师法草案》还规定，实行陪审和律师辩护制度。国民政府制定了《律师暂行章程》《律师登录暂行章程》，这两个单行律师立法的出现，是我国律师制度的开端。后来，国民党又制定颁行了《律师章程》和《律师法》。

此外，南京国民政府时期颁布施行的《刑事诉讼法》第 165 条规定，"被告于起诉后得即随时选任辩护人"。同时还规定了国家法律援助的情形，逐渐形成并发展出了较为完备的刑事辩护制度。

总的来看，在新中国成立之前，近代中国已经出现了辩护制度的萌芽，但由于种种原因，没能得到贯彻执行，在司法实践中所能发挥的作用极其有限。

（三）新中国成立后的辩护权考察

我国近代真正的辩护制度始于革命根据地时期。到新中国成立后，1954年颁布的第一部《宪法》[1]第 76 条规定了"被告人有权获得辩护"。同时，《人民法院组织法》（1954 年）第 7 条第 2 款也规定，"被告人除自己行使辩护权外，可以委托律师为他辩护，可以由人民团体介绍的或者经人民法院许可的其他公民为他辩护，可以由被告的近亲属、监护人为他辩护。人民法院认为必要的时候，也可以指定辩护人为他辩护"。这就从立法上肯定、确立了辩护制度，律师被立法正式纳入辩护主体的范围，我国的律师业也因此有所发展。

（四）当代辩护权考察

1976 年党的十一届三中全会的召开，使得我国的辩护制度重新确定。1978 年《宪法》的修改，将刑事辩护制度在整个司法体制中的地位作了新的明确和强调。1979 年第一部《刑事诉讼法》颁布实施，明确了我国的辩护制度，对被告人享有辩护权作出规定，更是将辩护作为专门一章加以规定。此后，又通过大量司法解释、批复、通知等文件进一步明确和具体化，增加辩

---

［1］ 为行文方便，本书中涉及的我国法律规范文件均省略"中华人民共和国"字样，如《中华人民共和国宪法》简称为《宪法》。

护的可操作性。1980 年《律师暂行条例》出台，将律师的性质、任务、职责、权利、义务、工作机构等内容加以明确，其中有大量关于刑事辩护的规定。1996 年《刑事诉讼法》对辩护制度作出重大变革。这次刑事诉讼法的修改，将"提高被告人的刑事诉讼主体地位"作为主要改革目标和内容，扩大了指定辩护的范围，首次确立了法律援助制度；将律师介入刑事诉讼的时间提前到了侦查阶段；明确了律师在刑事诉讼中的调查取证权。可以说，这次《刑事诉讼法》的修改大大扩充了辩护权，从而使犯罪嫌疑人、被告人能更充分地行使其辩护权利。1996 年 5 月《律师法》出台，明确了律师的权利保护和约束机制，这也是对被追诉人权利保护的体现。1998 年 10 月，我国政府签署了联合国《公民权利和政治权利国际公约》，将被追诉人有权获得辩护确立为刑事司法领域人权保障的基本原则之一，公约的签署标志我国刑事诉讼制度建设的重大进步。

此后，2012 年《刑事诉讼法》的修改是针对之前立法和实践中的突出问题，把辩护制度作为重点改革的领域，辩护权得到了空前的扩大。比如，明确了律师在侦查阶段的辩护人地位，扩大了刑事法律援助的范围；扩充了辩护内容；完善了会见权；加强了对辩护权的保障等。2013 年 11 月，中共十八届三中全会通过了《中共中央关于全面深化改革若干重大问题的决定》，其中提出"完善人权司法保障制度"；2014 年 10 月，中共十八届四中全会通过了《中共中央关于全面推进依法治国若干重大问题的决定》，再次提出"加强人权司法保障"。之后，中央有关部门相继出台了多项与辩护制度相关的规范性文件。在中央精神的指引和要求下，2018 年 10 月，我国《刑事诉讼法》再次修改，此次修改正式确立了值班律师制度，完善了刑事案件认罪认罚从宽制度，赋予律师参与认罪协商的权利。这也使得辩护权的内容、辩护制度的发展得到进一步的深化，充分体现了对权利的保障，反映了辩护权的不断扩充与完善，同时也是我国司法人权保障的重要体现。

第二节　认罪认罚从宽制度与辩护权

一、认罪认罚从宽制度促进辩护制度的新发展

认罪认罚从宽制度自 2018 年写入《刑事诉讼法》，直至目前，已经成为

刑事诉讼中一项非常重要的制度。早在 2014 年，党中央就在关于全面推进依法治国的重大决策中提出完善认罪认罚从宽制度的要求。随后，最高人民法院在全面深化人民法院改革的意见中对认罪认罚从宽制度作出了重要的部署和安排。2016 年 7 月，中共全面深化改革领导小组制定了《关于认罪认罚从宽制度改革试点方案》（以下简称《试点方案》）；2016 年 8 月，时任最高人民法院院长周强对认罪认罚从宽制度试点工作决定的草案作出说明；2016 年 11 月，全国人大授权最高人民法院、最高人民检察院在部分地区开展认罪认罚从宽制度的试点工作，并联合下发了关于授权"两高"《在部分地区开展刑事案件认罪认罚从宽制度试点工作的办法》（以下简称《试点办法》），由此开启了认罪认罚从宽制度在全国部分地区的试点阶段。

经过为期两年的试点工作，2018 年 10 月 26 日，随着《刑事诉讼法》修改决定的通过，认罪认罚从宽制度也有了较明确的发展方向，该制度被正式写入刑事诉讼法，由试点转向了在全国范围内的推行实施。2018 年《刑事诉讼法》所确立的认罪认罚从宽制度及配套措施，具有划时代的重大意义，是以审判为中心的刑事诉讼制度改革的一项重要成果，也是人权司法保障的集中体现。制度的推广适用对刑事诉讼中的各方主体都产生了深刻影响与变化，特别是对刑事辩护而言，这一制度带来了新的问题、机遇与挑战。

认罪认罚从宽制度从试点到全面实施再到当下，可以说是一直处在稳步推进和运行中。根据最高人民检察院《关于人民检察院适用认罪认罚从宽制度情况的报告》中的数据，适用认罪认罚从宽制度的案件已经达到 80% 以上，人民法院对检察机关的量刑建议采纳率也达到 85% 以上。这些数据充分说明了认罪认罚从宽制度在司法实践中的运用状况，其已经成为我国刑事诉讼中处理案件的主要方式。但随着制度的持续推进，该制度暴露出的问题也逐渐增多，理论和实践都充满了各种不同的声音和争议。其中，认罪认罚从宽制度对被追诉人辩护权带来的影响也是颇受关注，值得从理论层面和制度设计上进行深入探讨和研究。

辩护权的保障和律师参与是认罪认罚从宽制度正当性的基础之一，突显了律师参与认罪认罚的重要性。认罪认罚从宽制度通过实体从宽和程序从简，实现了刑事案件繁简分流，从而优化了司法资源配置，提升了司法运行效率，但程序的简化和诉讼效率的提高并不意味着对被追诉人权利的放弃或者牺牲，保障人权也是认罪认罚从宽制度的诉讼价值之一。认罪认罚从宽制度对刑事诉讼的构造、程序等都产生了影响，尤其是对刑事辩护制度的影响更为深刻。刑事辩护是刑事诉讼中的一项重要的基本制度，没有刑事辩护就没有刑事诉讼。认罪认罚从宽制度能否发挥出其作用、功能和效果，这与刑事辩护密切相关。只有充分发挥刑事辩护的作用，认罪认罚的效果才会得到真正实现。

当前，认罪认罚从宽制度在实施中对辩护权的影响存在以下问题：一是，认罪认罚从宽制度强调提升诉讼效率、节约司法资源、优化司法资源配置的价值目标，同时应加强对被追诉人的权利保障。诉讼效率与人权保障间的价值冲突如何平衡与保障，在制度实施中仍存在很大理念层面、意识层面的问题。二是，认罪认罚案件中的律师参与必不可少，这是该制度存在的程序正当性基础，但到底是什么身份的律师参与、怎样参与，理论和实践仍有争议。三是，认罪认罚从宽制度带来了我国诉讼结构的变化，控辩由对抗转向协商。在协商型诉讼中，刑事辩护的理念、辩护目标、辩护方式和方法都发生了变化，这对刑事辩护而言也是新挑战。但目前，认罪认罚从宽制度中所规定的协商范围还比较狭窄，检察机关在认罪认罚程序中处主导地位，控辩协商的程序还未构建，这些因素均限制和压缩了辩护的空间，使律师在认罪协商中难以发挥充分有效的作用。四是，在认罪认罚的案件中，被追诉人诉讼权利的行使仍有缺位，获得律师有效帮助的权利尚未落实，在认罪认罚案件中，犯罪嫌疑人、被告人的反悔权、上诉权等权利的行使也颇受争议，实践中存在限制或变相限制的情形。五是，认罪认罚从宽制度的核心是认罪协商，关键是量刑建议，但是，目前认罪协商的自愿性、协商的平等性都存在很大问题，量刑辩护的空间也非常有限，认罪认罚案件的实质有效辩护存在重大问题。六是，认罪认罚从宽制度到底应当如何构建，相关程序应当如何设计，才能真正实现对辩护权的保障，并通过辩护权的有效行使促进制度的稳健运行，目前也尚无定论。

总之，无论是认罪认罚从宽制度自身的概念界定，价值目标、机制构建，还是与其密切相关的辩护问题，都有待进一步的探讨和研究。而本书则是以认罪认罚从宽制度中的辩护问题为切入点，从辩护权角度去构建更具合理的认罪认罚协商程序，加强对被追诉人的辩护权保障，推动司法的公平公正。

二、保障认罪认罚从宽制度中的辩护权之意义

(一) 推动认罪认罚从宽制度的稳健运行

认罪认罚从宽制度写入《刑事诉讼法》具有划时代的意义，必须要全面深入地贯彻与实施，这是我国诉讼制度改革的必然要求，更是符合司法发展规律的长期任务。认罪认罚从宽制度不仅是一项刑事司法改革措施，不只是为了解决案多人少的问题，也不是单纯为了实现程序分流与提高诉讼效率，同时也是中国社会治理水平和治理能力现代化在司法方面的重要体现。通过全面贯彻实施认罪认罚从宽制度，必然促成不认罪认罚案件与认罪认罚案件之间的繁简分流，使得占八成以上的刑事案件都转变为认罪认罚案件。在这些案件中，当事人认罪服判，促使被破坏了的社会关系得以修复，人民群众的社会安全感得到增强。因此，认罪认罚从宽制度的功能和作用所承载的政治意义和社会意义是非常巨大的，是一项对于社会各界都存在实在利益的法律制度。这一制度的立法化与有效实施，是推进国家治理体系和治理能力现代化在刑事诉讼领域的重要体现，必须要保障该制度的稳健长久的运行。

正因如此，为保障认罪认罚从宽制度的稳健长久的运行，我国必须重视对犯罪嫌疑人、被告人的权利保障。只有如此，被追诉人才可能真正认可裁判结果并服判息诉，促进刑事司法程序的有效实施与运行。进而言之，由于犯罪嫌疑人、被告人诉讼权利保障的核心就是辩护权的保障，因此，研究认罪认罚从宽制度中的辩护权保障问题，构建对被追诉人自身诉讼权利的保障和辩护权的保障机制，保证认罪认罚案件获得公平公正的处理，是认罪认罚从宽制度得以持续稳健发展的根本方向之一。

(二) 强化对犯罪嫌疑人、被告人的人权保障

认罪认罚从宽制度确立后，是否认罪认罚，关系到被追诉人对自己行为的选择和后果的承担，直接影响对犯罪嫌疑人、被告人的权利保障。自认罪认罚从宽制度试点时起，我国即强调保障犯罪嫌疑人、被告人的权利问题；而充分实现被追诉人诉讼权利的关键则是获得辩护律师的有效帮助。事实上，基于认罪认罚从宽制度的协商属性，辩护律师参与问题也一直备受关注，成为平衡正义与效率价值的重要方式。然而，辩护律师参与的实践情况并不理

想，律师提供有效辩护的现实阻力较大。所以，研究认罪认罚从宽制度中有关刑事辩护存在的问题，如律师执业权利是否得到尊重和保障，辩护律师在认罪协商中的参与状况，有效辩护的实现方式等，有助于为律师参与认罪认罚提供理论上的根据，为人权保障的实现和加强提供方法和途径。

(三) 促进刑事诉讼结构的完善

认罪认罚从宽制度的确立，实质上启动了中国刑事诉讼模式的转型，促进刑事司法由权利型向协商型转变。结合世界范围内的司法经验考察，这一诉讼结构的重大调整，符合人类历史司法发展的规律，是一个方向正确、具有历史意义的改革举措。诉讼结构的变化，使得控辩关系也发生了重大转变，控辩关系由对抗转向协商，诉讼合作理念不断深入发展。在这种背景下，刑事辩护的理念，刑事辩护的方式、方法，刑事辩护的模式等都有了新变化。所以，对于刑事辩护律师而言，要保持对诉讼结构变动的敏感性，快速、准确、理性地认识制度变革，以便作出相应的调整。研究认罪认罚从宽制度中的辩护问题，将有助于推进刑事辩护制度的完善和发展，丰富刑事辩护的内容，进而推动刑事诉讼结构的完善，顺应司法规律及其发展趋势。

三、认罪认罚从宽制度中辩护权的研究与保障之反思

认罪认罚从宽制度从试点到正式入法，理论界、实务界围绕这一话题一直存在激烈探讨和研究。对相关理论的研究及实践运行进行梳理，有利于厘清认罪认罚从宽制度的发展脉络和研究现状，便于各种观点的剖析、借鉴，推动对该领域中辩护问题的研究和发展。

(一) 关于认罪认罚从宽制度性质的研究

大多数学者认为认罪认罚从宽是一种程序。[1]例如，万毅提出："我国的认罪认罚从宽制度本质上就是一种协商程序。"但其同时认为："我国的认罪认罚从宽程序虽然称之为'程序'，但其实并不是一个独立的程序类型，因

---

〔1〕　参见樊崇义、李思远：《认罪认罚从宽程序中的三个问题》，载《人民检察》2016 年第 8 期；姚莉：《认罪认罚程序中值班律师的角色与功能》，载《法商研究》2017 年第 6 期；于超：《刑事案件认罪认罚程序中值班律师工作调研报告》，载《中国司法》2019 年第 7 期；徐世亮、赵拥军：《坦白情节是认罪认罚程序的必要不充分条件——兼论认罪认罚从宽程序作为独立的从宽因素之必要性》，载《人民法院报》2019 年 8 月 15 日，第 6 版。这些文章的基础都是把认罪认罚作为一种程序来研究。

为，我国刑事诉讼法并未针对认罪认罚案件设置一套独立的侦查、起诉和审判程序，认罪认罚案件最终仍然需要根据案件情况分别采用普通程序、简易程序和速裁程序三种法定程序来进行审理。在这个意义上，认罪认罚从宽程序其实更接近于一种'平台'程序。"[1]也有学者提出相反的看法，认为认罪认罚从宽制度并非一种程序，将认罪认罚从宽制度视为一种程序是误区。[2]

（二）关于认罪认罚从宽制度中基本概念的研究

关于"认罪"概念的争议颇多，并基本围绕以下主题展开，即是否承认指控事实（认事实）、是否承认构成犯罪（认性质）、是否承认指控罪名（认罪名）。对此，胡云腾大法官认为，"认罪实质上就是'认事'，即承认指控的犯罪事实，这里的犯罪事实应指主要犯罪事实。因此，犯罪嫌疑人、被告人对指控的个别细节有异议或者对行为性质的辩解不影响'认罪'的认定"。[3]魏晓娜认为，"认罪不仅要求认事实，还得要求认性质，但不包含对罪名的认同"。[4]还有学者提倡，认罪应当同时具备对事实、性质和罪名的认可，尤其是必须承认指控的罪名。[5]董坤则提出，"'认罪'的内涵应当包括承认指控的罪名以及影响量刑轻重的其他法律性判断"。[6]

对于"认罚"的理解也存在诸多争议。陈卫东认为，"'认罚'是指犯罪嫌疑人、被告人在认罪的基础上自愿接受所认之罪在实体法上带来的刑罚后果，包括同意检察机关提出的量刑建议并达成协议、同意退赔退赃和简化诉讼程序"。[7]朱孝清提出，"认罚"首先表现为自愿接受所认之罪带来的刑罚后果，并积极退赃退赔；同时，还要最终表现为接受法院判处的刑罚。[8]黄京平认为，"认罚"有广义与狭义之分。狭义认罚，是指犯罪嫌疑人、被告人

〔1〕 万毅：《认罪认罚从宽程序解释和适用中的若干问题》，载《中国刑事法杂志》2019年第3期。
〔2〕 张智辉：《认罪认罚从宽制度适用的几个误区》，载《法治研究》2021年第1期。
〔3〕 胡云腾主编：《认罪认罚从宽制度的理解与适用》，人民法院出版社2018年版，第78页。
〔4〕 魏晓娜：《完善认罪认罚从宽制度：中国语境下的关键词展开》，载《法学研究》2016年第4期。
〔5〕 周新：《认罪认罚从宽制度立法化的重点问题研究》，载《中国法学》2018年第6期。
〔6〕 董坤：《认罪认罚从宽制度下"认罪"问题的实践分析》，载《内蒙古社会科学（汉文版）》2017年第5期。
〔7〕 陈卫东：《认罪认罚从宽制度研究》，载《中国法学》2016年第2期。
〔8〕 朱孝清：《认罪认罚从宽制度中的几个理论问题》，载《法学杂志》2017年第9期。

同意量刑建议，签署具结书；广义认罚，就是以狭义认罚为基础的民事赔偿和解。[1]

对于"从宽"的认识也意见不一。朱孝清认为，"'从宽'既指实体上的依法从轻、减轻或免除处罚，又指程序上适用较轻的强制措施和从简的诉讼程序。"[2]陈光中则认为，"从宽处理在侦查阶段主要是程序从宽；在审查起诉阶段，表现为检察机关采取非羁押性强制措施或者作出不起诉决定；在审判阶段，主要是实体从宽"。[3]顾永忠提出，"从宽"指"对认罪认罚者从宽处理或处罚"，包括"程序上的从宽处理"和"实体上的从宽处罚"两个方面。[4]

（三）关于认罪认罚从宽制度对刑事诉讼结构影响的研究

樊崇义教授提出："人类有史以来，刑事诉讼的历史经历了三种，一是压制型诉讼，二是产业革命后的权利型诉讼，三是近现代出现的协商型诉讼。新中国成立以来，刑事诉讼的类型已转向权利型，尤其是刑事诉讼法的三次修改，充分体现了保障'权利'的因素。认罪认罚从宽程序进法典，标志着我国刑事诉讼类型的历史性转型，即由权利型诉讼转入协商型诉讼。这一转型是由司法规律决定的，其科学性、正当性、合理性是由历史发展的应然性、必然性形成的。诉讼结构和方式发生了变化，诉讼方法和程序也在变革，控辩双方协商、交流、谈判已成为诉讼的主要方法。诉讼的方法从'对抗'迈向'合作'。"[5]熊秋红提出，从世界范围来看，"放弃审判制度"近些年来得到迅猛发展，其原因包括提高诉讼效率、增加有效定罪、推进刑事司法改革、保护被害人利益等方面的考虑，该制度形态多样，优势与风险并存。从历史发展的角度看，包括认罪认罚从宽制度在内的"放弃审判制度"的盛行，标志着刑事诉讼"第四范式"的形成，它意味着刑事司法的结构性

---

〔1〕 黄京平：《认罪认罚从宽制度的若干实体法问题》，载《中国法学》2017年第5期。

〔2〕 朱孝清：《认罪认罚从宽制度的几个问题》，载《法治研究》2016年第5期。

〔3〕 陈光中：《认罪认罚从宽制度实施问题研究》，载《法律适用》2016年第11期。

〔4〕 顾永忠、肖沛权：《"完善认罪认罚从宽制度"的亲历观察与思考、建议——基于福清市等地刑事速裁程序中认罪认罚从宽制度的调研》，载《法治研究》2017年第1期。

〔5〕 樊崇义：《认罪认罚从宽制度的理性认识与实施建言》，见2019年8月"认罪认罚从宽制度改革理论与实践研讨会"会议材料第3-4页。

变革。[1]

（四） 关于量刑协商机制的研究

大多数学者认为认罪认罚从宽制度的确立使得我国刑事诉讼中确立了量刑协商制度。樊崇义教授提出，"有同志认为定罪量刑是人民检察院的职责，与值班律师有何相干？这种认识与检察机关的客观公正义务相差甚远。人民检察院作为国家法律监督机关，客观公正义务的理念是其行使职权的灵魂和指导原则，尤其是在搭建协商平台中，这一理念的缺失，必然导致诉讼的不公，甚至出现冤假错案"。[2]闵春雷教授提出，"认罪认罚的权利属性决定了控辩双方量刑协商的正当性，为量刑建议的合理性提供了制度基础"。[3]王飞认为，"构建具有中国特色的认罪认罚协商程序是此次认罪认罚从宽制度试点的重要制度内涵。认罪认罚协商程序借鉴了辩诉交易等制度中的合理元素，不得不承认这是认罪认罚从宽制度的一个明显的制度创新与突破"。[4]魏晓娜认为，"认罪认罚从宽有两种不同的制度形式，一种是以贯彻宽严相济刑事政策为脉络的实体法上对自首、认罪、坦白、确有悔改表现等的从宽处理。另一种制度形式是与宽严相济刑事政策的着眼点不同，类似于辩诉交易的协商程序，而这应该是完善认罪认罚从宽制度的重心"。[5]向燕指出，"认罪认罚从宽制度具有协商性司法的基本形式，即被告人自愿认罪并放弃其接受正式审判的权利，据此获得定罪或量刑的利益"。[6]陈瑞华强调，"在认罪认罚从宽制度推行的过程中，引入控辩双方的协商机制几乎是不可避免的一项改革配套措施"。[7]朱孝清认为，"认罪认罚从宽制度包含了控辩协商。但我国的

---

〔1〕 熊秋红：《比较法视野下的认罪认罚从宽制度——兼论刑事诉讼"第四范式"》，载《比较法研究》2019 年第 5 期。

〔2〕 樊崇义：《搭建协商平台，把认罪认罚从宽制度做实》，载《人民法治》2019 年第 21 期。

〔3〕 闵春雷：《回归权利：认罪认罚从宽制度的适用困境及理论反思》，载《法学杂志》2019 年第 12 期。

〔4〕 王飞：《论认罪认罚协商机制的构建——对认罪认罚从宽制度试点中的问题的检讨与反思》，载《政治与法律》2018 年第 9 期。

〔5〕 魏晓娜：《完善认罪认罚从宽制度：中国语境下的关键词展开》，载《法学研究》2016 年第 4 期。

〔6〕 向燕：《我国认罪认罚从宽制度的两难困境及其破解》，载《法制与社会发展》2018 年第 4 期。

〔7〕 陈瑞华：《认罪认罚从宽制度的若干争议问题》，载《中国法学》2017 年第 1 期。

控辩协商跟美国的辩诉交易又存在本质的区别"。[1]王戬认为，"协商属性应是认罪认罚从宽的制度支点。我国认罪认罚从宽的适用与域外的辩诉交易抑或辩诉协商无论是在适用的刑法理论、价值取向还是司法证明等方面都存有较大差异，但这些差异决定的只是具体制度内容设置的不同，这种不同不代表要去除'协商'"。[2]最高人民检察院副检察长陈国庆也认为，"在认罪认罚案件中，检察官需要和犯罪嫌疑人、被告人及其辩护律师（包括值班律师）对量刑问题进行协商。控辩协商达成一致，签署的认罪认罚具结书是检察机关提出量刑建议的依据"。[3]但也有学者提出不同意见，认为我国的认罪认罚从宽制度中并不存在控辩协商，协商观点是一种误区。[4]

本书认为，控辩协商是认罪认罚从宽制度的内核。认罪认罚从宽制度的基本价值取向，要求检察机关在审查起诉阶段尽可能与犯罪嫌疑人就认罪认罚问题协商达成一致意见，把控辩双方关于犯罪事实、罪名、量刑、适用程序等问题的争议尽可能化解在提起公诉以前，从而使绝大多数案件能够适用速裁程序、简易程序进行快速审理。从理论上讲，认罪认罚从宽制度中的"协商"，包括认罪协商和量刑协商。目前，认罪协商尚未得到立法的明确认可。搭建协商平台必须坚持控辩平等原则，控辩平等是协商型诉讼的根本特征。在认罪认罚从宽程序的设计中，必须对控辩双方平等武装、平等保护。

（五）关于认罪认罚协商程序独立化研究

樊崇义提出："基于宽严相济刑事政策的程序法定化需要，考虑到国外认罪协商诉讼程序的普遍独立化趋势，特别是我国刑事诉讼程序正朝多元层次性发展，应建构我国独立的认罪认罚从宽诉讼程序，避免'嵌用'模式的司法弊端。认罪认罚从宽诉讼程序首先是认罪认罚案件与不认罪认罚案件分流后的产物，在认罪诉讼简化程序体系中有别于简易程序、和解程序与刑事速裁程序，是我国混合式诉讼程序体系中的独立部分，而轻罪诉讼体系是其未来

〔1〕　朱孝清：《认罪认罚从宽制度中的几个理论问题》，载《法学杂志》2017 年第 9 期。
〔2〕　王戬：《认罪认罚从宽的程序性推进》，载《华东政法大学学报》2017 年第 4 期。
〔3〕　陈国庆：《量刑建议的若干问题》，载《中国刑事法杂志》2019 年第 5 期。
〔4〕　张智辉：《认罪认罚从宽制度适用的几个误区》，载《法治研究》2021 年第 1 期。

的命运方向。"[1]还有学者提出,"认罪认罚的制度设计受限于既有程序的框架内容,难有实质性的制度突破,很难与其他程序和制度进行有效区分,最终使得认罪认罚被泛化或空置"。[2]魏晓娜认为,"应当最终形成'普通程序—简易程序—协商程序—速裁程序'的四级'递简'格局"。[3]此外,时任最高人民检察院检察长曹建明也提出,"要深入推进认罪认罚从宽制度试点,推动构建具有中国特色的轻罪诉讼体系"。[4]这一定程度暗示了轻罪诉讼体系可能是未来认罪认罚从宽诉讼程序的发展方向。

（六）关于认罪认罚案件中程序辩护的研究

上诉权是被告人应当享有的一项诉讼权利,属于被告人的救济性权利,在认罪认罚案件中应当也不例外。域外各国对于认罪协商的上诉权问题采取了不同的制度方案。例如,在美国的辩诉交易中,检察官通常要求被告人放弃上诉权。据统计,美国 97% 的联邦法院刑事案件与 94% 的州法院刑事案件是通过辩诉交易来处理的。[5]而在美国辩诉交易制度中,通常要求被告人放弃上诉权才能够进行辩诉交易。与之相反,德国采取完全保留被告人上诉权的模式,《德国刑事诉讼法典》第 35a 条规定,"如果根据第 257c 条通过协商作出判决,则应通知相关人员,他在任何情况下他都自由决定是否上诉"。[6]法国的庭前认罪答辩程序,因其更加注重被告人权利的保障,因而完全保留了被告人的上诉权,并且检察院可提起附带抗诉。[7]意大利的辩诉交易制度规定,除被告人被迫协商等法定情形外,原则不允许上诉。[8]

目前我国理论界和实务界对这一问题存在四种观点:第一种观点认为,

---

[1] 樊崇义:《认罪认罚从宽协商程序的独立地位与保障机制》,载《国家检察官学院学报》2018 年第 1 期。

[2] 王戬:《认罪认罚从宽的程序性推进》,载《华东政法大学学报》2017 年第 4 期。

[3] 魏晓娜:《完善认罪认罚从宽制度:中国语境下的关键词展开》,载《法学研究》2016 年第 4 期。

[4] 王治国等:《推动构建中国特色轻罪诉讼体系》,载《检察日报》2017 年 7 月 13 日,第 2 版。

[5] See Goode, E. (2012, March 22). Stronger hands for judges in the "bazaar" of plea deals. The New York Times, p. A12. R.

[6] 《德国刑事诉讼法典》,岳礼玲、林静译,中国检察出版社 2016 年版,第 9 页。

[7] 《法国刑事诉讼法典》第 495-11 条第 2 款:被告如不服大审法院院长或院长所委派之法官所作出之裁定,可向上诉法院提起上诉。但如果当事人均未提起上诉,检察院可提起附带抗诉。

[8] 《意大利刑事诉讼法典》第 445 条第 2 款。

不应当限制认罪认罚案件的上诉权，即所有认罪认罚案件均有上诉权。[1]第二种观点认为，应当区分诉讼程序的类型，根据认罪认罚案件所适用的程序来划分是否可以上诉。适用速裁程序的认罪认罚案件不应予以上诉权，适用普通程序的认罪认罚案件应当予以上诉权。[2]第三种观点认为，可设置上诉审查程序，赋予被告人有条件的上诉权，使得一部分案件能够进行上诉。这是借鉴了德国的经验，保留被告提出上诉的权利，同时考虑到了被告滥用上诉权的风险。[3]第四种观点认为，应严格限制认罪认罚案件的上诉权，原则上不允许上诉，仅规定一些可以上诉例外的情形。[4]

与上诉权相近的另一重要问题是，应否赋予犯罪嫌疑人、被告人认罪认罚后的反悔权。有学者提出："基于契约不得随意违反原则、节约司法成本及认罪认罚案件对事实基础的高要求，被追诉人一般不应享有反悔权。如果被追诉人认罪认罚属非自愿、非明知，控方先违背具结书约定，法官认定的罪名或量刑超出具结书范围，或者认罪认罚确有可能导致错案，则被追诉人应享有反悔权。"[5]还有学者提出，"辩方即被追诉人的撤回权在行使上是任意的、无条件的，控方即检察官的撤回权在行使上则受到较大限制，只能在辩方违约或拒不履约的情形下方能行使撤回权"。[6]

（七）关于值班律师问题的研究

目前在司法实践中，参与办理认罪认罚案件的主要力量就是值班律师，然而值班律师的角色定位在理论界一直是个饱受争议的问题。立法将值班律师定位为"法律帮助人"，但学界对此仍有争论。

关于值班律师的身份定位，目前主要有以下几种不同的观点：

（1）将值班律师定位为"见证人"，而非"法律帮助人"，更非辩护律师。有论者认为，依据试点经验，将值班律师职责明确为见证律师，通过形

---

〔1〕　陈瑞华：《认罪认罚从宽制度的若干争议问题》，载《中国法学》2017年第1期。
〔2〕　陈卫东：《认罪认罚从宽制度研究》，载《中国法学》2016年第2期。
〔3〕　陈光中、马康：《认罪认罚从宽制度若干重要问题探讨》，载《法学》2016年第8期。
〔4〕　沈亮：《关于刑事案件速裁程序试点若干问题的思考》，载《法律适用》2016年第4期。
〔5〕　秦宗文：《认罪认罚案件被追诉人反悔问题研究》，载《内蒙古社会科学（汉文版）》，2019年第3期。
〔6〕　万毅：《认罪认罚从宽程序解释和适用中的若干问题》，载《中国刑事法杂志》2019年第3期。

式监督，见证与排除公安讯问、检察提审、法院庭审时不存在违法情形，规范执法行为应当是值班律师的核心职责。

（2）值班律师定位为为当事人提供法律帮助的律师，其行使的是律师帮助权而非辩护权。有论者认为，"律师帮助权与辩护权存在许多交叉之处，辩护权是指被指控的人针对指控进行反驳、辩解以及获得律师帮助的权利。而律师帮助权则是指被追诉人获得为其辩护的律师帮助的权利。辩护权直接为犯罪嫌疑人、被告人辩护，在对象上是对外的；而律师帮助权则是帮助犯罪嫌疑人、被告人实现辩护权，对象上是对内的。"[1]持主流观点的学者认为，值班律师并非辩护律师。[2]吴宏耀提出："值班律师制度是一种特殊形式的法律援助，值班律师制度是政府提供的一种免费法律援助服务。作为法律援助的一种具体表现形式，值班律师制度明显有别于传统的法律援助方式。首先，在援助对象上，值班律师的援助对象是不特定的'需求群体'，而非某个特定的犯罪嫌疑人、被告人'个人'。其次，在援助内容上，值班律师制度的援助内容往往局限于一般性的法律咨询和相对简单的法律帮助。值班律师提供的援助服务往往属于依法必须迅速提供律师帮助的'应急式法律服务'。"[3]

（3）因其参与诉讼活动的特殊性，值班律师可定位为"准辩护人"。例如，姚莉认为："由于值班律师与被追诉人之间并不需要签订专门的委托代理合同，因此将值班律师定位为传统意义上的辩护律师确实有一定的难度，但是起码可以赋予其'准辩护人'的身份，较为理想的折中方案是，区分不同的诉讼阶段分别赋予值班律师不同的身份。在侦查阶段，应当赋予值班律师以'法律帮助者'的身份，而不宜过多强调其辩护人的身份，此阶段的诉讼功能更多地体现在提供法律咨询等辩护权的内部关系上；在审查起诉和审判阶段，可以考虑赋予值班律师以'准辩护人'的身份，允许其调查取证和查阅卷宗，并在此基础上充分发挥其诉讼监督和量刑协商等程序功能。"[4]

---

〔1〕 王瑞剑、冀梦琦：《律师帮助权视野下的值班律师权利探析——以认罪认罚案件为视角》，载《山西省政法管理干部学院学报》2017 年第 3 期。

〔2〕 祁彪：《激辩值班律师制度系列报道之一：值班律师制度建设进入快车道》，载 http://www.mzyfz.com/cms/benwangzhuanfang/xinwenzhongxin/zuixinbaodao/html/1040/2017-07-05/content-1278607.html，最后访问日期：2017 年 9 月 3 日。

〔3〕 吴宏耀：《我国值班律师制度的法律定位及其制度构建》，载《法学杂志》2018 年第 9 期。

〔4〕 姚莉：《认罪认罚程序中值班律师的角色与功能》，载《法商研究》2017 年第 6 期。

（4）即使在当下法律文件规定的值班律师的职责范围内，值班律师也应当是辩护律师或辩护人的法律地位。[1]顾永忠认为："当下值班律师抽象的'提供法律帮助'的定位或具体的五项职责，与刑事诉讼法上规定的辩护人及其辩护职责并无本质区别，因此，其属性应当是辩护人。应当立足我国实际建立具有中国特色的值班律师制度，使值班律师成为与委托律师、狭义的法律援助律师共同实现刑事案件律师辩护全覆盖的第三支重要力量。"[2]

大多数学者认为，当前值班律师"法律帮助人"的定位，不利于认罪认罚案件中犯罪嫌疑人、被告人获得有效法律帮助。如果值班律师提供的仅是法律咨询等方面的帮助，对于充分保护被追诉人辩护权利而言，其作用有限。

（八）关于域外类似制度研究

我国学者对于域外类似制度的研究，主要是对协商性司法的研究，以及对德国、法国、意大利、日本等国家协商制度的研究，特别是对美国的辩诉交易制度研究颇多。

马明亮在其著作《协商性司法：一种新程序主义理念》中，对协商性司法在西方国家面临的争论进行了讨论，指出即使协商性司法有其理论上的重要价值，但它在不同程度上冲击了传统的刑事程序法理念，并且范式本身存在许多制度性弊端与运作上的风险。即使"二战"以来获得了全面的发展，但相应的批判、争论与抵制从来没有停止。

魏晓娜在其著作《背叛程序正义：协商性刑事司法研究》中，以比较法的视角对美国、英国、德国、法国、意大利的协商性刑事司法制度进行了分析论证。西方法学界关于"协商性刑事司法"的研究主要集中两个方面：一是刑事法领域出现"协商性司法"的成因研究；二是"协商性刑事司法"的正当性（合法性）研究。但是，对"协商性司法"的适用条件和程序规范方面的理论研究尚不多。

祁建建在其著作《美国辩诉交易研究》中，对美国辩诉交易进行考察，重点关注了合法的辩诉交易，以及实践中游离于法律边缘的做法。作者对美

---

[1] 顾永忠、李逍遥：《论我国值班律师的应然定位》，载《湖南科技大学学报（社会科学版）》2017年第4期。

[2] 顾永忠：《追根溯源：再论值班律师的应然定位》，载《法学杂志》2018年第9期。

国辩诉交易及相关制度作了详尽论述，并且研究了其中的宪法权利、量刑指南以及证据开示制度对辩诉交易的影响。该书指出，刑事司法体制对于辩诉交易的依赖越来越严重，辩诉交易越来越不可或缺；而辩诉交易越完备，不仅能够满足司法机关摆脱案件压力的需要，也能满足社会公众对刑事程序的合理期待。

熊秋红在《比较法视野下的认罪认罚从宽制度——兼论刑事诉讼"第四范式"》一文中，对域外认罪案件的处理机制进行了介绍。德国在原有的刑事处罚令和快速审理程序之外，于2009年确立了量刑协商制度[1]；法国则在1993年确立了刑事和解程序，2002年扩大了刑事处罚令程序的适用范围，2004年创设了庭前认罪答辩程序；意大利在1988年刑事诉讼法中设置了简易审判、依当事人的要求适用刑罚、快速审判、立即审判、处罚令程序等多种特别程序。[2]

对于辩诉交易制度能否引入中国，我国理论界观点不尽相同，大致可以分为肯定论、否定论和缓行论三种意见。在我国刑事诉讼法关于认罪认罚从宽制度的规定中，未出现"协商""协议""交易"等字眼，并且强调认罪认罚具结书内容的合法性，表明认罪认罚从宽在制度定位上属于法定从宽模式。

四、立足刑事司法人权保障的法治高度，完善认罪认罚从宽制度中的辩护权

以刑事司法人权保障为需求和视野，有必要全面、系统研究认罪认罚从宽制度中的刑事辩护问题。之所以着眼于这一主题，一方面是基于笔者自身从事刑事辩护的实践经验，另一方面是结合博士学习期间人权法的研究方向，试图将人权和刑事辩护相结合，从人权的司法保障、权利保障角度提出问题、分析问题和解决问题。

认罪认罚从宽制度中的辩护问题研究和人权保障是紧密相关的。辩护权是人权中的一项重要内容，是人权的重要组成部分。现代各国的刑事司法都

---

〔1〕 关于德国刑事诉讼中协商制度的概念、产生原因、立法规制、主要争议等的介绍，参见黄河：《德国刑事诉讼中协商制度浅析》，载《环球法律评论》2010年第1期。

〔2〕 熊秋红：《比较法视野下的认罪认罚从宽制度——兼论刑事诉讼"第四范式"》，载《比较法研究》2019年第5期。

规定了被告人的辩护权作为最基本的权利，这也得到了联合国两权公约的确认。辩护权作为刑事诉讼中的一项程序性权利，贯穿刑事诉讼的始终，是刑事被追诉人积极参与诉讼活动、保护自身利益不受非法侵犯的基础。如果没有辩护权，被追诉人的其他程序性人权就会失去存在的意义和价值。所以，落实人权的刑事司法保障就要不断深化并完善辩护权的行使，使辩护权发挥真正的效用。

认罪认罚从宽制度于 2018 年正式写入《刑事诉讼法》，目前已经成为刑事诉讼中一项非常重要的制度。认罪认罚从宽制度设置的初衷是为了贯彻"以审判为中心的诉讼制度"改革，通过对案件的繁简分流，解决人少案多的现实矛盾，因而提高诉讼效率、节约司法资源是认罪认罚从宽制度追求的现实价值目标。但是，追求效率不能以牺牲人权保障为代价，这也就是研究认罪认罚从宽制度中的辩护权保障问题的重要意义。获得完整审判是犯罪嫌疑人、被告人的合法权利，而认罪认罚从宽制度以犯罪嫌疑人、被告人的认罪认罚换取国家对其在量刑上的从宽和程序上的从简。因此，为确保程序的正当性，必须保障被追诉人认罪认罚的自愿性与真实性，这是认罪认罚从宽制度实行中的首要问题。毋庸赘言，被追诉人自愿性、自愿性的保障显然离不开律师的参与，离不开对辩护权的保障，这是认罪认罚从宽制度程序正当性的基础，也是人权保障的基本要求。

当前，认罪认罚从宽制度已经从试点阶段、初步入法阶段，发展到全面实施的阶段。随着这一制度的全面推行，相关问题也逐步暴露，特别是认罪认罚从宽制度中出现的对当事人诉讼权利的保障不足、辩护权的保障不足、辩护质量与辩护效果欠佳等问题，都与犯罪嫌疑人、被告人的人权保障密切相关。所以，对认罪认罚从宽制度中的辩护问题加以研究，不仅有利于加强对犯罪嫌疑人、被告人人权的保障，更有助于推动认罪认罚从宽制度的稳健运行。认罪认罚从宽制度能否发挥出其作用、功能和效果，与刑事辩护密切相关，充分发挥好刑事辩护的作用，认罪认罚的效果才会得到真正彰显。

基于上述的考虑，本书共设五章。第一章从人权、司法人权、辩护权的基本理论着手，在诠释了各自的概念和基本问题后，落脚于辩护权与人权、司法人权的关系，明确研究辩护权其实就是在研究人权问题。第二章突出本书的主题和重点，即认罪认罚从宽制度中的辩护。在对认罪认罚从宽制度的基本问题、该制度中刑事辩护的特点及制度所带来的辩护权方面的影响进行论述后，重点阐述了认罪认罚从宽制度与辩护权的关系，辩护权在认罪认罚从宽制度中的地位、作用，以及律师参与办理认罪认罚案件的重要性。第三章至第五章，将对认罪认罚从宽制度中的刑事辩护展开具体研究。第三章提出认罪认罚从宽制度中刑事辩护的理论问题和实践问题；第四章对认罪认罚从宽制度的核心——认罪协商机制提出构建的思路和方法；第五章从程序正义角度，立足当下法律规定，对辩护权保障提出了更为具体的方法。

就通过对辩护权的相关理论问题进行了梳理和论述，以及通过分析和诠释认罪认罚从宽制度中的辩护权问题等，可以得出以下结论：

在刑事诉讼中，保障被追诉人的合法权利是刑事诉讼追求的价值核心，而被追诉人在刑事诉讼中的权利核心与关键则是辩护权。作为现象，辩护权是犯罪嫌疑人、被告人及其辩护人的权利；但作为本质，辩护权却是法治社会全体成员人人应当平等享有的权利。[1]首先，辩护权所维护的是公民的生命权、自由权、财产权、名誉权等，这是任何一个公民在法治社会中应当享有的基本权利。其次，没有人是天生的犯罪嫌疑人或被告人，任何一个社会成员都有可能因自己或他人的正当或不当行为而成为被追诉人，因此，为了防止对那些没有真正犯罪的人的错误追诉，就必须赋予每个人享有辩护的权利。最后，即使是犯罪的人，也是公民，也应当享有辩护权。所以，在现代法治社会，被追诉人有权获得辩护已经是各国公认的法律原则，它超越了社会制度、意识形态、传统文化的界限和阻碍在各国刑事诉讼法中得到普遍确立，而且很多国家还把辩护权规定在宪法中，作为公民的基本权利加以确认和保护。

辩护权是一种很重要的权利，是刑事诉讼领域保障人权的关键，通过刑事司法保障辩护权有着重要的法治意义。同时，辩护权是被追诉人诉讼权利在司法领域的集中体现，所以，需要持续不断丰富、强化辩护权以提高我国对犯罪嫌疑人、被告人权利的保障。由此可见，促进实现各种刑事程序包括认罪认罚从宽制度中的有效辩护，对辩护权行使给予充分、普惠的配套保障等，不仅具有重要的学术意义，而且具有重大的立法与司法价值。

---

〔1〕 顾永忠等：《刑事辩护：国际标准与中国实践》，北京大学出版社 2012 年版，第 65 页。

第二章
认罪认罚从宽制度与刑事辩护

第一章讨论了辩护权的概念、价值意义、历史沿革等基本理论问题。经过研究，本书得出的结论是，辩护权是刑事诉讼领域犯罪嫌疑人、被告人重要的诉讼权利，亟需通过司法手段保障辩护权的实现。然而，对于辩护权的宏观讨论，尚未触及认罪认罚从宽制度中的辩护权问题。有待讨论的是，认罪认罚从宽制度与辩护权保障、刑事辩护具有何种关系？本章将聚焦于研究主题——认罪认罚从宽制度中的辩护权问题，并对这一制度与刑事辩护的基本理论关系进行分析与总结。

第一节　认罪认罚从宽制度的基本概况及价值功能

2018 年 10 月 26 日全国人大常委会通过《关于修改〈中华人民共和国刑事诉讼法〉的决定》，正式将认罪认罚从宽制度写入《刑事诉讼法》，成为我国刑事诉讼中的一项重要制度，并从侦查程序、审查起诉程序、审判程序、值班律师等方面作出详细规定。认罪认罚从宽制度的出台，表面看是为了解决案多人少的现实矛盾，提高诉讼效率，节约司法资源，以唱和审判为中心的刑事诉讼制度改革，但其实有着更深层次的价值功能。

所以，在研究认罪认罚从宽制度中的辩护问题前，本节先对认罪认罚从宽制度的基本概况及价值功能进行阐述。只有提高站位，树立正确的认识，才能对所要研究的主题有更深刻的认识。

一、认罪认罚从宽制度概况

(一) 认罪认罚从宽制度的立法进程

认罪认罚从宽制度是我国司法体制改革中的一项重大举措，是党的十八届四中全会全面推进依法治国重大部署的一部分。这一制度是在刑事速裁程序试点基础上逐步部署展开探索与实践的。2014 年 6 月 27 日第十二届全国人民代表大会常务委员会第九次会议通过《全国人民代表大会常务委员会关于授权最高人民法院、最高人民检察院在部分地区开展刑事案件速裁程序试点工作的决定》。授权最高人民法院、最高人民检察院在北京、天津、上海、重庆、沈阳、大连、南京、杭州、福州、厦门、济南、青岛、郑州、武汉、长沙、广州、深圳、西安 18 个城市开展刑事案件速裁程序试点工作。2014 年 10 月 23 日，党的十八届四中全会通过《中共中央关于全面推进依法治国若干重大问题的决定》，提出推进以审判为中心的诉讼制度改革，加强人权司法保障，并首次提出"完善刑事诉讼中认罪认罚从宽制度"。

在前述刑事速裁程序试点的基础上，中共中央开始部署认罪认罚从宽试点工作。2016 年 7 月 22 日，中央全面深化改革领导小组第二十六次会议审议通过了《试点方案》。2016 年 9 月 3 日，全国人大常委会表决通过《全国人民代表大会常务委员会关于授权最高人民法院、最高人民检察院在部分地区开展刑事案件认罪认罚从宽制度试点工作的决定》（以下简称《授权决定》），授权最高人民法院、最高人民检察院在北京、天津、福州、厦门等 18 个城市开展刑事案件认罪认罚从宽制度试点工作，其中刑事速裁程序被纳入到认罪认罚试点工作中，其适用范围扩大到三年有期徒刑以下刑罚的案件。

2016 年 10 月，为贯彻落实十八届四中全会精神，最高人民法院、最高人民检察院、公安部、国家安全部、司法部发布了《关于推进以审判为中心的刑事诉讼制度改革的意见》，提出"完善刑事案件速裁程序和认罪认罚从宽制度"。同年 11 月 16 日，最高人民法院、最高人民检察院、公安部、国家安全部、司法部联合出台《试点办法》。认罪认罚从宽试点改革开始在全国 18 个城市推进。

经过两年的试点工作，2018 年 10 月 26 日，第十三届全国人民代表大会常务委员会第六次会议通过了《全国人民代表大会常务委员会关于修改〈中华人民共和国刑事诉讼法〉的决定》，将认罪认罚从宽制度写入刑事诉讼法典中。认罪认罚从宽制度成为刑事诉讼中的一项新的重要制度。2019 年 10 月，"两高三部"又共同发布了《关于适用认罪认罚从宽制度的指导意见》（以下简称《指导意见》），就认罪认罚从宽制度在司法实践中的运用、实践中存在的问题等作出了说明和阐释。随后，在认罪认罚从宽制度推行及全面适用的过程中，2020 年 11 月，"两高三部"又联合发布了《关于规范量刑程序若干问题的意见》，对认罪案件的庭审量刑程序作出了具体规定。明确要求人民法院审理刑事案件，在法庭审理中应当保障量刑程序的相对独立性；人民检察院在审查起诉中，应当规范量刑建议。并要求保障被告人、被害人的诉讼权利，让被告人、被害人参与到量刑当中来。2020 年 12 月，最高人民检察院就十三届全国人大常委会对检察机关适用认罪认罚从宽制度情况报告的审议意见又提出了十个方面 28 条贯彻落实意见，再次强调"保障当事人权益，维护公平公正"，"加强与律师沟通协商，提升制度适用效果"。并具体提出，加强对认罪认罚自愿性和合法性的审查，保障犯罪嫌疑人、被告人及时获得有效法律帮助；听取意见时做到每案必听意见、凡听必记录、听后有反馈，避免办案人员"一锤定音"和"我说了算"，积极探索控辩协商同步录音录像制度等，强调对被追诉人辩护权的保障。2021 年 2 月，为切实保障犯罪嫌疑人（被告人）认罪认罚的真实性和自愿性，提高控辩协商的透明度和公信力，浙江省宁波市检察院在浙江省率先出台认罪认罚案件控辩协商同步录音录像制度，进一步强化对被追诉人的权利保障。

认罪认罚从宽制度是建立在侦控机关指控犯罪嫌疑人、被告人有罪的基础上的一种制度延伸，它适用于任何案件性质、诉讼程序类型，广泛存在于刑事诉讼过程中。它不是脱离于刑事实体法、程序法规范而独立存在的一项诉讼制度。[1]其直通以审判为中心的诉讼制度改革，是宽严相济刑事政策的具体化、制度化，是政策落实的法治路径，契合我国刑事司法稳健运行的需要。

从司法改革的顶层设计看，推出认罪认罚从宽制度的目的是，推动刑事司法领域自上而下的体系变革，建立繁简分流的刑事司法制度。最高人民法院出台的《关于全面深化人民法院改革的意见》中指出："明确被告人自愿认罪、自愿接受处罚、积极退赃退赔案件的诉讼程序、处罚标准和处理方式，构建被告人认罪案件和不认罪案件的分流机制，优化配置司法资源。"中央政法委强调："要加强研究论证，在坚守司法公正的前提下，探索在刑事诉

---

〔1〕 陈卫东：《认罪认罚从宽制度研究》，载《中国法学》2016 年第 2 期。

讼中对被告人自愿认罪、自愿接受处罚、积极退赃退赔的，及时简化或终止诉讼的程序制度，落实认罪认罚从宽政策，以节约司法资源，提高司法效率。"[1]

在轻微刑事案件越来越多，案多人少的矛盾日益突出，公平和效率的要求越来越高的情况下，适用认罪认罚从宽制度，对刑事案件进行分流处置，繁简分流、轻重分类，将有助于推进庭审实质化，有助于司法资源的优化、诉讼效率的提升。立法对认罪认罚从宽制度的设计初衷，主要也是从促进诉讼程序繁简分流，节约司法资源、提高司法效率的程序法角度出发，也就是说，认罪认罚从宽制度更多考量的是其"效率"价值。但是，在认罪认罚中，对被追诉人权利的保障，特别是通过刑事辩护、律师参与，保障该程序的正当性，倡导司法的人文情怀和理性关怀，也是非常重要的。因此，基于对认罪认罚从宽制度中权利保障价值的考量与关注，有必要探讨诉讼效率与权利保障的价值冲突与平衡。

（二）认罪认罚从宽制度的基本内涵

根据《刑事诉讼法》第15条的规定，我国的认罪认罚从宽制度是指，犯罪嫌疑人、被告人自愿如实供述自己的罪行，承认指控的犯罪事实，自愿接受处罚，即可以依法获得从宽处理。根据我国《刑事诉讼法》的规定，我国的认罪认罚从宽制度适用于任何刑事案件，不区分罪名及刑期，而且贯穿刑事诉讼的始终，适用于刑事诉讼的任何阶段。可见，从目前的法律规定看，我国认罪认罚从宽制度的适用范围是比较广泛的。

适用认罪认罚从宽制度，首先应当对何为"认罪"、何为"认罚"建立明确且清晰的理解。

对于"认罪"的理解，"两高三部"《指导意见》作出了明确规定，[2]并将"认罪"内涵界定为"认事"，即承认主要的犯罪事实即可，可以对指控的个别细节有异议或对行为的性质有辩解。然而，理论界和实务界对此仍存

---

[1] 孟建柱：《完善司法管理体制和司法权力运行机制》，载《〈中共中央关于全面推进依法治国若干重大问题的决定〉辅导读本》，人民出版社2014年版，第66页。

[2] 《指导意见》第6条，认罪认罚从宽制度中的"认罪"，是指"犯罪嫌疑人、被告人自愿如实供述自己的罪行，对指控的犯罪事实没有异议。承认指控的主要犯罪事实，仅对个别事实情节提出异议，或者虽然对行为性质提出辩解但表示接受司法机关认定意见的，不影响'认罪'的认定"。

在争议。有学者对《指导意见》的立场持肯定态度；[1]也有学者表示，认罪不仅要求认事实，还得要求认性质，但不包含对罪名的认同；[2]还有学者提出，认罪应当同时具备对事实、性质和罪名的认可，尤其是必须承认指控的罪名。[3]此外，另有观点认为，"认罪"的内涵应当包括：承认指控的罪名以及影响量刑轻重的其他法律性判断，如未遂、主犯等。[4]

笔者认为，对于"认罪"的理解，不应只限于实体法层面，"认罪"在程序法上也有所反映，并有其独立的程序内容。只有从实体和程序两个层面综合理解，才能界定出"认罪"的完整含义。从实体法层面看，"认罪"就是指犯罪嫌疑人、被告人如实供述自己的罪行。"认罪"可以是自首、坦白，也可以是当庭认罪及其他表现形式。只不过不同的认罪形式，反映了被追诉人不同程度的主观恶性和态度，而且因认罪的阶段、程度、价值不同，在刑法上是否从宽以及从宽的幅度也会受到不同评价。同时，实体法层面也要求"如实供述自己的罪行"要涵盖足以影响定罪量刑的事实细节，包括主要影响定罪的事实和量刑事实。[5]所以，实体法上的"认罪"本质上就是"认事"。但是，从定罪机制看，犯罪事实与法律适用是最为紧密的两个定罪对象因素，[6]承认犯罪事实往往意味着对法律适用的认可。所以，在认罪协商中，对指控的犯罪事实没有异议，应当也包含犯罪嫌疑人对犯罪的概括承认，但不应一律要求其对具体罪名认可。因为，在司法实践中，被追诉人的法律水平和认知能力差异很大，甚至有很多人并不能完全明确自己行为的性质，对法律规定的罪名更是难以理解和认知，在这种情况下一律要求对具体罪名认可，不具操作性，也有悖控辩"协商"精神，会造成合理辩解和有效辩护的落空，甚至引起司法不公。

---

〔1〕 "'认罪'实质上就是'认事'，即承认指控的犯罪事实，这里的犯罪事实应指主要犯罪事实。因此，犯罪嫌疑人、被告人对指控的个别细节有异议或者其对行为性质的辩解不影响'认罪'的认定"。参见胡云腾主编：《认罪认罚从宽制度的理解与适用》，人民法院出版社 2018 年版，第 78 页。

〔2〕 魏晓娜：《完善认罪认罚从宽制度：中国语境下的关键词展开》，载《法学研究》2016 年第 4 期。

〔3〕 周新：《认罪认罚从宽制度立法化的重点问题研究》，载《中国法学》2018 年第 6 期。

〔4〕 董坤：《认罪认罚从宽制度下"认罪"问题的实践分析》，载《内蒙古社会科学（汉文版）》2017 年第 5 期。

〔5〕 黄京平：《认罪认罚从宽制度的若干实体法问题》，载《中国法学》2017 年第 5 期。

〔6〕 孙道萃：《我国定罪理论体系构造的设想》，载《内蒙古社会科学（汉文版）》2016 年第 1 期。

　　从程序法层面看，"认罪"在不同诉讼阶段有不同的要求。在侦查阶段，犯罪嫌疑人到案接受讯问时，如实供述自己的罪行，与认罪态度显然是相对的逻辑关系。但是，到了审查起诉阶段和审判阶段，被追诉人除了要如实供述而不随意或者反复翻供外，同时还要承认检察机关指控的犯罪事实，对于适用速裁程序和简易程序的认罪案件，还应当认可指控的罪名，才符合认罪认罚从宽制度的"认罪"条件。而对于适用普通程序审理的案件，被告人在自愿如实供述的基础上承认指控的犯罪事实，即属于"认罪"，对罪名的异议不影响"认罪"的认定。此外，程序上的认罪现象是动态变化的，不同的刑事诉讼阶段的诉讼任务和目标不同，与之相应的证据体系与证明标准也不相同〔1〕。比如，在审判阶段，对认罪的犯罪事实的审查仍然需要达到最高的心证要求，但非正式程序的审查在实际中可能低于经过正式审判程序所能达到的心证程度，实践中可能出现"隐性降低"情形。〔2〕

　　需要注意的是，实践中还存在一些被追诉人虽然自愿如实供述了自己的犯罪事实，但不承认自己的行为构成犯罪。在这种情况下，"如实供述"不属于认罪认罚从宽制度语境下的"认罪"，不能适用认罪认罚从宽程序。然而，这并不影响法院因其如实供述的态度而从宽处罚，只是从宽的幅度应当有所限制。

　　对于"认罚"的理解，根据《指导意见》第7条的规定，不同诉讼阶段"认罚"的表现形式不同。"认罚"在侦查阶段表现为"表示愿意接受处罚"；在审查起诉阶段表现为"接受人民检察院拟作出的起诉或不起诉决定，认可人民检察院的量刑建议，签署认罪认罚具结书"；在审判阶段表现为"当庭确认自愿签署具结书，愿意接受刑罚处罚"。另外，在实践中，犯罪嫌疑人、被告人虽然表示"认罚"，但却暗中串供，干扰证人作证，毁灭、伪造证据或者隐藏、转移财产，有赔偿能力而不赔偿损失，则不能认定为"认罚"。但是，在认罪认罚从宽程序中，因为被追诉人享有程序选择权，所以其不同意适用速裁程序、简易程序，则不影响"认罚"的认定。但是，法学界对此却有不同的观点，有学者认为，"'认罚'是指犯罪嫌疑人、被告人在认罪的基础上自愿接受所认之罪在实体法上带来的刑罚后果，包括同意检察机关提出的量

〔1〕　樊崇义：《刑事证据规则立法建议报告》，载《中外法学》2016年第2期。
〔2〕　史立梅：《美国有罪答辩的事实基础制度对我国的启示》，载《国家检察官学院学报》2017年第1期。

刑建议并达成协议、同意退赔退赃和简化诉讼程序"。[1]还有学者提出，"'认罚'是被追诉人对于可能判处刑罚的概括意思表示"。[2]另有观点认为，"认罚"首先表现为自愿接受所认之罪带来的刑罚后果，并积极退赃退赔；同时，"认罚"还要最终表现为接受法院判处的刑罚，因为如果不接受法院判处的刑罚并提出上诉，那就不是真正的"认罚"。[3]还有观点认为，"认罚"有广义与狭义之分。狭义认罚，是指犯罪嫌疑人、被告人同意量刑建议，签署具结书，即对检察机关建议判处的刑罚种类、幅度（包括刑期幅度或确定的刑期）及刑罚执行方式没有异议。广义认罚，就是以狭义认罚为基础的民事赔偿和解。其中的民事赔偿和解，就是犯罪嫌疑人、被告人与被害方（被害人或者其代理人）就案涉民事赔偿等事项达成和解协议。[4]

其实，"认罚"是立法和司法层面的创新概念，是一个缺乏立法依据的范畴。[5]简单来说，"认罚"是以"认罪"为前提和基础，"认罪"具有自愿性，而"认罚"应当是控辩协商一致的结果。也就是说，虽然"认罚"是指接受处罚，但"接受"不等于单方面或毫无差别的认同。认罪认罚从宽的特殊性在于，"认罚"是在"认罪"与"从宽"之间建立起的理性协商通道，使从宽不再是国家单方面的"馈赠"，[6]而是被追诉人基于平等的地位参与协商并自愿接受与认可的结果。因此，"认罚"不等于犯罪嫌疑人、被告人不加质疑地一律接受法律适用的结果，对于检察机关的量刑建议，被追诉人可以在审查起诉阶段与其协商，也可以在审判阶段发表意见，辩护律师还可以提出辩护意见。

此外，"认罚"一般要求被告人必须接受法院最终判处的刑罚，但现行法律并没有禁止或者限制被告人对量刑的上诉权。虽然从实践看，绝大多数被告人对法院的判决都是接受的，认罪认罚后的反悔或者上诉率非常低，但从域外经验看，大陆法系的处罚令程序和英美法系的答辩交易程序通常都对被

---

〔1〕　陈卫东：《认罪认罚从宽制度研究》，载《中国法学》2016年第2期。

〔2〕　陈光中、马康：《认罪认罚从宽制度若干重要问题探讨》，载《法学》2016年第8期。

〔3〕　朱孝清：《认罪认罚从宽制度中的几个理论问题》，载《法学杂志》2017年第9期。

〔4〕　黄京平：《认罪认罚从宽制度的若干实体法问题》，载《中国法学》2017年第5期。

〔5〕　孙道萃：《认罪认罚从宽制度研究》，中国政法大学出版社2020年版，第36页。

〔6〕　魏晓娜：《完善认罪认罚从宽制度：中国语境下的关键词展开》，载《法学研究》2016年第4期。

告人的上诉权有较为严格的限制。所以，保障认罪认罚的自愿性，以及认罚的协商性，是防止被追诉人反悔或者上诉的有效路径，但权利的救济措施也不容忽视，权利保障和制度价值的平衡还需研究与探讨。

认罪认罚从宽制度的落脚点还是"从宽"。对于"从宽"的理解法学界也一直存有争论。通说认为，"从宽"处理包括实体从宽和程序从宽两个方面的含义，但对具体内容的理解存在差异。有人认为，"从宽"既指实体上的依法从轻、减轻或免除处罚，又指程序上适用较轻的强制措施和从简的诉讼程序；在实体上，既包括法院从宽判处，也包括检察院（因从宽）相对不诉。[1]也有人认为，从宽处理在侦查阶段主要是程序从宽，表现为侦查机关变更、解除强制措施；在审查起诉阶段，表现为检察机关采取非羁押性强制措施或者作出不起诉决定；在审判阶段，主要是实体从宽，表现为法院依据各个具体罪名的规定，在法定量刑幅度内从宽处罚。[2]还有人提出，"从宽"指"对认罪认罚者从宽处理或处罚"，包括"程序上的从宽处理"和"实体上的从宽处罚"两个方面。其中，程序上的从宽处理体现在变更、解除强制措施、不予逮捕、酌定不起诉、未成年人附条件不起诉、适用简易程序、适用当事人和解程序以及适用速裁程序等。[3]笔者认为，"从宽"应当具有实体法和程序法两个方面的含义。"从宽"在不同的诉讼阶段有不同的内容理解。侦查阶段的"从宽"，在程序上，被追诉人更注重强制措施的变更；实体上追求的是公安机关对案件的撤销结果。审查起诉阶段的"从宽"，被追诉人追求的是检察机关对其作出的不起诉决定，或者协商一致的量刑结果。审判阶段的"从宽"体现在法院裁判上的最终实体结果，以及在程序适用上的简化。

实践中，"从宽处理"的最大争议点就在于"从宽的幅度"问题，这直接影响到被追诉人认罪认罚的积极性、主动性，影响到认罪认罚从宽制度的稳定推行。这就涉及对"认罪认罚是否作为独立量刑情节"的认识与评价的问题，对此，法学界也有不同看法。持"肯定说"观点的，一是倾向认为认罪认罚是一个新的独立的量刑情节，与自首、坦白、认罪不重合；二是认为

---

〔1〕 朱孝清：《认罪认罚从宽制度的几个问题》，载《法治研究》2016 年第 5 期。

〔2〕 陈光中：《认罪认罚从宽制度实施问题研究》，载《法律适用》2016 年第 11 期。

〔3〕 顾永忠、肖沛权：《"完善认罪认罚从宽制度"的亲历观察与思考、建议——基于福清市等地刑事速裁程序中认罪认罚从宽制度的调研》，载《法治研究》2017 年第 1 期。

从宽不应被理解为包括减轻罪行，否则会使整个刑罚制度体系发生混乱。[1]
持"否定说"的则认为，从实体角度看，认罪认罚包含认罪、认罚的一系列
情节，不是新的独立的量刑情节。认罪情节与自首、坦白、当庭认罪有重合，
认罚情节与退赃退赔、积极赔偿被害人损失有重合。在实体从宽处理上，不
应重复评价重合情节。对此，"两高三部"《指导意见》也作出了相应的规
定。因此，对于"从宽"的内涵，还应当通过立法形式进一步予以明确，厘
清认罪认罚从宽制度与自首制度等在实体层面和程序层面的范畴关系，以便
作出更有利于被追诉人的结论。

除对上述认罪认罚从宽制度中相关概念的理解外，我们还需要认识到认
罪认罚从宽制度的核心是认罪协商，关键是量刑建议。该制度的确立，推动
了我国刑事诉讼结构由传统向现代的转型，给控辩关系带来了新变化。对于
检察机关来说，其工作重心前移，在认罪认罚案件中，检察机关处于整个诉
讼活动的主导地位，在庭前要完成对犯罪嫌疑人相关认罪认罚法律规定及法
律后果的告知，确定量刑建议，与辩方进行量刑协商，在达成一致意见的情
况下与犯罪嫌疑人签署认罪认罚具结书等工作。同时，认罪认罚从宽制度也
给辩护权的行使带来了一定的影响。在认罪认罚案件中，辩护人在确保案件
实体构成犯罪，以及犯罪嫌疑人自愿认罪认罚的前提下，辩护的重心转向
"量刑"，而实现辩护效果的方式也由"对抗"转为与控方的"协商合作"。
可以说，认罪认罚从宽制度的确立，强化了庭前活动及"量刑协商"在案件
中的地位，使得控辩关系由"对抗"转向"协商"，对控辩关系的平等性提
出更高要求，同时强调协商的实质化，更强调律师在认罪认罚案件中的有效
参与。为此，我国刑事诉讼法中还专门引入了值班律师制度，以加强对认罪
认罚案件被追诉人辩护权的有力保障。

二、认罪认罚从宽制度的价值功能

（一）认罪认罚从宽制度是我国刑事政策法律化、制度化的直接体现

刑事政策往往体现一个国家一段时期应对犯罪的态度，历史时期不同，

---

〔1〕 蒋安杰：《"2018 刑事诉讼法颁行"的一次高端对话》，载《法制日报》2018 年 11 月 21 日，
第 11 版。

犯罪总体呈现出的特点不同，国家制定的刑事政策往往也并不相同。我国1979 年《刑法》第 1 条就将惩办与宽大作为基本刑事政策。传统理论认为"惩办与宽大相结合"的刑事政策的内容是，首恶必办，胁从不问；坦白从宽，抗拒从严；立功折罪，立大功受奖。[1]但随着社会的不断发展，这些内容已经过时。于是，党中央用更为全面先进的理念进行修正，提出了"宽严相济"的刑事政策。2005 年 12 月，中共中央政治局常委罗干同志在全国政法工作会议上提出应该将"宽严相济"作为刑事政策。最高人民法院《关于贯彻宽严相济刑事政策的若干意见》对"宽严相济"的刑事政策进行系统性地明确，该意见指出"宽严相济"是我国的基本刑事政策，贯穿于刑事立法、刑事司法和刑罚执行的全过程，是"惩办与宽大相结合"政策在新时期的继承、发展和完善，是司法机关惩罚犯罪，预防犯罪，保护人民，保障人权，正确实施国家法律的指南。

自 2005 年"宽严相济"刑事政策提出后，许多落实推进"宽严相济"刑事政策的法律条文、立法解释、司法解释和指导案例不断公布，但现实与实现"宽严相济"刑事政策宽缓化的制度需求之间仍有较大差距。[2]我国刑事立法仍然存在刑罚体系偏严等问题，在治理轻微犯罪之时存在缺少轻缓化的应对措施。为了有效落实"宽严相济"的刑事政策，实现刑罚宽缓化，认罪认罚从宽制度便是一种较好的实现路径。

《指导意见》第 1 条指出，认罪认罚从宽制度是全面贯彻"宽严相济"刑事政策的重要举措。由此可见，认罪认罚从宽制度是落实"宽严相济"刑事政策背景下的直接产物，是依法推动"宽严相济"刑事政策法律化、制度化、程序化的探索。在刑事诉讼中，通过实体从宽和程序从简对认罪认罚的被追诉人进行轻缓化的处理，从实体和程序两个方面体现了"宽严相济"的刑事政策，既追究了犯罪分子的刑事责任，也保护了其合法利益，实现了提高效率和保障公平的有机统一，通过落实具体认罪认罚从宽制度，有利于更好地实现"宽严相济"刑事政策的目标，最终实现社会公平正义。

（二）认罪认罚从宽制度是国家治理能力、治理体系现代化的重要体现

认罪认罚从宽制度作为刑事诉讼中一项重要制度，其全面实施并非单纯

---

〔1〕　马克昌主编：《中国刑事政策学》，武汉大学出版社 1992 年版，第 98 页。

〔2〕　参见卢建平：《刑事政策视野中的认罪认罚从宽》，载《中外法学》2017 年第 4 期。

为了实现案件的繁简分流、提高诉讼效率，我们还应当站在治国理政的政治层面予以考虑，认识到认罪认罚从宽制度是社会治理水平、治理能力现代化在司法方面的重要体现。[1]

党的十九届四中全会审议通过《中共中央关于坚持和完善中国特色社会主义制度　推进国家治理体系和治理能力现代化若干重大问题的决定》，其核心内容就是国家治理体系和治理能力的现代化，这不仅是党和国家治理理念的战略发展，也推动了全面依法治国战略的科学贯彻和正确实施。所谓"国家治理体系"是指，管理国家的制度体系，包括政治、经济、文化、社会、生态文明和党的建设等领域的体制、机制、法律制度的总体设计和安排；"国家治理能力"是指，运用上述国家制度体系管理国家社会各方面事务的能力和成效；"现代化"则是指，国家治理体系和治理能力应当追求和体现民主、文明、法治、公正等核心价值精神。认罪认罚从宽制度是一项法律制度，其立法化及有效实施就正是国家治理体系和治理能力现代化在刑事诉讼领域的体现，也是国家和社会在新形势下对于治理体系与治理能力现代化的新要求。[2]

从认罪认罚从宽制度试点到全面推行的经验看，通过这一制度的适用，将解决80%甚至更大比例的刑事案件，这些认罪认罚案件中的被追诉人认罪服判，使得案结事了，被破坏的社会关系得以修复，有效化解了社会矛盾，促进了社会和谐稳定，其法律效果、社会效果及政治效果不言自明。可见，认罪认罚从宽制度所承载的社会意义和政治意义是非常大的，是国家司法水平和司法能力现代化的体现，更是国家治理能力、治理体系现代化的重要体现。

(三) 认罪认罚从宽制度是"以人民为中心"法治思想的集中体现

认罪认罚从宽制度的更深层价值就是体现了习近平总书记提出的"坚持以人民为中心"的法治思想。习近平总书记深刻指出，"全面依法治国最广泛、最深厚的基础是人民"。"坚持以人民为中心"，是习近平法治思想的重要

---

〔1〕 樊崇义、常铮：《认罪认罚从宽制度的司法逻辑与图景》，载《华南师范大学学报（社会科学版）》2020年第1期。

〔2〕 胡云腾：《正确把握认罪认罚从宽 保证严格公正高效司法》，载《人民法院报》2019年10月24日，第5版。

内容和十一个主要方面之一。它关系我们党依照宪法法律治国理政的宗旨，全面依法治国的性质和方向、出发点和落脚点，决定作为国家治理体系和治理能力现代化重要依托的法治"为了谁、依靠谁"这一关键和核心问题。

认罪认罚从宽制度的确立与实施，不仅仅是追求提升诉讼效率、节约司法资源的表象，同时也注重和强调对被追诉人权利的保障价值，公平公正是效率的前提。认罪认罚从宽制度的权利保障功能主要体现在两个方面：一方面是通过完善该制度在适用中对被追诉人辩护权的保障，使被追诉人真正自愿认罪认罚，并获得从宽处理的结果；另一方面是通过这种及时快速的处理方式，有效化解社会矛盾，使人民群众获得社会安全感，保障和维护更广大人民的权利。可见，认罪认罚从宽制度的最终落脚点还是"以人民为中心"，保护广大人民群众的合法利益和安全，其充分体现了习近平总书记提出的"坚持以人民为中心"法治思想的精神。

第二节　认罪认罚从宽制度中刑事辩护的特点

认罪认罚从宽制度是在总结刑事案件速裁程序和认罪认罚从宽制度试点工作成功经验的基础上确立和发展的，为推动我国以审判为中心的刑事诉讼制度改革创造了条件。未来，在认罪认罚案件中的刑事辩护，既要兼顾效率，又要注重对被追诉人的权利保障，刑事辩护工作将与不认罪认罚案件的辩护相区别，呈现出新的特点。

一、认罪认罚从宽制度中刑事辩护的新变化

（一）向审前阶段侧重

根据《刑事诉讼法》及《指导意见》规定，认罪认罚从宽制度贯穿刑事诉讼全过程，适用于侦查、起诉、审判各个阶段。同样，认罪认罚案件的辩护也贯穿刑事诉讼的全过程，存在于刑事诉讼的各个阶段中。

在侦查之初，侦查人员对案件的最终定性和量刑并不确定，侦查阶段的所谓认罪认罚，对犯罪嫌疑人来说，也只能是概括的认罪认罚。犯罪嫌疑人自愿如实供述自己的罪行，对侦查机关认定的罪名没有异议，并表示愿意接受处罚，这就是侦查阶段的认罪认罚。在这种情况下，在认罪认罚从宽制度

的试点时期，很多地方的公安机关是不愿意适用这一制度的，侦查阶段并不开展认罪认罚工作。认罪认罚从宽制度写入《刑事诉讼法》，在全国范围内正式适用后，侦查阶段虽然也在逐渐开展认罪认罚工作，但基于这个阶段认罪认罚内容的模糊性、概括性，律师介入所起到的帮助作用也是有限的。在侦查阶段，对于认罪认罚案件的辩护，主要还是限于向犯罪嫌疑人就认罪认罚从宽制度的法律规定及法律后果作出释明，以确保犯罪嫌疑人认罪认罚的自愿性和合法性。这一阶段的认罪认罚对犯罪嫌疑人并没有实质性优惠的体现。

　　案件进入审查起诉阶段，对不认罪认罚案件的辩护，无论是当事人及其家属自行委托的律师，还是法律援助机构指派的律师，其主要工作是通过会见、阅卷了解案情，并通过与检察官的沟通交流，尽力帮助犯罪嫌疑人减少指控或者是争取不起诉的有利结果。但是，基于控辩双方的对抗性，检察官往往很难接受辩护人的意见，案件终是要走上法庭，所以，辩护工作的重点还是在审判阶段，在法庭审理中，庭审是展示律师专业技术的舞台。但是，对于认罪认罚的案件而言，审查起诉阶段的律师辩护工作开始具有举足轻重的意义。[1]认罪认罚从宽制度确立后，意味着80%甚至90%以上的刑事案件都将进行认罪协商，控辩协商成为时代的趋势，律师辩护工作的重心、方式和方法都将发生变化。结合《刑事诉讼法》《指导意见》等规定看，认罪认罚案件的工作重心是审查起诉阶段，这一阶段是承上启下的环节，检察官是案件处理结果的实质影响者乃至决定者。2019年4月，张军检察长在最高人民检察院领导干部业务讲座上指出："从我国检察机关法律监督的宪法定位和刑事诉讼法的制度设计看，检察官在整个刑事诉讼中是承担主导责任的。这种主导责任不仅体现在庭前，而且体现在审判期间，包括审判后。"[2]检察机关主导认罪认罚，也就是说，对于认罪认罚的案件，办理的重心由审判阶段向审前阶段前移，辩护的重心自然也向审前侧重。在审查起诉阶段，如果犯罪嫌疑人表示自愿认罪认罚，控辩双方就量刑进行协商，达成一致后，犯罪嫌疑人要签署具结书，案件的实体处理结果和程序选择适用问题都将在审查起诉阶段予以解决。

---

〔1〕　李奋飞：《论"唯庭审主义"之辩护模式》，载《中国法学》2019年第1期。
〔2〕　张军：《关于检察工作的若干问题》，载《人民检察》2019年第13期。

(二) 审判重点转移

党的十八届四中全会通过的《中共中央关于全面推进依法治国若干重大问题的决定》,明确提出要"推进以审判为中心的诉讼制度改革,确保侦查、审查起诉的案件事实证据经得起法律的检验。全面贯彻证据裁判规则,严格依法收集、固定、保存、审查、运用证据,完善证人、鉴定人出庭制度,保证庭审在查明事实、认定证据、保护诉权、公正裁判中发挥决定性作用"。以审判为中心的诉讼制度改革,其实质就是要实现庭审实质化,而庭审实质化的基本要求就是"四个在法庭",即诉讼证据出示在法庭,案件事实查明在法庭,控辩意见发表在法庭,裁判结果形成在法庭。

庭审实质化的实现需要投入大量的司法资源,所以,庭审中心化应当主要实行于控辩双方争议较大的被告人不认罪认罚的重大、疑难、复杂案件中,而对于那些控辩双方没有争议、被告人又认罪认罚的简单、轻微刑事案件,则没有必要适用繁琐的审理程序,不需要实行庭审中心主义,而是应当采取简化审理的方式。无论大陆法系国家还是英美法系国家都是如此。例如,日本的略式审判程序、德国的简易程序、处罚令程序、美国的认罪答辩程序等,都不是庭审中心主义的审判程序。[1]

要真正实现庭审实质化,就需要建立繁简分流的机制,才能确保有充足的司法资源用于那些疑难复杂、有争议的案件审理中,而认罪认罚从宽制度就是推进以审判为中心的诉讼制度改革的重要配套措施,是实现诉讼分流、繁简分流的有效制度。从 2020 年 10 月 15 日,最高人民检察院张军检察长在十三届全国人大常委会第二十二次会议上所作的《关于人民检察院适用认罪认罚从宽制度情况的报告》看,2019 年 12 月检察机关办理刑事案件适用认罪认罚从宽制度的比例已达 83.1%,2020 年虽受新冠疫情影响,但 1 月至 8 月整体适用率仍达到 83.5%。同时,报告指出,检察机关适用认罪认罚从宽制度办理的案件,起诉到法院后适用速裁程序审理的占 27.6%;适用简易程序审理的占 49.4%;适用普通程序审理的占 23%,比 2018 年下降 20 个百分点。可见,适用认罪认罚从宽制度办理的案件,其工作重心前移,77%的认罪认罚案件都是采用简化审理的方式,不再适用繁琐的庭审程序,逐步走向庭审

---

[1] 顾永忠:《试论庭审中心主义》,载《法律适用》2014 年第 12 期。

去"中心化"的模式。

在被告人自愿认罪认罚，辩护人对案件实体定性也没有争议的情况下，案件的审理程序大大简化。一是适用速裁程序、简易程序审理的案件比重大幅度提高。二是案件的审理简化了法庭发问、出示证据、法庭辩论的程序，在速裁程序中甚至都不需要进行法庭调查和法庭辩论，这就大大节省了庭审时间。笔者在调研中了解到，对认罪认罚案件适用速裁程序审理的，庭审时间一般为 8 分钟到 10 分钟，平均审理周期 7 天左右。这充分体现了认罪认罚案件的庭审去"中心化"，认罪认罚案件不再以庭审为中心，庭审只是对审前认罪认罚的确认和确定。

（三）定罪辩护弱化

在传统的刑事诉讼理论中，刑事辩护主要被界定为一种为了追求无罪或者罪轻而进行的活动。这种对刑事辩护的界定，突出了"实体辩护"的重要性。然而，在犯罪嫌疑人、被告人自愿认罪认罚的案件中，控辩双方对定罪已经没有争议，也就是说对于案件的实体问题，比如，基本犯罪事实、罪名的适用等都没有异议。在这种情况下，律师辩护的重点不再是罪与非罪、此罪与彼罪的问题了，定罪辩护明显弱化。

在认罪认罚案件中，当犯罪嫌疑人、被告人自愿表示认罪认罚时，控辩对抗的大前提就消失了，控辩双方转向合作、协商。在这种情形的下的辩护，一般不再涉及定罪问题，控辩协商的重点也转向"量刑"。在犯罪嫌疑人、被告人认罪认罚的情况下，一旦辩护律师对案件的定性、证据或者法律适用提出异议，提出不构成犯罪或者指控犯罪的证据不足、适用罪名错误等意见，可能就会影响到认罪认罚从宽制度的适用。特别是当犯罪嫌疑人、被告人基于律师的意见没有与检察机关达成一致，签署具结书；或者签署具结书后反悔，不认罪了，但最终法院也没有判决被告人无罪时，被告人就丧失了量刑从宽的机会，甚至可能因为不认罪而加重了刑罚。所以，在认罪认罚案件中，辩护律师一般应当审慎对案件的定性问题提出异议，慎重作无罪辩护。这也是认罪认罚案件中，定罪辩护弱化的一个重要原因。当然，律师的辩护还是要根据事实和法律，如果犯罪嫌疑人、被告人确实无罪的，还是应当依法提出，但这要建立在与犯罪嫌疑人、被告人充分沟通的基础上，因为在认罪认罚中犯罪嫌疑人、被告人才是控辩协商的一方诉讼主体，辩护律师只是协助者，辩护律师应当在保障当事人最大合法权益的情况下，策略性地作出辩护方案的选择。

然而，在认罪认罚案件中，律师是不是一定不能作无罪辩护？对此，目前有两种不同的观点。一种观点认为，既然犯罪嫌疑人、被告人都认罪了，还谈何无罪辩护！另一种观点则认为，认罪不一定有罪，况且事实、证据是否能够定罪，律师依法当然可以作无罪辩护。[1]笔者认为，在认罪认罚案件中，犯罪嫌疑人、被告人虽然认罪认罚了，但也要区分情形，律师仍有独立作就定罪问题发表辩护意见的空间，甚至可以作无罪辩护。

对于认罪认罚的案件，之所以定罪辩护会出现弱化的情形，主要是因为犯罪嫌疑人、被告人放弃了自己的部分权利。但犯罪嫌疑人、被告人一般都在不同程度上缺乏法律知识，对自己的行为是否构成犯罪，构成何种犯罪的认识程度不高，难免会出现认识错误，造成虽然自己认罪认罚了，但从证据上或者法律适用上并不构成犯罪的情况。因此，并不是犯罪嫌疑人、被告人认罪认罚，案件办理就宣告结束，毫无问题；相反，在认罪认罚案件中，对定罪问题的辩护还是要予以重视，定罪辩护只是弱化，不是消失。因此，律师介入认罪认罚案件后，不论案件处于什么诉讼阶段，辩护律师都应当首先审查案件的罪与非罪问题，与犯罪嫌疑人、被告人核实案件基本事实，审查证据及法律适用，分析判断案件是否有无罪辩护的空间，这是认罪认罚案件辩护的前提和基础。其次，辩护律师应当审查犯罪嫌疑人、被告人认罪认罚的自愿性、合法性问题，这也是案件后续辩护的前提和基础。

（四）量刑辩护凸显

量刑辩护早在 2010 年就开始兴起，这主要是源于我国刑事司法改革中"规范量刑程序"的改革而产生的。2010 年 9 月公布了《关于规范量刑程序若干问题的意见（试行）》，至此，我国法院开始确立了一种相对独立的量刑程序，将量刑纳入法院的庭审审理程序中。于是，无论是在法庭调查环节，还是法庭辩论阶段，都出现了定罪审理程序与量刑审理程序的分离。对同一个刑事案件，法院先要对被告人是否构成犯罪的问题进行法庭审理，然后再对被告人的量刑问题启动司法裁判程序。对于这种以解决量刑问题为目的的

---

〔1〕 樊崇义：《认罪认罚从宽与无罪辩护》，载《人民法治》2019 年第 12 期。

法庭审理活动，我们可以称之为"量刑裁判"。[1]

认罪认罚从宽制度是基于犯罪嫌疑人、被告人自愿的认罪认罚，主动放弃自己的部分权利，从而获取检察机关对其量刑上的优惠。在认罪认罚案件中，定罪问题不再是控辩争议的焦点，量刑成为案件的辩护核心。在认罪认罚案件中，量刑辩护的实现方式已不再是通过对抗，合作协商成为量刑辩护的重要方式，控辩协商是认罪认罚从宽制度的本质内核。认罪认罚从宽制度的基本价值取向，就是要求控辩双方尽可能在审查起诉阶段就认罪认罚问题协商一致，把控辩双方关于犯罪事实、罪名、量刑、程序适用等问题尽可能化解在提起公诉之前，从而使绝大多数案件能够适用简化程序快速处理。

当前，检察机关在认罪认罚从宽制度中起主导责任，认罪认罚案件的处理重心已经由审判阶段转向审查起诉阶段，量刑协商成为认罪认罚的核心，这也使得律师的辩护重心发生改变，定罪辩护减少，量刑辩护凸显。量刑协商的启动是由检察机关发起的，是在犯罪嫌疑人表示自愿认罪认罚的前提下，检察机关首先提出一个从宽的量刑建议，同时启动控辩协商，通过协商促成合意。在量刑协商辩护中，控辩协商的主体是犯罪嫌疑人和公诉机关，辩护律师只是协助犯罪嫌疑人协商的参与者。

（五）程序辩护攀升

随着中国刑事司法改革的不断推进，刑事辩护的空间也随之有所扩展，以推动实体法实施为核心的辩护理念，已经受到司法实践的冲击和挑战。除量刑辩护外，程序性辩护也在悄然兴起。广义上讲，程序性辩护泛指一切以刑事诉讼程序为依据的辩护。这意味着辩护方将会提出有关的程序性争议或程序性申请，以促使法庭作出权威的裁决，从而确保法定诉讼程序的实施和被告人诉讼权利的实现。[2]狭义上的程序性辩护，则并非涉及一切诉讼程序问题，而是专门针对公检法机关在刑事诉讼过程中的程序违法行为，通过法庭裁判确认其无效，进而影响对被告人的定罪和量刑。在司法实践中，典型的程序性辩护就是利用非法证据排除规则，通过向法庭申请非法证据排除，启动非法证据的调查程序，最终通过排除相关证据的方式，达到影响案件定

---

〔1〕　李玉萍：《中国法院的量刑程序改革》，载《法学家》2010 年第 2 期。
〔2〕　陈瑞华：《刑事辩护的理念》，北京大学出版社 2017 年版，第 181 页。

罪或者量刑的目的。

认罪认罚从宽制度确立后，80%以上的刑事案件通过繁简分流适用了认罪认罚从宽程序，这意味着绝大多数刑事案件在事实、证据、法律适用等影响实体定罪的关键问题上不存在争议，控辩关系已由对抗转向协商，辩护律师不需要采用这种带有主动进攻性的辩护方式。所以，在认罪认罚案件中，所谓的程序辩护并非指狭义的程序辩护，而是针对广义的程序问题，涉及整个诉讼活动中的相关程序问题。而且认罪认罚中的程序辩护也非采取对抗式，一般是辩护律师就程序问题提出申请，通过与检察机关协商的方式，实现犯罪嫌疑人的诉讼权利。相关的程序辩护重点包括：

其一，强制措施的适用与变更问题。犯罪嫌疑人、被告人认罪认罚，表明其具有良好的认罪悔罪态度，这就增加了对其适用非羁押性强制措施的几率，也增大了由羁押性强制措施变更为非羁押性强制措施的可能。为此，辩护律师在侦查阶段即可以向公安机关提出对犯罪嫌疑人首选适用取保候审或者监视居住的非羁押强制措施，不建议适用逮捕措施。在审查起诉阶段，如果被羁押的犯罪嫌疑人之前就认罪认罚，辩护律师可以继续向检察机关申请羁押必要性审查，建议对其变更强制措施。如果犯罪嫌疑人没有认罪认罚，辩护律师可以与检察机关进行协商，建议对犯罪嫌疑人变更强制措施，以体现对认罪认罚当事人适用强制措施上的依法从宽。如果案件进入审判阶段后，被告人才认罪认罚，辩护律师仍然可以与法官进行协商，为被告人争取强制措施的变更。

其二，诉讼程序适用的问题。在认罪认罚案件中，对诉讼程序适用的协商与建议也是律师辩护的一项重要内容。犯罪嫌疑人、被告人认罪认罚不仅是为了获得量刑上的从宽，同时也是为了加快诉讼进程，早日了结案件，尽早回归社会。刑事案件的诉讼周期一般都比较漫长，在认罪认罚从宽制度确立之前，即使是简单、轻微、控辩双方无争议的刑事案件，一般也要经过近六个月的时间，才能获得第一审的裁判结果，如果被告人不服一审判决上诉的话，那诉讼时间就会更长。有的案件因为整个诉讼周期过长，导致被告人羁押的时间远远超出其本应判处的刑期，所以最终只能以羁押时间为限确定刑期，这实质是对被告人权益的变相侵害。对于犯罪嫌疑人、被告人来说，及时快速地接受审判，尽快结束有罪与无罪的不确定状态，这也是其所追求的诉讼目标之一。鉴于此，对于犯罪嫌疑人在侦查阶段认罪认罚的，辩护律师应当与侦查机关充分沟通协商，对于符合速裁程序适用条件的，建议侦查机关在起诉意见书中列明，给予犯罪嫌疑人程序从简的优惠。在审查起诉阶段，犯罪嫌疑人认罪认罚的，辩护律师应当帮助其作出程序适用选择的建议，并向检察机关提出本方程序适用的意见，监督检察机关对公安机关程序适用建议的采纳，积极为犯罪嫌疑人争取程序上的优惠，推进案件快速处理。被告人在审判阶段认罪认罚的，辩护律师应当积极与法院进行协商，建议法院对案件适用速裁程序或者简易程序审理，以尽快案结事了。

二、认罪认罚从宽制度中刑事辩护与权利保障的辩证关系

（一）公正与效率的价值冲突

不同价值目标之间应当是一种共存关系，但这并不意味着它们之间不存在冲突。目标的多样性，决定了在目标的实现过程中，其方向难免不一致，甚至有会互相制约的情况。如打击犯罪与保障人权，诉讼效率与司法公正，程序正义与实体公正等价值之间，都会存在一定的冲突。但价值的层次性，价值的排序与位阶，决定了在不同价值产生冲突时，高位阶的价值目标优先于低位阶的价值目标；同一位阶的价值目标出现冲突时，要根据具体情况进行平衡，以现实总体价值目标的最大化。

认罪认罚从宽制度的确立顺应了新时代新形势的发展要求，着力解决司法资源紧张，提升司法公信力，并体现国家治理体系和治理能力现代化。这一制度的发展基于以下背景与需求：

一是，当前我国刑事案件数量多，并逐渐出现轻刑化的态势。最高人民法院 2020 年工作报告显示，"2019 年，全国审结一审刑事案件 129.7 万件，判处罪犯 166 万人。严重暴力犯罪案件连续十年呈下降态势"。在这一态势下，面对越来越多的轻微刑事案件，特别是当犯罪嫌疑人、被告人对案件事实没有异议，表示认罪认罚时，如果再耗费大量的司法资源，按照传统的诉讼模式对案件进行处理，那无疑是对司法资源的极大浪费。

二是，庭审实质化对诉讼效率提出了更高要求。对于疑难、复杂，有争议的刑事案件，我国现有诉讼模式又难以全方位保障被追诉人的诉讼权利，直接言辞原则、证人出庭等制度并未贯彻到庭审程序中，庭审呈现出走过场、

可有可无，庭审虚化的现象。为贯彻落实中共中央关于依法治国的重大决策，2016 年"两高三部"联合发布了《关于推进以审判为中心的刑事诉讼制度改革的意见》，庭审实质化是改革的内核。要实现庭审实质化的要求，规范庭审调查程序，完善对证人、鉴定人的法庭质证规则，完善法庭辩论规则等，就需要投入大量的人力和时间，消耗一定的司法资源，才能使庭审程序具有真正意义，实现保障被追诉人的基本诉讼权利，确保案件公平公正的目标。

三是，在推行法官、检察官员额制改革后，司法资源更为紧张。员额制改革的目标是提升司法队伍的专业度，促使办案力量趋向精简干练；但按照员额制改革的试点方案，法官、检察官约占中央政法专项编制人数的 39% 以下，司法辅助人员约占 46%，司法行政人员约占 15%。[1] 实践中，由于入额比例的限制，加之年龄、资历等条件的要求，很多业务上的骨干力量并没有达到入额标准，司法人才大量流失。

因此，在刑事案件的数量日益增加，案多人少的矛盾越发突显的背景下，要实现庭审实质化的要求，繁简分流是必然趋势。认罪认罚从宽制度的诉讼价值即在于节约司法资源，提高诉讼效率。

然而，刑事诉讼追求的价值显然不仅是效率。一般来讲，自由、秩序、权利、公正、效率等都是法律制度的基本价值，这些价值既有平衡又存在冲突。也就是说，在轻刑案件审理程序创新过程中，为适应刑事司法的新常态，节约司法资源，提高诉讼效率而创建的认罪认罚从宽制度，效率只是该制度中的一个价值追求，要关注到核心价值与其他价值之间的冲突与平衡，才能发挥制度的现实意义。认罪认罚从宽制度的运行以犯罪嫌疑人、被告人自愿认罪认罚为前提，通过部分权利的放弃而获得从宽的优惠。然而，如果一味强调诉讼效率，只要犯罪嫌疑人、被告人认罪认罚，办案机关就快速处理，忽视办案机关查明案件事实的客观义务，办案机关可能为了追求效率，不对案件事实和定性进行把关，则有可能造成冤假错案，丧失了公平公正的法律价值。

当然，有学者提出，"一个社会，无论多么'公正'，如果没有效益，必将导致社会集体的贫困，那也谈不上什么公正，即使有这种'公正'，也是社

---

[1] 陈卫东：《认罪认罚从宽制度研究》，载《中国法学》2016 年第 2 期。

会和人们所不取的"。[1] "审判程序的改革不能一味地去追求公正，公正也不是刑事审判的惟一价值目标。其实，能否对效率进行充分的关注以及能否在公正与效益之间保持适当平衡也是衡量程序公正的一项重要标准。"[2] "公正为本，效率优先"应当是认罪认罚制度改革的核心价值取向。[3]

总之，从认罪认罚从宽制度出台的背景，解决现实问题的角度看，追求诉讼效率是其内在要求，而提高诉讼效率也是现代各国刑事司法的主流导向。但对于认罪认罚从宽制度的价值考量，显然不能仅局限于眼前，还应从长远考虑，在效率与自由、权利、公正等价值产生冲突时，如何平衡价值之间的关系？认罪认罚从宽制度的终极价值目标又当如何确定？这些都需要思考与探讨。

（二）自愿认罪认罚与辩护权的正向共进

公正是刑事司法制度最终的追求，但过度追求公正会导致司法资源的大量耗费，诉讼效率的降低。然而，提高诉讼效率已经成为当代各国刑事司法领域的主流导向。许多国家由于案件负担过重带来了无法忍受的诉讼拖延，因此将"放弃审判制度"作为处理积案的一种方式。[4]公正审判国际组织对世界上 90 个国家和地区的认罪案件处理机制进行了考察，发现"消失的审判"（the disappearing trial，定罪未经正式审判）现象在全球范围内传播——被追诉人通过答辩有罪而放弃了正式审判，法律制度通过降低指控、减轻量刑等鼓励被追诉人这样做。[5]公正审判国际组织在其研究报告中指出：1990年，在 90 个国家和地区中仅有 19 个存在"放弃审判制度"，但 2015 年已达66 个。[6]

认罪认罚从宽制度就是通过被追诉人主动认罪认罚，与检察机关就量刑

---

〔1〕　陈正云：《刑法的经济分析》，中国法制出版社 1997 年版，第 337 页。

〔2〕　陈卫东：《公正和效率——我国刑事审判程序改革的两个目标》，载《中国人民大学学报》2001 年第 5 期。

〔3〕　陈卫东：《认罪认罚从宽制度研究》，载《中国法学》2016 年第 2 期。

〔4〕　熊秋红：《比较法视野下的认罪认罚从宽制度——兼论刑事诉讼"第四范式"》，载《比较法研究》2019 年第 5 期。

〔5〕　熊秋红：《比较法视野下的认罪认罚从宽制度——兼论刑事诉讼"第四范式"》，载《比较法研究》2019 年第 5 期。

〔6〕　熊秋红：《比较法视野下的认罪认罚从宽制度——兼论刑事诉讼"第四范式"》，载《比较法研究》2019 年第 5 期。

达成一致，从而使诉讼程序得以简化，节约了司法资源，提高了诉讼效率。这符合世界各国司法改革的趋势和刑事司法制度发展的规律。

但提高诉讼效率并不是认罪认罚从宽制度唯一的价值目标，对效率的追求并非没有条件限制，应当以不损害犯罪嫌疑人、被告人的诉讼权利、不妨碍司法公正为限。"刑事诉讼法并不是与时代的思潮没有关系的。在强烈要求维护社会秩序的时代，价值取向倾向于处罚；在和平时代，价值取向倾向于保障人权。"[1]保障犯罪嫌疑人、被告人的主体地位和诉讼权利，应当是认罪认罚从宽制度的应有之义。认罪认罚从宽制度中所规定的告知权、量刑协商权、程序选择权、获得律师帮助权等都是对被追诉人诉讼权利保障的体现。最高人民法院、最高人民检察院《关于在部分地区开展刑事案件认罪认罚从宽制度试点工作情况的中期报告》中指出，开展刑事案件认罪认罚从宽制度试点，是落实党的十八届四中全会有关改革部署的重大举措，是推动宽严相济刑事政策具体化、制度化的重要探索，对完善刑事诉讼制度、优化司法资源配置、依法及时有效惩罚犯罪、加强人权司法保障具有重要意义。[2]

在认罪认罚案件中，犯罪嫌疑人、被告人自愿认罪认罚，同意检察机关的量刑建议，即可以获得实体从宽和程序从简。认罪认罚案件一般大多适用速裁程序或者简易程序，省略法庭调查、法庭辩论等环节，从而达到快速审理案件的效果。同时，由于犯罪嫌疑人、被告人认罪认罚，"让渡"了自己部分诉讼权利，为了保障程序的正当性，法律又赋予被追诉人相应的知情权、辩护权等，特别是辩护权——值班律师的参与，充分体现了程序设计中对权利保障价值的追求。认罪认罚从宽制度在追求诉讼效率的同时，也注重对犯罪嫌疑人、被告人的权利保障，诉讼效率与权利保障这两个价值在该制度中是共生共存的。

（三）自愿认罪认罚与辩护权的反向冲突

刑事诉讼的核心是犯罪嫌疑人、被告人，他们是刑事诉讼活动中的重要

---

〔1〕 ［日］田口守一：《刑事诉讼的目的》，张凌、于秀峰译，中国政法大学出版社 2011 年版，第 46 页。

〔2〕 周强："关于在部分地区开展刑事案件认罪认罚从宽制度试点工作情况的中期报告——2017年 12 月 23 日在第十二届全国人民代表大会常务委员会第三十一次会议上"，载《人民法院报》2017年 12 月 24 日，第 1 版。

角色，一切诉讼活动都是围绕对其刑事责任的认定而展开。作为刑事诉讼的焦点，犯罪嫌疑人、被告人的诉讼地位始终受到关注，对其合法权益的保护也极为重视，刑事辩护制度就是为保障犯罪嫌疑人、被告人的合法权益而专门建立的一项重要的刑事司法制度。

认罪认罚从宽制度是刑事诉讼中的一项新制度，是在党中央提出全面推进依法治国，推动以审判为中心的诉讼制度改革的大背景下建立起来的。认罪认罚从宽制度是"庭审实质化"改革的配套措施，是在国际社会"放弃审判制度"、提高诉讼效率的刑事司法主流导向中诞生的，司法改革的顶层设计者更期待该制度能够解决现实问题，甚至有司法机关认为，认罪认罚从宽制度的效率价值远远大于程序价值。节约司法资源，提高诉讼效率已然成为优先的考量。但认罪认罚从宽制度的价值不仅于此，要兼顾效率与公平、自由、权利等价值之间的关系，特别是在效率优先的考量下，如何更好地保障刑事司法人权，是认罪认罚从宽制度有效落实中的一个挑战。

在司法实践中，比如，有时办案机关为了推进认罪认罚，简化诉讼程序，提高诉讼效率，而忽略了犯罪嫌疑人、被告人认罪认罚的自愿性、真实性、合法性，极易造成冤假错案；为了节约司法资源，有司法实务部门人员提出，要限制认罪认罚被告人的上诉权等。如此就产生了效率与人权保障的价值冲突。再比如，在认罪认罚案件中，虽然法律规定必须有律师的参与，但当下值班律师的参与程度、提供法律服务的效果等都存在诸多问题，对犯罪嫌疑人、被告人辩护权保障的不充分，也是该制度价值间冲突的体现。

在笔者调研中的一起组织、领导、参加黑社会性质组织犯罪的案件里，涉案被告人共29人，其中有20名被告人在审查起诉期间作了认罪认罚，对自己涉嫌参加黑社会性质组织罪等犯罪表示认可。于是，庭审中，检察官对认罪认罚的被告人在发问及出示相关证据时，均采取了简化的方式，确实大大节省了庭审时间，提高了效率。但是，当各辩护人发问这些被告人"什么时间加入黑社会性质组织的"，各被告人均表示"不知道什么是黑社会性质组织，没有加入什么黑社会性质组织"。显然，被告人认罪认罚的真实性、明知性出现了问题，而此时，检察人员仍以认罪认罚从宽为条件，提示被告人要注意自己的认罪态度，导致一些被告人不能真实自愿地作出供述。这个案例充分暴露出办案机关一味推进认罪认罚，而忽略了对被追诉人的人权保障。

正如有学者所言，与一些法治发达国家相比，我国的认罪认罚从宽制度改革是在控审分立、直接审理、控辩平等、自由心证等刑事诉讼基本原则尚未完全得到实施的背景下展开的。[1]在这种情况下，价值理念的频繁冲突也在所难免，但随着认罪认罚从宽制度的不断改革与完善，诉讼效率的提高必须以人权保障、司法公正为基础，人权保障的价值更应当受到关注。

（四）通过辩护制度保障被追诉人权利是办理认罪认罚案件的终极目标

认罪认罚案件是犯罪嫌疑人、被告人自愿如实供述自己的罪行，承认指控的犯罪事实，通过与检察机关的协商，同意量刑建议和程序适用，从而获得相应的"优惠"，包括实体从宽和程序从简。犯罪嫌疑人、被告人主动自愿认罪，可以减轻办案机关收集证据的负担，节约办案的时间和成本，通过权利的"让渡"换取量刑的"优惠"。然而，获得完整审判是被追诉人的合法权利，效率、成本等都不是"克减"权利的理由，简化诉讼程序的改革必然面临"正当化"的问题。正是基于被追诉人认罪认罚的"自愿性"及辩护权的介入与保障，该程序才具有了正当性。

在认罪认罚案件中，虽然犯罪嫌疑人、被告人对犯罪事实、实体定罪量刑均没有异议，但认罪认罚的案件仍然需要辩护权的保障，需要律师的参与。辩护权是法律赋予刑事诉讼中被追诉人的一项权利，是以维护被追诉人各项诉讼权利的行使为核心，其终极目标是对被追诉人的权利保障。在刑事诉讼规范层面，律师的辩护权主要包括，会见权、通信权、阅卷权、调查取证权、参与法庭调查权、法庭辩论权、申诉控告权、权利被侵害后的救济权等。在认罪认罚案件中，辩护权的行使同样是为了最大限度地维护犯罪嫌疑人、被告人的合法权益，保障其基本诉讼权利。2016年10月，"两高三部"印发的《关于推进以审判为中心的刑事诉讼制度改革的意见》中就明确规定，"健全当事人、辩护人和其他诉讼参与人的权利保障制度"。随后，认罪认罚从宽制度启动，"两高三部"发布的《试点办法》中也提出，"办理认罪认罚案件，应当保证犯罪嫌疑人、被告人获得有效法律帮助，确保其了解认罪认罚的性质和法律后果，自愿认罪认罚"。认罪认罚案件的辩护，就是在确保犯罪嫌疑

---

[1] 参见熊秋红：《比较法视野下的认罪认罚从宽制度——兼论刑事诉讼"第四范式"》，载《比较法研究》2019年第5期。

人、被告人自愿认罪认罚的前提下，通过与控方协商，为犯罪嫌疑人、被告人争取最大的合法利益，以维护他们的基本诉讼权利。

三、认罪认罚案件中律师辩护的新特点

（一）律师要树立正确的认识

修改后的《刑事诉讼法》对认罪认罚从宽制度作了较为系统的规定，标志着认罪认罚从宽制度成为刑事诉讼中一项新的重要制度，继而给刑事诉讼带来了重大影响。那么，在适用该制度的刑事案件中，律师要做好辩护工作，首先应当树立理性认识，只有这样才能正确理解并执行该制度，也才能实现有效的辩护参与。

律师应当认识到认罪认罚从宽制度的深层次价值功能，应当从更高的政治站位去理解和执行，认识到认罪认罚从宽制度与国家治理体系、治理能力现代化的关系，认识到该制度的终极目标是实现对人权的保障。所以，相比不认罪认罚的案件，在认罪认罚案件中，律师辩护更不是可有可无的，而是不可或缺，甚至应当实现认罪认罚案件刑事辩护的全覆盖。只有这样才能守住认罪认罚的前提和底线，才能有效保障被追诉人的合法利益。只有把认罪认罚案件做好了，做扎实了，才能推进以审判为中心的诉讼制度改革，实现庭审的实质化，反过来促进和提升司法水平、司法能力的现代化。此外，律师也应当认识到，认罪认罚从宽制度的直接目标是提升诉讼效率，在诉讼流程明显加快的情况下，律师的辩护理念也应当由"充分性"转变为"实效性"。

（二）律师要调整辩护的方法

律师在认罪认罚案件中的辩护与不认罪认罚案件辩护的最大区别就在于辩护方式的转型——由"对抗"转向"协商"。

我们应当充分认识到认罪认罚从宽制度所带来的诉讼结构和方式的变化，诉讼程序和方法的变革，认识到这样的转变符合刑事司法发展的客观规律。在认罪认罚案件中，律师辩护的主战场不再是法庭，而是在审查起诉阶段的全程参与，包括引导犯罪嫌疑人作出认罪认罚的自愿选择，参与和控方的量刑协商，以及具结书的签署等。而要实现最终的有利结果，不再依靠激烈的对抗，而转为温和的协商，律师通过与控方的协商合作，为犯罪嫌疑人争取

最好的案件结果。协商式辩护将成为认罪认罚案件中律师辩护的重要特点。

第三节　认罪认罚从宽制度中的辩护权

认罪认罚从宽制度写入刑事诉讼法，其制度设置的初衷是解决案多人少的现实矛盾，实现案件繁简分流，提高诉讼效率，节约司法资源，是庭审实质化改革的一项配套措施。但随着制度的全面推行，一味追求效率而忽略其他诉讼价值所带来的问题逐渐暴露。效率的提升不能以牺牲公平为代价，认罪认罚中的权利保障问题需要得到关注与重视。

在认罪认罚案件中，要实现对被追诉人基本诉讼权利的有效保障，其核心与关键就是保障辩护权的充分有效行使，辩护权是被追诉人在刑事诉讼中所享有的全部诉讼权利中的核心权利。所以，本节将围绕辩护权与认罪认罚从宽制度的关系展开讨论，论证辩护权在认罪认罚案件中的地位和作用，以及辩护权的核心——"获得律师有效帮助"这一权利在认罪认罚案件辩护权保障方面所产生的积极影响。只有充分发挥好刑事辩护的作用，才能更好地保障被追诉人的诉讼权利，也才能使认罪认罚从宽制度产生更好的效果。

一、辩护权在认罪认罚案件中的核心地位

辩护权作为一项权利，是指犯罪嫌疑人、被告人有自我辩护的权利，以及聘请律师为其辩护的权利。对被追诉人来说，刑事诉讼中要维护的权利，不只是所谓的"诉讼权利"，更是宪法上保障的基本权利；所谓程序公正，也不仅仅是程序问题，其实质还是基本权利保障问题。

在认罪认罚案件中，虽然犯罪嫌疑人、被告人已经自愿表示认罪认罚，但其仍然享有刑事诉讼中的基本诉讼权利，并依法受到保护。也就是说，即使被追诉人认罪了，其还是拥有下列诉讼权利：适用法律一律平等权，使用本民族语言进行诉讼权，依法不受追究刑事责任权，各种申请权，上诉权，公开审理权，修改笔录权，申诉权，辩护权等。在这一系列诉讼权利中，辩护权是被追诉人最重要的诉讼权利，是被追诉人诉讼权利体系的核心，甚至可以说是被追诉人所有诉讼权利的总和。因为被追诉人行使各项诉讼权利的

目的都是防御正在进行的刑事追诉，以维护自身的合法权益。

在认罪认罚中，犯罪嫌疑人、被告人自愿认罪认罚，放弃了对案件在实体定性方面的辩解权利，基于此，国家给予其量刑从宽和程序从简的"优惠"。所以，在认罪认罚中，量刑建议是核心，控辩协商是关键。而要获得最终的有利结果，被追诉人就需要通过陈述权、提供证据权、与检察机关平等协商权，以及获得辩护人帮助权等具体方式来实现，而这些又都是辩护权的具体化。可以说，认罪认罚的被追诉人也要通过辩护权的行使，防御国家对其更重的控诉，以维护自身的合法利益。

被追诉人依法享有辩护权，这是因为被追诉人最有条件评断国家对自己的指控是否正确，所以，在辩护权的行使上，首先由被追诉人根据案件事实自行开展辩护活动。从理论上讲，获得辩护权意味着被追诉人可以独立地承担辩护职能，成为自主的道德主体。[1]但是，因为被追诉人一般都在不同程度上缺乏法律知识，而且往往都被采取羁押的强制措施，权利的行使受到一定限制，因此，为了保障其辩护权能够得到充分、有效地行使，各国法律均赋予被追诉人获得辩护人帮助的权利。正如美国学者指出，"联邦宪法要求实质性的平等和公平对待，如果被告人不能找到有能力的律师为其辩护，所有这一切也就无从谈起"。[2]

在我国的认罪认罚从宽制度中，根据《刑事诉讼法》的规定，犯罪嫌疑人自愿认罪认罚后，在控辩双方进行量刑协商、签署认罪认罚具结书时必须有律师在场，即使犯罪嫌疑人没有委托辩护律师或者国家没有指派法律援助律师，办案机关也要指派值班律师为其提供法律帮助。这充分表明，在认罪认罚案件中，更注重对被追诉人获得律师帮助权利的保护。对于认罪的犯罪嫌疑人、被告人，其认罪的自愿性、合法性、明知性是认罪认罚从宽程序适用的前提，也是防止"假认罪""认假罪"的关键，但因为被追诉人缺乏专业法律知识，再加之与控方间的天然不平等，如果没有专业律师的帮助，很难保障其合法权益不受侵犯。而在认罪协商的核心环节，更需要专业律师的协助，才能确保有真正的控辩协商，有效的控辩协商。

---

〔1〕 熊秋红：《刑事辩护论》，法律出版社1998年版，第13页。

〔2〕 Charles F. Hemphill, *Criminal Procedure：The Administration of Justice*, Goodyear Publishing Company, 1978, pp. 107-108.

辩护权与公民的人身自由、人格尊严、生命、财产等宪法实体权利紧密相连，正是通过辩护权，犯罪嫌疑人、被告人所享有的其他权利才能被确信受到保护，因此，辩护权被认为是被追诉者最重要的诉讼的权利，是全部诉讼权利中的核心权利，现代各国宪法普遍将其纳入其中，作为人之所以为人不可缺少的基本权利。[1]

辩护权是维护被追诉人合法权益、保障案件公平公正的重要权利，进而也是确保认罪认罚案件充分保障人权的正当性基础。在刑事诉讼中，无论是认罪的案件，还是不认罪的案件，辩护权都是不可或缺的，如果没有辩护权的行使，没有辩护人的参与，辩护职能将大大弱化，甚至有可能丧失其独立性。

二、辩护权在认罪认罚案件中的重要作用

《世界人权宣言》第 11 条第 1 款明确指出："凡受刑事控告者，在未经获得辩护上所需的一切保证的公开审判而依法证实有罪以前，有权被视为无罪。"由此可见，刑事诉讼中被追诉人的辩护权为世界所公认，是一项基本权利，是不可剥夺的权利。我国刑事诉讼法致力于惩罚犯罪的同时，也强调对人权的保障，保障被追诉人的辩护权亦是其中的应有之义。同样，在认罪认罚案件中，维护被追诉人的辩护权是对其人权保障的前提。

辩护权是实现程序正义的重要方式。正如美国学者所言："司法正义——不管是社会主义、资本主义或是其他任何种类的，都不仅仅是目的，而且还是一种程序；为了使这一程序公正地实行，所有被指控犯罪的人都必须有为自己辩护的权利。"[2]辩护促使诉讼结构更加合理，正是因为有了辩护，控辩双方才有了平等的基础，审判方才有了相对中立的条件，刑事司法才脱离了"行政"的色彩。辩护权使被追诉人有了反驳指控、对指控证据提出意见并阐明理由的机会，被追诉人对诉讼过程的参与，使其享有部分程序控制权，真正成为诉讼的主体。"刑事律师就是试图为受控的个人的自由权辩护，以对抗国家推行和强制实施其规则的权力，这种角色也许是一个既不能在规则功利主义也不能在行为功利主义考虑之上获证为正当的角色范例，但是它能由为

---

〔1〕 岳悍惟：《刑事程序人权的宪法保障》，法律出版社 2010 年版，第 104 页。

〔2〕 [美] 艾伦·德肖微茨：《最好的辩护》，唐交东译，法律出版社 1994 年版，第 483 页。

义务论所内含的对自由的道德权利和对公正审判的人权证明为正当的。"[1]

在认罪认罚案件中,辩护权与程序正义同样关联紧密。被追诉人可以选择认罪或者不认罪,认罪认罚后可以选择程序的适用,而这些选择,如果没有律师的有效帮助,被追诉人很难对认罪的后果有清醒的认识,进而在自愿、明知和明智的前提下选择认罪认罚。[2]而且,被追诉人由于缺乏法律知识,对一些法律术语和权利概念也很难充分理解,不能完全理解案件流程、程序选择等,所以更需要获得律师的帮助。在认罪认罚案件中,辩护权的行使有助于保障犯罪嫌疑人、被告人自愿认罪认罚。"不能否认,在一些侦查活动中还存在暴力、威胁、欺骗等手段,以迫使犯罪嫌疑人认罪。"[3]此时,辩护权的充分保障将促进控辩双方力量的相对均衡,防止司法人员滥用权力。因此,辩护权有助于保障认罪认罚程序的自愿性,减少被追诉人反悔的情况,从而更加快速推进认罪认罚的进程,实现司法资源的效用,这都符合程序正义的基本理念。

在认罪认罚案件中,除实现程序正义外,辩护权对于其他价值同样具有不可忽视的作用。首先,辩护权的行使有利于维护被追诉人的实体权益。被追诉人及其辩护人在诉讼中的直接目标就是获得有利于自己的裁判。美国著名法学教授艾伦·德肖微茨指出:"'胜利'是大部分刑事诉讼的当事人的惟一目的,就像职业运动员一样。刑事被告,还有他们的律师,当然不需要什么正义;他们要的是开释,或者是尽可能短的刑期。"[4]在认罪认罚案件中,通过对辩护权的行使,被告人可以获取尽可能轻的刑罚,实现自己追求的诉讼目标。其次,辩护权的行使有助于发现事实真相,防范冤假错案。在辩护活动的过程中,被追诉人及其辩护人通过对控方证据的审查判断、收集调取新的证据等方式,也能在客观上起到发现事实真相的积极作用,避免冤假错案的发生。最后,辩护还能起到对法官的协助与抑制作用。通过辩护活动协助法官查明事实,防止法官认识的片面性和随意性,确保有罪判决的可靠性。

[1] [美]赫尔德等:《律师之道》,袁岳译,中国政法大学出版社1992年版,第22页。
[2] 闵春雷:《认罪认罚案件中的有效辩护》,载《当代法学》2017年第4期。
[3] 闵春雷:《认罪认罚案件中的有效辩护》,载《当代法学》2017年第4期。
[4] [美]艾伦·德肖微茨:《最好的辩护》,唐交东译,法律出版社1994年版,第5页。

三、认罪认罚从宽制度与辩护权的关系

(一) 认罪认罚从宽制度是实现辩护权保障的载体

认罪认罚从宽制度确立后，在一定程度上实现了对案件的繁简分流，达到了合理配置司法资源的目的，这符合世界各国刑事诉讼发展的趋势。未来，我国的刑事案件会被划分为两大类，一类是不认罪认罚案件，另一类则是认罪认罚案件，而从目前最高人民检察院公布的认罪认罚从宽制度的适用率看，认罪认罚案件将会占比更大。也就是说，未来，适用认罪认罚诉讼程序的案件将会成为刑事辩护的重点。

与不认罪认罚案件一样，在认罪认罚案件中，不仅要追求对被追诉人基本诉讼权利的维护和保障，也要贯彻和落实人权保障的理念。虽然认罪认罚从宽制度的出台是为了解决案多人少的矛盾，提升诉讼效率，节约司法资源，但如果不把保护被追诉人诉讼权利放在第一位，只要出现一些超越职权甚至侵犯权利的行为，就会造成灾难性后果。而且，认罪认罚从宽制度要保持长久稳健发展，保持对被追诉人的吸引力，重视对被追诉人正当权利的保护，这样被追诉人才会发自内心自愿选择认罪认罚。所以，在认罪认罚案件中保护被追诉人的权利才是该制度良性发展的动力。

对被追诉人权利保障的核心就是对辩护权的保障。被追诉人依法享有辩护权，包括其自行辩护的权利以及获得辩护人有效帮助的权利，而其中获得辩护人有效帮助的权利，"是被告人所有权利中最有影响的权利，它决定着被告人行使其他权利的能力"。[1]在认罪认罚案件中，虽然被追诉人自愿表示认罪认罚，但对于案件是否真正构成犯罪，是否达到认定犯罪的证据标准，仍然需要办案机关进行认真审查，同样也需要辩护律师运用专业知识进行分析判断，以防止被追诉人因为缺乏专业知识、因为信息不对称，或者因为天然的劣势地位等因素影响，而盲目或非自愿作出认罪认罚的选择，这种自愿性保障就离不开辩护权的行使。在认罪认罚案件中，被追诉人一般都在不同程度上缺乏法律知识，所以要保障其对自己被指控的罪名有清楚认知、保障其对认罪认罚等相关法律概念、法律后果有清楚理解，这些同样需要辩护权的

---

[1] Charles F. Hemphill, *Criminal Procedure: The Administration of Justice*, Goodyear Publishing Company, 1978, pp. 107-108.

行使与保障。在认罪认罚案件中，控辩协商是核心，量刑建议是关键，而如何与控方展开实质有效的协商，如何让控方能够接受辩方意见，以取得更有利的处罚结果，这更需要辩护权的支撑。此外，在认罪认罚案件中，一些程序性权利的行使，比如强制措施的变更，案件适用程序的选择等，也需要获得律师的帮助与指导。所以，在认罪认罚从宽制度的适用中仍要重视对辩护权的保障问题。

有数据显示，2019 年 1 月至 2020 年 8 月，全国检察机关适用认罪认罚从宽制度办结案件 1 416 417 件 1 855 113 人，人数占同期办结刑事犯罪总数的 61.3%。2019 年 1 月，检察环节认罪认罚从宽制度适用率只有 20.9%，2019 年 6 月仍只有 39%，但到了 2019 年 12 月，检察机关办理刑事案件适用认罪认罚从宽制度的比例已达 83.1%。2020 年以来，尽管新冠疫情期间受看守所封闭、值班律师难以到位等因素影响，适用率一度有所下降，但 1 月至 8 月整体适用率仍达到 83.5%。[1]另外，笔者在调研中了解到，2018 年 11 月至 2020 年 8 月，某省全省检察机关适用认罪认罚从宽制度办结审查起诉案件 40 134 件 54 289 人，分别占同期办结审查起诉案件总量的 62.59%、57.59%。其中，2019 年适用 20 433 件 27 320 人，分别占同期办结审查起诉案件总量的 58.35%、53.89%；2020 年 1 月至 8 月适用 19 680 件 26 941 人，分别占同期办结审查起诉案件总量的 87.75%、81.15%。从这些数据可以看出，随着认罪认罚从宽制度的推行，认罪认罚案件将会成为刑事案件的主要组成部分，未来 80% 以上甚至 90% 的刑事案件都将适用认罪认罚从宽程序，认罪认罚案件将成为刑事辩护的主战场，所以，对辩护权的保障问题更多的则是体现在认罪认罚案件中，认罪认罚从宽制度将会成为实现辩护权保障的载体和平台。

（二）认罪认罚从宽制度中的辩护权保障内容

在认罪认罚案件中，被追诉人自愿认罪认罚是该制度适用的前提，控辩双方在实体定性无争议的情况下开展量刑协商。在这种情况下，就有人提出，既然案件实体定罪都没有争议了，那还有什么可辩护的？这种观点显然是错误的。即使是被追诉人认罪的案件，其在刑事诉讼中的程序性权利等其他诉

---

〔1〕 张军：《最高人民检察院关于人民检察院适用认罪认罚从宽制度情况的报告》，载中国检察网，http://www.spp.gov.cn/zdgz/202001/t20201017_ 482200.shtml，最后访问时间：2021 年 8 月 25 日。

讼权利也是需要通过辩护权的行使予以保障的，同时，量刑更是需要通过辩护的开展以争取最好的刑罚结果。

在认罪认罚从宽制度中，辩护权的保障至少包括以下内容：（1）被追诉人诉讼权利保障问题。包括被追诉人认罪认罚的自愿性保障，被追诉人的知情权、程序选择权保障，被追诉人参与认罪协商的平等性保障，被追诉人认罪认罚后的反悔权、上诉权保障等。（2）被追诉人获得律师帮助权的保障问题。包括值班律师的定位与职能，律师在认罪认罚从宽程序中的会见权、阅卷权保障，律师参与认罪协商的保障，律师参与辩护的质量保障等。（3）其他配套制度对辩护权的保障问题。包括认罪认罚从宽制度对诉讼结构的影响，检察机关主导认罪认罚的反思，认罪认罚适用率、量刑建议采纳率等考核制度对辩护权的影响，证据开示制度的探索，同步录音录像制度的引入，法律援助的保障，以及独立认罪协商程序的构建等。

总之，关于认罪认罚从宽制度中的辩护问题，无论是理论层面，还是实践层面都有很多问题值得研究和探讨。对认罪认罚从宽制度中的辩护权加以重视和保障，才能解决当前制度在推行过程中出现的因一味追求诉讼效率而忽视对被追诉人权利保障的情况，诉讼效率必须真正让位于司法公正，加强对被追诉人的权利保障，才能推动认罪认罚从宽制度长远良性的发展。在后面的章节中，笔者将针对认罪认罚从宽制度中存在的辩护权保障问题及改革完善措施等，逐一加以详细论述，以期在认罪认罚从宽制度中构建更加完善的辩护机制，实现认罪认罚从宽制度权利保障的功能和价值追求，确保司法的公平公正。

四、律师参与辩护是认罪认罚从宽制度的基本要素

（一）刑事诉讼三大职能决定了律师辩护权的不可或缺性

现代刑事诉讼三大职能，即控诉职能、辩护职能和审判职能。三种诉讼职能的区分以及为保障这种区分而确立的控审分离、控辩平等原则是现代刑事诉讼的基本要求。

控诉、辩护、审判三种诉讼职能必须由三方独立的诉讼主体分别承担，而不能由其中任何一方代替行使。控诉、辩护、审判三项职能互为条件、互相制约，共同促进刑事司法更为科学、民主。三项诉讼职能的独立与制衡，决定

了辩护职能的行使只能由作为一方诉讼主体的犯罪嫌疑人、被告人承担。然而，作为被追诉者的犯罪嫌疑人、被告人，因缺乏专业的法律知识，难以与控诉方形成平等的对抗，为了保障辩护权的充分行使，由辩护律师协助被追诉人行使辩护权。诉讼职能的分配决定了律师参与刑事诉讼的必要性和合理性。

辩护律师作为诉讼参与人之一，不是以自己的名义参与诉讼的，既没有完整的主体权利，也不承担特定的义务，故不能成为诉讼主体。[1]辩护律师虽然是源于犯罪嫌疑人、被告人的委托而参与刑事诉讼，但其仍然具有独立的诉讼地位。辩护律师具有独立的诉讼参与人身份，依照自己的意志，依法履行职责，独立参与辩护活动，不受委托人意志的左右。辩护律师的参与使得诉讼职能的划分更加清晰、明确，弥补了犯罪嫌疑人、被告人的弱势，增强了辩护方的力量，有助于实现控辩平等，使得辩护职能更好地发挥作用，增强刑事诉讼的整体功能。

(二) 律师参与是保障被追诉者权利的必然要求

刑事诉讼活动围绕犯罪嫌疑人、被告人有罪无罪、罪轻罪重而展开。作为诉讼主体，犯罪嫌疑人、被告人也有人格尊严，在诉讼过程中，保障被追诉人的人格尊严，维护其基本权利是刑事诉讼法的基本要求，而刑事辩护、律师参与正是维护被追诉人人格尊严的最好方式。

无论是我国《宪法》还是《刑事诉讼法》，都有对刑事程序权利的相关规定。例如，《宪法》中规定了"法律面前人人平等"的原则，"国家尊重和保障人权"的原则，公民人身自由不受侵犯，享有通信自由、隐私权，被告人有获得公开审判的权利、获得律师辩护的权利、使用本民族语言文字诉讼的权利等。《宪法》的上述规定，实质也是刑事诉讼过程中犯罪嫌疑人、被告人所应享有的诉讼权利，及相关实体权利不受强制处分的要求。同样，《刑事诉讼法》对犯罪嫌疑人、被告人的基本诉讼权利也作出了规定。如，适用法律平等原则、公开审判原则、无罪推定原则、有权获得辩护、禁止刑讯逼供等。

犯罪嫌疑人、被告人在刑事诉讼活动中所享有的基本诉讼权利的实现，除了依靠其自我辩护外，更为有效的方式就是获得辩护律师的有效帮助。被

---

[1] 李本森：《论辩护律师在刑事诉讼中的主体地位》，载《时代法学》2010年第4期。

追诉人有权获得律师的帮助，这是国际社会公认的法律原则，它超越了社会制度、意识形态、传统法律文化的界限和阻碍，在各国刑事诉讼法中得到了普遍确立。[1]律师作为辩护人具有不可比拟的优势：犯罪嫌疑人、被告人一般不懂法律，又缺乏参与诉讼的经验，加之受到自己心态的影响，很难充分维护自身的权益；而警察、检察官、法官基于各自的职能要求，很难真正帮助被追诉人进行防御。尤其是，由于警察、检察官行使控诉职能，与被追诉人角色对立，其往往忽略案件中对被追诉人有利的信息，有的为了指控犯罪，甚至采取刑讯逼供等非法方法收集证据，严重侵害被追诉人的合法权益。律师既懂法律，掌握专业的法律知识，又具有丰富的诉讼经验，同时还有职业道德的规范和约束，能够依法有效地从事辩护活动，履行辩护职责，充分发挥辩护人的作用。律师参与刑事诉讼，就是根据事实和法律，提出犯罪嫌疑人、被告人无罪、罪轻或者减轻、免除其刑事责任的材料和意见，维护犯罪嫌疑人、被告人的诉讼权利和其他合法权益，这与刑事诉讼保障被追诉人权益的核心要求是一致的，决定了律师参与刑事诉讼的必要性。

(三) 律师辩护是确认自愿认罪认罚的根本方式

认罪认罚从宽制度是以犯罪嫌疑人、被告人自愿认罪，并愿意接受司法机关处罚为基础运行的制度，所以，认罪认罚的自愿性是该制度存在的正当性基础。然而，大多数犯罪嫌疑人、被告人对法律知之甚少，更没有参与诉讼的经验，对于什么是认罪认罚、认罪认罚的法律后果等并没有真正意义上的理解和认识。在这种情况下，如果认罪认罚并非犯罪嫌疑人、被告人自愿作出的，或者犯罪嫌疑人、被告人在对相关法律并不理解的情况下作出认罪认罚的，再或者因为受到威胁、引诱而作出认罪认罚的，这都使得认罪认罚失去了自愿性和明知性，该程序也丧失了正当性。

那么，如何保障认罪认罚的自愿性？显然，仅靠检察官是不切实际的。检察官虽然具有保护犯罪嫌疑人、被告人合法权益的义务，但其与被追诉人的天然对立关系，使得其更加注重指控犯罪；而从工作便利角度讲，检察官也更希望犯罪嫌疑人、被告人认罪认罚。但犯罪嫌疑人、被告人往往对检察官有戒心，缺乏一定的信任基础，而且检察机关作为公权力机关的天然强势

---

[1] 熊秋红：《刑事辩护论》，法律出版社 1998 年版，第 13 页。

地位，也会使得被追诉人基于害怕、担心等因素的考量而非自愿地认罪认罚。基于此，立法者在设计认罪认罚从宽制度时，规定了律师的强制参与。《指导意见》第 10 条规定，"人民法院、人民检察院、公安机关办理认罪认罚案件，应当保障犯罪嫌疑人、被告人获得有效法律帮助，确保其了解认罪认罚的性质和法律后果，自愿认罪认罚。犯罪嫌疑人、被告人自愿认罪认罚，没有辩护人的，人民法院、人民检察院、公安机关（看守所）应当通知值班律师为其提供法律咨询、程序选择建议、申请变更强制措施等法律帮助。符合通知辩护条件的，应当依法通知法律援助机构指派律师为其提供辩护"。律师基于其诉讼职能、身份地位、专业能力等，作为辩护权实现的协助者，参与认罪认罚从宽案件，能够更为有效地为犯罪嫌疑人、被告人提供法律帮助，保障认罪认罚的自愿性，也就保障了认罪认罚从宽制度的正当性。

（四）认罪认罚协商程序以律师有效参与为前提

认罪认罚从宽制度为我国刑事诉讼结构带来了深刻的转变，进而影响了我国刑事诉讼的控辩关系。当犯罪嫌疑人、被告人认罪认罚时，控辩双方对抗的前提已经消失，控辩转向合作、协商，以获取各自的最大利益，寻求共赢。在这种情况下，推进认罪认罚从宽制度的关键就是认罪协商，而认罪协商的主体正是控辩双方，是检察机关与犯罪嫌疑人、被告人之间的协商。

所谓"协商"，根据《布莱克法律大辞典》的解释，是指就已经发生争端或者可能发生争端的事项，双方当事人为了达成一致意见而自愿进行对话、交涉或交易的过程。[1]传统的刑事司法模式都是国家单方发起的，在传统观念中，刑事案件是不存在协商、讨价还价的，但随着对诉讼成本的考量，人权保障理念的加强，以及刑罚目的理论的变迁，协商性司法逐步被引入刑事司法制度中。协商性司法虽然一直备受争议，但其符合司法发展的规律，并且具有能够快速处理刑事案件，提高诉讼效率，节约司法资源的优势，也就决定了该制度具有存在的空间。

既然是协商，就应当保障协商的公平性和有效性，真正的"协商"是建立在平等基础上的"协商"。认罪认罚中的从宽是基于犯罪嫌疑人、被告人让渡自己的实体权利而获得的优惠，程序适用的主动权也掌握在检察机关手里，

---

[1] Bryan A. Garner, *Black's Law Dictionary*, Thomson West, 2004, pp. 1064-1065.

作为协商一方主体的犯罪嫌疑人、被告人，要与控方进行协商、对话，就需要专业律师的协助，以提升自己的诉讼主体地位。而协商能力更是建立在对案件信息、证据材料的全面把握上，但由于目前我国尚未建立完善的证据开示制度，控辩双方信息不对称，被追诉人明显处于弱势境地，在此情形下的协商显然是失衡的，协商的结果也难以维护被追诉人的最大利益。律师可以通过行使会见权、阅卷权、调查取证权等诉讼权利，全面掌握案件信息，提升协商能力，使控辩双方的协商保持最低限度的平等性，这样才能有效地保障犯罪嫌疑人、被告人的合法权益，为其争取最大限度的从宽结果，认罪协商才有了真正的意义，才能实现认罪认罚从宽制度的设置初衷。

（五）域外经验与我国律师参与的实质暗合

当前，允许国家司法机关和被追诉人通过协商方式来终结刑事案件的做法已经成为世界各国刑事诉讼中的新潮流。英美法中的有罪答辩制度，是协商性司法模式的最早制度载体。只要被告人在法官面前自愿作出"有罪答辩"（plea guilty），就意味着他放弃了宪法赋予的接受陪审团审判的权利，法官则可以此为依据，直接对他作出有罪裁决，刑事诉讼程序也就不再经历法庭审判环节，而直接进入量刑听证阶段。[1]之后出现的"辩诉交易"（plea bargaining）则是在有罪答辩制度的基础上形成的，是控辩协商的延伸。[2]大陆法系国家自 20 世纪 80 年以来，开始借鉴英美法系国家的做法，引进了协商程序。如德国在原有的刑事处罚令和快速审理程序之外，于 2009 年确立了量刑协商制度[3]；法国则在 1993 年确立了刑事和解程序，2002 年扩大了刑事处罚令程序的适用范围，2004 年创设了庭前认罪答辩程序；意大利在 1988 年刑事诉讼法中设置了简易审判、依当事人的要求适用刑罚、快速审判、立即审判、处罚令程序等多种特别程序。[4]

无论英美法系还是大陆法系的协商性司法模式，都赋予了犯罪嫌疑人、

---

〔1〕 陈瑞华：《刑事诉讼的中国模式》，法律出版社 2018 年版，第 18 页。

〔2〕 陈瑞华：《意大利刑事特别程序与美国辩诉交易之比较（上）》，载《政法论坛》1995 年第 3 期。

〔3〕 关于德国刑事诉讼中协商制度的概念、产生原因、立法规制、主要争议等的介绍，可参见黄河：《德国刑事诉讼中协商制度浅析》，载《环球法律评论》2010 年第 1 期。

〔4〕 熊秋红：《比较法视野下的认罪认罚从宽制度——兼论刑事诉讼"第四范式"》，载《比较法研究》2019 年第 5 期。

被告人获得律师帮助的权利。美国自 1789 年以来，联邦最高法院通过司法判例确立了一系列加强辩护人在刑事诉讼中作用的规则，其中就包括"向法院提出有罪答辩的被告人有获得律师帮助的权利"。部分域外国家还设置了强制辩护制度，以提高认罪认罚的正当性。[1]被追诉人较之控诉机关处于弱势地位，特别是在其选择认罪认罚以获取从宽处理时，为了彰显控辩平等的诉讼精神，律师参与认罪认罚具有合理性，这也是为世界各国刑事诉讼所公认的。

---

〔1〕 陈卫东主编：《被告人认罪案件简化审理程序》，中国检察出版社 2004 年版，第 253—324 页。

第三章

认罪认罚从宽制度下刑事辩护的运行现状

认罪认罚从宽制度是解决案多人少，实现庭审实质化改革的配套措施。认罪认罚从宽制度一开始设置的目标是提高诉讼效率，其对效率价值的强调与追求，导致了诸多的理论弊端，也给实践带来了很多困境。辩护制度是维护被追诉人合法权益的重要制度，律师参与认罪认罚是认罪认罚从宽制度存在正当性的保障，是人权保障的必然要求，但制度设计和实践操作却给律师辩护工作带来了阻力和问题。

第一节 认罪认罚案件刑事辩护的理论问题

认罪认罚从宽制度是刑事诉讼制度改革的一项主要内容，从试点到入法，一直受到法学界的广泛关注和研究。但是，直至今日，对于认罪认罚从宽制度的理解和适用仍存在很大争议，认罪认罚从宽制度在理论认识上仍有困境。

一、对认罪认罚从宽程序属性的认识问题

认罪认罚从宽制度是不是一种程序，我国学术界存在激烈争议。有学者提出，"从程序法的角度分析，虽然我国的刑事简易程序、刑事速裁程序以及刑事和解程序都要求以被告人认罪认罚为前提条件，但适用的案件范围有限，被告人认罪认罚是以上三种程序开展的前提条件之一。因此，对于被告人认罪认罚但不符合其他要件的案件，仍然无法启动以上程序。此外，在普通案件中，被告人认罪认罚后仍旧要接受法庭的全面审理，这与英美法系国家在辩诉交易中被告人能够获得的程序性利益的辩诉交易制度有着根本的不同。国外的辩诉交易制度在'交易'达成前，控辩双方就将被告人即将获得的利益明确告知，而我国的认罪认罚制度则并不完全具备这种预期利益的明确性，

在职权主义的影响下，有时从轻或从宽处理成了国家对被告人的一种'恩惠'，被告人并没有讨价还价的余地，难以称之为'协商'或是'交易'。因此，探讨被告人认罪认罚程序和搭建程序框架成为理论研究和司法实践极其迫切的问题"。[1]还有学者提出，"我国的认罪认罚从宽程序虽然称之为'程序'，但其实并不是一个独立的程序类型，因为，我国刑事诉讼法并未针对认罪认罚案件设置一套独立的侦查、起诉和审判程序，认罪认罚案件最终仍然需要根据案件情况分别采用普通程序、简易程序和速裁程序三种法定程序来进行审理。在这个意义上而言，认罪认罚从宽程序其实更接近于一种'平台'程序，它本身需要与通行的侦查、起诉和审判程序进行兼容，并最终借助普通程序、简易程序和速裁程序来完成案件的审理工作"。[2]但也有学者提出不同的看法，认为将认罪认罚从宽视为一种程序是误区，并提出三点理由：一是认为，确立认罪认罚从宽制度的初衷是贯彻落实宽严相济的刑事政策，是作为贯彻落实宽严相济刑事政策的一个措施来推行的，是鼓励犯罪嫌疑人、被告人认罪的刑事政策在法律上的体现，而不是作为一种诉讼程序提出的。二是认为，修改后的刑事诉讼法并没有一个专门适用于认罪认罚案件的程序，把认罪认罚作为一个程序，在刑事诉讼法中找不到任何规定。三是认为，认罪认罚从宽制度的设置是为了鼓励犯罪嫌疑人、被告人认罪认罚，而不是单纯地为了简化程序，甚至主要目的不是简化程序。程序是否最终被简化，不是认罪认罚从宽制度所追求的价值目标，不能用程序是否得到简化来衡量认罪认罚从宽制度适用与否或适用效果。[3]

笔者认为，上述观点否定了认罪认罚从宽的程序属性，有待商榷。认罪认罚从宽制度从试点运行到正式入法，其确立虽然是推动我国宽严相济刑事政策具体化、制度化的重要探索，但该制度的设置其实是中央提出"以审判为中心的诉讼制度改革"的一项配套举措，还是要解决在当下案多人少、司法资源有限的情况下，如何实现公平公正的问题。只有通过程序分流，优化司法资源配置，把有限的司法资源尽可能投入那些重大、有争议的案件中去，

---

[1] 樊崇义、李思远：《认罪认罚从宽程序中的三个问题》，载《人民检察》2016 年第 8 期。

[2] 万毅：《认罪认罚从宽程序解释和适用中的若干问题》，载《中国刑事法杂志》2019 年第 3 期。

[3] 张智辉：《认罪认罚从宽制度适用的几个误区》，载《法治研究》2021 年第 1 期。

以确保重大案件的庭审实质化。所以，基于认罪认罚从宽制度对完善刑事诉讼制度、优化司法资源配置，依法保障权利的程序性价值，认罪认罚从宽应当视为一种程序。

首先，从认罪认罚从宽的探讨层面和法律规定看，从试点到入法，该制度都是在程序法层面展开的，实体法层面尚未作出明确规定。犯罪嫌疑人、被告人自愿认罪认罚后，之所以可以获得从宽的优惠，主要就在于其认罪的主动性，降低了侦查机关收集证据的难度，减轻了司法机关的诉讼负担，程序上的从简可以节省司法资源，提高诉讼效率，所以国家鼓励犯罪嫌疑人、被告人自愿认罪认罚，并通过实体从宽给予激励，而最终的落脚点还是实现程序的分流和简化。客观地讲，提高诉讼效率是认罪认罚从宽制度的优先追求，程序简化是最直接和主要的有效措施。[1]

其次，虽然我国目前并未将认罪认罚从宽作为独立的诉讼程序加以规定，但这并不能否认认罪认罚从宽是一种程序。在现行刑事诉讼法中，认罪认罚从宽依附于速裁程序、简易程序，甚至普通程序，但这种简单的糅合不能体现认罪认罚从宽的特点，造成实践中认罪认罚从宽有被泛化的现象，这不利于认罪认罚从宽制度的长久运行。有学者提出，对于简易程序，应当将可能判处三年以下有期徒刑的案件分化出来，另设协商程序；对于速裁程序应彻底简易化，原则上改为不开庭的快速处理程序，从而最终形成"普通程序——简易程序——协商程序——速裁程序"的四级"递简"格局。[2]同时，2017年7月11日，时任最高人民检察院检察长曹建明在大检察官研讨班上强调，要深入推进认罪认罚从宽制度试点，推动构建具有中国特色的轻罪诉讼体系。[3]这些在理论和实践中的探讨都充分说明了认罪认罚从宽的程序性特点，并指出了认罪认罚从宽诉讼程序的未来发展方向。

最后，认罪认罚从宽制度的确立，是刑事诉讼程序分流的一种体现。刑事诉讼程序分流是国际刑事诉讼发展的趋势。由于刑事案件多样性，决定了在刑事诉讼中不可能、也没必要对所有案件都投入同样的司法资源，刑事分

〔1〕 孙道萃：《认罪认罚从宽制度研究》，中国政法大学出版社2020年版，第166页。
〔2〕 魏晓娜：《完善认罪认罚从宽制度：中国语境下的关键词展开》，载《法学研究》2016年第4期。
〔3〕 王治国等：《推动构建中国特色轻罪诉讼体系》，载《检察日报》2017年7月13日，第2版。

流措施就是办案机关针对不同案件所作的主观取舍、选择的表现和结果。而且，刑事政策的宽严，也不仅体现在实体结果上，同样也可以体现在对刑事案件的适用程序上，程序分流就是对刑事案件在具体诉讼程序上的区别对待。未来，我国的刑事案件会被划分为两大类，即认罪认罚的案件和不认罪认罚的案件，显然对于这两类案件的适用程序应当是有所区别的，而认罪认罚从宽正是我国司法实践中程序分流制度的积极探索，是对认罪案件的一种处理程序。

所以，认罪认罚从宽制度无论从其特征、法理依据，还是实践操作等方面看，都是一种诉讼程序。因为认罪认罚从宽制度不仅追求诉讼主体所需求的满意结果的目的价值，还要具备形式价值，即程序本身必须具备的形式理性，要求确保认罪协商的自愿性、参与性、平等性，保障协商过程的公开、透明，体现出认罪认罚从宽作为一种程序所具有的多元价值体系。

二、对认罪认罚中刑事辩护意义的认识问题

认罪认罚从宽制度确立后，有人提出，未来80%—90%的刑事案件都认罪认罚了，那还需要律师、需要辩护吗？认罪认罚从宽制度会给刑事辩护带来冲击，使刑事辩护走向衰退。这种认识显然存在误区，是对刑事辩护意义的认识不足，是对刑事辩护与认罪认罚从宽制度关系的认识偏差，也是导致刑事辩护在认罪认罚案件中没能充分发挥作用的原因之一。

这种认识误区不仅存在于司法机关之中，律师自身也存在认识上的误区。从目前认罪认罚从宽制度的执行情况看，检察机关在该制度的适用中起主导作用，犯罪嫌疑人、被告人、律师似乎处于弱势，主体地位、辩护功能都未充分展现，这种现状使得控辩各方忽视了刑事辩护在认罪认罚中的重要意义。认识的不足导致执行的偏差，执行的不到位反过来又影响认知。

首先，要充分认识到刑事辩护在刑事诉讼中的重要性。刑事辩护产生的直接原因在于保障公民权利的需要，刑事辩护制度是保障被追诉人合法权益的一项最为重要的制度，是刑事诉讼中保障人权最为重要的体现。被追诉人取得了诉讼主体地位，其人格尊严得到承认，各国立法普遍确认了被追诉人获得律师帮助的权利，刑事辩护制度得到建立和发展。刑事辩护制度的存在是刑事诉讼构造的基本要求，控诉、辩护、审判三种诉讼职能相分离，决定了刑事诉讼离不开任何一方，三大诉讼职能缺一不可。刑事辩护制度是对国

家权力的一种制约，有助于发现实体真实、实现程序正义、保障基本权利。

其次，要正确认识认罪认罚从宽制度与刑事辩护制度的关系。从刑事诉讼的整体框架看，认罪认罚从宽制度与辩护制度都是刑事诉讼中的基本制度，两者的诉讼价值和诉讼目的并不矛盾。虽然，检察官与辩护人的职能分工不同，检察机关代表国家行使追诉犯罪的职能，辩护律师则行使维护被追诉人合法权利、保障人权的诉讼职能，但检察官的客观公正义务也要求其在追诉犯罪中注意对犯罪嫌疑人、被告人基本诉讼权利的保障，保障人权也是检察机关的价值目标之一。所以说，在追求客观公正、保障被追诉人合法权益方面，控辩之间有着共同的价值立场。在认罪认罚案件中，检察机关与犯罪嫌疑人、被告人、律师发生了更加直接紧密的联系，控辩关系发生了变化，正确认识认罪认罚从宽制度中的控辩关系，充分认识刑事辩护的意义，将有助于认罪认罚从宽制度的稳健运行。

认罪认罚从宽制度与刑事辩护制度具有内在的共融性。认罪认罚从宽制度的价值在于以有限的司法资源去解决大量无争议案件，解决了案多人少的司法现实矛盾，节约司法资源，提高诉讼效率；而在认罪认罚案件中，被追诉人在律师的专业帮助下，放弃无罪辩护，"让渡"实体权利，以获得量刑的"优惠"和程序的从简，这在一定程度上也有助于诉讼效率的提升。要切实发挥认罪认罚从宽制度的作用，实现惩罚犯罪与保障人权的双重价值目标，就要充分发挥刑事辩护的功能作用，实现两种制度的共振。

认罪认罚从宽制度的核心是认罪协商，通过控辩协商一致，简化诉讼程序，实现客观公正高效的诉讼价值。协商要求控辩双方达成最大的合意，这种合意是建立在事实和证据的基础上，控辩双方通过不断谈判、妥协，逐步达成最为接近的一致。协商不是一方对另一方无条件的迁就和妥协，也不是一方对另一方的施压和强迫。而刑事辩护则能够强化被追诉人的诉讼主体地位，提升被追诉人的协商能力，特别是发挥律师在认罪认罚中的实质作用，可以促进认罪协商的达成，也能切实依法维护当事人的合法权益。

刑事辩护的意义在于通过事实和法律，最大限度地维护、保障被追诉人的合法诉讼权利，为被追诉人争取最好的诉讼结果。认罪认罚从宽制度的实施，使得这种有利的诉讼效果提前实现，被追诉人对自己的诉讼结果有了提前预知，这也是刑事辩护所追求的诉讼目标。刑事辩护有效地参与认罪认罚从宽程序中，也有利于平衡诉讼各方的关系，保障认罪认罚结果的客观公正性。刑事辩护制度与认罪认罚从宽制度是相互融合、相互支撑、相互促进的关系，刑事辩护的介入和参与，使得认罪认罚从宽程序更具正当性、客观性、公正性。所以，在认罪认罚从宽制度的实施中，刑事辩护不是可有可无的，而是不可或缺的重要制度，是认罪认罚从宽制度良性运行的保障。

三、对合作型控辩关系的把握问题

现代法治力求建立的是三角形诉讼结构，即在诉讼中控辩双方平等对抗，法官居中裁判的模式。在英美法系中，这种诉讼结构被认为是发现事实真相最有效的方式。[1]所以，长期以来，控辩关系被认为是对抗的、不可调和的，刑事诉讼根本没有协商可谈。美国学者帕克最早提出了"对抗性司法的理念"。帕克在对刑事诉讼程序中"存在竞争关系的两种独立价值体系"进行抽象和概况时，提出了"犯罪控制"（crime control model）与"正当程序"（due process model）的模式理论。[2]"犯罪控制模式"的核心理念是效率和有罪推定；而"正当程序模式"则是强调对个人权利的保护和对政府权力的限制，并且建立在"无罪推定"和"平等武装"的理念上。[3]这两种模式其实是对抗性司法框架下的两个不同方面，是在被追诉人拒绝认罪的情况下，国家追诉机关与被追诉者之间的对抗与较量，反映出控辩双方基于不同的诉讼职能而追求的不同诉讼目标，两者具有一定的对立性。

然而，刑事诉讼中的控辩双方并非绝对对立，完全没有合作空间。传统的对抗性司法理念忽略了控辩双方合作的可能，忽略了控辩双方在一定范围内可能达成共同诉求的情形。如果被追诉人自愿认罪，或者警察、检察官放弃了刑事追诉，控辩双方对抗的基础就不存在了，就有了合作的可能性。认罪认罚从宽制度就是以犯罪嫌疑人、被告人自愿作出有罪供述，愿意接受公诉机关指控，并同意公诉机关量刑建议为前提，在这种情形下，控辩双方对抗的基础已经消失，双方可以就量刑进行协商以达成共识。在这种非对抗性

---

[1]　林劲松、朱珏：《对法官庭外调查权的反思——从刑事诉讼价值角度的分析》，载《中国刑事法杂志》2002年第3期。

[2]　参见［美］弗洛伊德·菲尼、岳礼玲选编：《美国刑事诉讼法经典文选与判例》，卫跃宁等译，中国法制出版社2006年版，第30页。

[3]　陈瑞华：《刑事诉讼的中国模式》，法律出版社2018年版，第71-72页。

司法活动中，犯罪嫌疑人、被告人放弃无罪辩护的同时，也放弃了正当程序的各项保障，但也因为认罪认罚的良好态度而获得量刑从宽、程序从简的"优惠"；公诉机关则因为犯罪嫌疑人、被告人的主动认罪，节约了收集、固定证据等方面的司法资源，简化了庭审中的工作内容，大大提升了办案效率。控辩双方基于此有了合作、协商的空间，通过量刑协商实现控辩双方的共赢。未来，在以审判为中心的诉讼制度改革的大背景下，在庭审实质化的要求下，必将有大批案件走向认罪认罚、简化诉讼程序审理的模式。2020 年 1 月召开的全国检察长会议透露，检察机关认罪认罚从宽制度适用率持续上升，2019 年 12 月适用率已达 82.9%，量刑建议采纳率超过 80%。[1]相信未来的刑事诉讼中，只有少数案件会在控辩双方的激烈对抗中解决，绝大多数刑事案件都将会以控辩协商一致的方式结案，控辩关系将由对抗转向协商合作的新时代。

但是，也有学者对认罪认罚从宽制度所带来的控辩关系变化提出了不同认识，认为"控辩协商是认罪认罚从宽制度适用的一个误区，并提出三个理由：一是控辩协商没有法律依据。修改后的刑事诉讼法只是要求人民检察院听取意见、记录在案，并没有要求人民检察院必须与犯罪嫌疑人进行协商，更没有要求人民检察院的量刑建议必须与犯罪嫌疑人达成一致。二是控辩协商没有动力支撑。对于检察机关而言，认罪认罚从宽制度并没有降低证据标准和证明责任，检察官只是依照法律规定履行自己的职责，客观上没有任何积极主动地去与犯罪嫌疑人协商的需要或动力，难以形成真诚协商的机制。三是控辩协商没有法律空间。我国法律无论是实体法还是程序法，都没有给犯罪嫌疑人、被告人的讨价还价留下协商的空间，也没有给人民检察院与犯罪嫌疑人进行协商留下可以自由掌控的筹码"。

对此，笔者有不同看法。笔者认为，我国的认罪认罚从宽制度虽然不同英美国家的辩诉交易，但其仍然是以"认罪协商、量刑建议"为制度核心，不能因为法律表述和实践中暂时存在的问题，而否定其"控辩协商"的本质。首先，从司法发展的规律看，人类有史以来，刑事诉讼经历了三种类型，一是压制型诉讼，二是产业革命后的权利型诉讼，三是近现代出现的协商型诉讼。我国三次刑事诉讼法的修改充分体现了保障"权利"的因素，而认罪认

---

〔1〕《检察认罪认罚适用率持续上升达 82.9%》，载《法制日报》2020 年 1 月 20 日，第 3 版。

罚从宽制度写进法典后，则标志着我国刑事诉讼类型的历史性转型，即由权利型诉讼转入协商型诉讼，这符合世界刑事诉讼发展的规律和潮流。[1]其次，虽然目前刑事诉讼法中并没有使用"控辩协商"的字眼予以表述，但从实践操作看，检察机关听取犯罪嫌疑人、辩护人或者值班律师意见，其实就是在协商。因为并不是检察机关提出量刑建议后，犯罪嫌疑人就必然要接受，犯罪嫌疑人可以提出不同意见，如果检察机关不接受该意见，犯罪嫌疑人是可以不同意签署认罪认罚具结书的。笔者认为，并不是一定要达成一致意见，签署了认罪认罚具结书，才能称为"控辩协商"，协商在于过程而非结果，不能因为结果的不一致而否认控辩双方你来我往的商讨过程。在美国的辩诉交易中，也并非所有的辩诉交易都能达成一致，也会出现检察官不让步或者犯罪嫌疑人不让步而使得交易陷入僵局或最终不能达成的情况，但并没有因此否定控辩双方的协商过程。再次，认罪认罚从宽制度对于控辩双方来说，并非没有支撑的动力。对于控方，在认罪认罚案件中虽然没有降低检察机关的证据标准和证明责任，看似检察机关在审查起诉环节的工作量没有减少，但其实是检察机关的工作重心发生了前移，减轻的是检察机关在审判环节的工作量，庭审环节工作大大简化。对于犯罪嫌疑人来说，虽然目前认罪认罚后的从宽幅度不能突破法定刑，但仍然是有从宽幅度的体现；而且认罪认罚后在程序上的从简"优惠"，缩短了诉讼的时间成本，减轻了犯罪嫌疑人及其家属等待漫长诉讼结果的心理负担，尽快案结事了，进入执行程序，也有利于犯罪嫌疑人后期获得减刑、假释，尽早回归社会。这些对犯罪嫌疑人还是有激励作用的。所以，一旦案件适用认罪认罚从宽程序，控辩达成一致，对双方来说是可以实现共赢的。最后，虽然目前司法实践中控辩双方协商的空间确实有限，但这并不是制度设计最终所要实现的结果，制度实施中暴露出的问题需要不断解决和完善，不能因为一时的问题而否定认罪认罚协商的本质。

四、对值班律师身份定位的问题

关于值班律师的诉讼身份定位，一直以来，理论界和实务界就存在着较大的争议。一种观点认为，值班律师是"见证人"。从司法实践的经验看，值

---

〔1〕 樊崇义、常铮：《认罪认罚从宽制度的司法逻辑与图景》，载《华南师范大学学报（社会科学版）》2020年第1期。

班律师的主要工作就是在犯罪嫌疑人表示自愿认罪认罚，同意量刑建议和程序适用后，在签署认罪认罚具结书时，由辩护人或值班律师在场，并在具结书上签字确认。实践中，值班律师的工作主要集中于此，在其他环节并未发挥作用，基于此，实务界很多人认为值班律师其实就是"见证人"。另一种观点认为，值班律师是"法律帮助者"，即值班律师的主要职责是为当事人提供法律帮助，而非辩护。帮助权是指被追诉人获得为其辩护的律师帮助的权利，而辩护权则是直接为犯罪嫌疑人辩护。还有观点认为，值班律师是"准辩护人"。值班律师的职责包括提供法律咨询、程序选择建议、申请变更强制措施、协助申请法律援助等，但不包括出庭辩护。值班律师相当于急诊科医生，而辩护律师相对于日常科医生，二者有着明显的区别。[1]也有观点提出，值班律师就是"辩护人"，是与委托辩护、法律援助辩护并列的第三种辩护类型。另外，有观点提出，值班律师在认罪认罚从宽制度中应当是"司法机关的合作者"。值班律师是由国家出资设立的，自然应当担负起维持认罪认罚程序有效运转的公法职责，与司法机关进行充分的合作。在认罪认罚程序的运作中，值班律师的合作功能具体体现在两个方面：一是在得知犯罪嫌疑人、被告人认罪认罚的意愿后及时向司法机关告知；二是在犯罪嫌疑人、被告人没有认罪认罚意愿时协助司法机关对其做说服工作。[2]

2018年《刑事诉讼法》的修改，将值班律师写入第四章"辩护与代理"。从体系解释的原理看，可以得出值班律师进行的诉讼活动应当归属于辩护活动的范畴，进行辩护活动的人理应是辩护人。[3]但是，2021年8月20日第十三届全国人民代表大会常务委员会第三十次会议通过的《中华人民共和国法律援助法》（以下简称《法律援助法》）[4]则把值班律师提供法律帮助确定为法律援助服务的一种形式，与辩护、代理相并列。《法律援助法》的这一规

---

〔1〕 熊秋红：《审判中心视野下的律师有效辩护》，载《当代法学》2017年第6期。

〔2〕 姚莉：《认罪认罚程序中值班律师的角色与功能》，载《法商研究》2017年第6期。

〔3〕 潘金贵：《值班律师法律定位的名与实：基于〈法律援助值班律师工作办法〉的解读》，载《中国司法》2020年第10期。

〔4〕 《法律援助法》第22条："法律援助机构可以组织法律援助人员依法提供下列形式的法律援助服务：（一）法律咨询；（二）代拟法律文书；（三）刑事辩护与代理；（四）民事案件、行政案件、国家赔偿案件的诉讼代理及非诉讼代理；（五）值班律师法律帮助；（六）劳动争议调解与仲裁代理；（七）法律、法规、规章规定的其他形式。"

定实际上是把值班律师与辩护律师相区分，虽然赋予了值班律师一定的权利，但其与辩护律师还是不同的，值班律师更强调的是提供法律帮助的服务，而非"辩护"。

笔者认为，值班律师的诉讼身份定位应当是"法律帮助者"。从制度设计的最初定位看，值班律师就是为犯罪嫌疑人、被告人提供应急性法律服务，特别是在犯罪嫌疑人被采取强制措施之初，没有任何辩护律师介入时，由值班律师通过电话或者会面的方式为犯罪嫌疑人提供法律咨询和帮助，保障犯罪嫌疑人、被告人有权获得法律帮助，而非获得充分的法律帮助。从相关规则的制定意图看，2017 年 8 月最高人民法院、最高人民检察院、公安部、国家安全部、司法部联合印发的《关于开展法律援助值班律师工作的意见》中所确定了值班律师的工作职责，其中一项是"引导和帮助犯罪嫌疑人、刑事被告人及其近亲属申请法律援助，转交申请材料"，这就明确区分了值班律师和法律援助律师，也为值班律师定位为"提供应急性法律帮助"提供了条件，值班律师就是应急性的，后面的实质性法律服务由法律援助律师或者委托律师提供。从立法对值班律师的规定看，2018 年《刑事诉讼法修正草案（一审稿）》曾将值班律师直接定位为"辩护人"，规定"值班律师为犯罪嫌疑人、被告人提供法律咨询、程序选择建议，代理申诉、控告，申请变更强制措施，对案件处理提出意见等辩护"。二审稿则将值班律师提供"辩护"修改为提供"法律帮助"，并删去"代理申诉、控告"的内容，体现了将值班律师定位为"法律帮助者"的倾向。修改后的刑事诉讼法秉承了二审稿的规定，2018 年修改的《刑事诉讼法》第 36 条第 1 款规定，"法律援助机构可以在人民法院、看守所等场所派驻值班律师。犯罪嫌疑人、被告人没有委托辩护人，法律援助机构没有指派律师为其提供辩护的，由值班律师为犯罪嫌疑人、被告人提供法律咨询、程序选择建议、申请变更强制措施、对案件处理提出意见等法律帮助。"

值班律师作为法律帮助者，其与辩护律师在参与案件中的依据和职能存在明显差别。辩护律师是基于委托关系或者法律援助机构的指派而履行辩护职能的，值班律师则是在没有委托辩护，或者法律援助机构没有指派律师辩护的情况下，办案机关为犯罪嫌疑人、被告人随机安排的法律帮助者。作为法律帮助者，值班律师具有以下几个特点：（1）应急性。值班律师是对委托辩护和法律援助指派辩护的一种"补充",承担着"补位"的作用,值班律师提供法律帮助具有临时性、应急性、过渡性的特点。(2)初步性。从目前的立法规定看,值班律师虽然被赋予了一些辩护职能,但在实践中其并不具有实现这些职能的时空条件,值班律师仅能为犯罪嫌疑人、被告人提供法律咨询、申请变更强制措施等初级的法律服务。在认罪认罚案件中,值班律师也仅是在检察机关与犯罪嫌疑人签署认罪认罚具结书时在场签字。值班律师不提供出庭辩护服务,并不能完全取代辩护律师对案件办理进行深度介入。(3)普遍性。值班律师是国家出资设立的,具有公益性质,但其又不同于法律援助的指定辩护,对于犯罪嫌疑人、被告人来说,不受经济状况、涉嫌罪名、可能判处的刑罚等条件的限制,只要没有委托辩护律师,也没有被法律援助机构指派律师,都可以获得值班律师提供的法律帮助。值班律师在帮助对象上更具普遍性。

目前从我国的司法实践看,值班律师的立法定位与其职能不相匹配,法律规定为"提供法律帮助的人",但却赋予其诸多辩护律师的权利,而值班律师在实际参与认罪认罚案件中又无法真正运用这些权利,导致应然和实然的冲突,进而影响了值班律师参与认罪认罚案件的质量和效果。笔者认为,值班律师应当定位为提供应急性服务的法律帮助者,但是审查起诉阶段的认罪认罚辩护已经超越了初级的法律帮助,它需要律师实质性地深入参与,在充分行使会见权、阅卷权、调查取证权等辩护权后,才能有效地协助犯罪嫌疑人与控方进行认罪协商,帮助犯罪嫌疑人争取到最大的利益。仅仅赋予了值班律师部分辩护权,就让一个"提供法律帮助的人"去承担实质性的辩护工作,显然是不妥的。但也不能仅为了认罪认罚从宽制度,就把值班律师定位为"辩护人",那与法律援助指定的辩护律师又有何区别,把值班律师从法律援助律师中分离出来的意义又何在?值班律师功能作用的发挥显然不是在审查起诉阶段的认罪认罚案件中。

第二节　被追诉人诉讼权利的保障问题

从刑事诉讼的主体理论看,在现代社会所倡导的人性尊严和权利理念的保障下,犯罪嫌疑人、被告人被赋予刑事诉讼中的"当事人"地位,是刑事诉讼活动中拥有一切诉讼权利的诉讼主体，其享有与国家机关刑事诉讼主体平等的诉讼主体地位。[1]作为诉讼主体，犯罪嫌疑人、被告人当然享有一切诉讼权利，其中包括辩护权。辩护权既包括自我辩护的权利，也包括获得律师帮助的权利。在认罪认罚案件中，犯罪嫌疑人、被告人自愿认罪认罚后，为了获取相应的量刑及程序"优惠"，就需要与司法机关进行协商式辩护。在认罪协商的过程中，协商的双方主体是犯罪嫌疑人、被告人与公诉机关，辩护律师只是协助者。然而，在目前的司法实践中，犯罪嫌疑人、被告人诉讼权利的行使仍存在诸多问题，认罪协商的公平公正仍难以充分实现，权利保障机制仍有待完善。

一、认罪认罚的自愿性审查机制问题

认罪认罚从宽制度适用的前提是犯罪嫌疑人、被告人自愿如实供述自己的罪行，承认指控的犯罪事实，并表示愿意接受处罚。所以，确保犯罪嫌疑人、被告人认罪认罚的自愿性，是认罪认罚从宽程序得以推进的前提和基础。

根据《布莱克法律词典》的解释，自愿性具有不受强迫的自愿与自由的特征，是不受外界的干涉和他人的影响，自发的、自主的。[2]在刑事司法体系中，自愿性不仅决定被告人认罪认罚行为的可靠性与合法性，而且还影响被告人自由与财产处分的正当性，从某种意义上讲，自愿性是评价被告人认罪认罚同意能力的一项重要指标。[3]

如何保障认罪认罚的自愿性，这不仅是办案机关的职责，也是辩护权保障的需要。根据《刑事诉讼法》及《指导意见》的规定，公安机关、检察机关、审判机关在各自的诉讼阶段都有对犯罪嫌疑人、被告人进行权利告知的责任和义务。公安机关在侦查过程中，应当告知犯罪嫌疑人享有的诉讼权利、如实供述罪行可以从宽处理和认罪认罚的法律规定，不得强迫犯罪嫌疑人认罪。案件移送审查起诉后，人民检察院应当告知犯罪嫌疑人享有的诉讼权利

---

〔1〕　刘涛：《刑事诉讼主体论》，中国人民公安大学出版社2005年版，第78页。

〔2〕　Henry Campbell Black，*Black's Law Dictionary with Pronunciations*（5th edition），West Publishing Co.，1979，pp. 1412–1413.

〔3〕　孔令勇：《被告人认罪认罚自愿性的界定及保障——基于"被告人同意理论"的分析》，载《法商研究》2019年第3期。

和认罪认罚的法律规定，保障犯罪嫌疑人的程序选择权。办理认罪认罚案件，人民法院应当告知被告人享有的诉讼权利和认罪认罚的法律规定，庭审中应当对认罪认罚的自愿性进行审查。此外，对律师参与认罪认罚案件的情形法律也作出了相关规定，通过辩护律师、值班律师的介入为犯罪嫌疑人、被告人自愿认罪认罚提供基本的制度保障。律师通过提供法律咨询，确保犯罪嫌疑人、被告人真正了解认罪认罚的性质和法律后果，从而作出明智选择，自愿认罪认罚。然而，从目前的司法运行状况看，这两个方面的保障机制都存在一定问题，司法实践中不乏存在"冒名顶替""认假罪"和"假认罪"的情况，认罪认罚自愿性保障不足。

首先，从办案机关的层面看，对犯罪嫌疑人、被告人的权利告知仅仅是形式上的告知，犯罪嫌疑人、被告人对自己在不同诉讼阶段所享有的诉讼权利理解并不到位，认识并不深入。同时，办案机关对认罪认罚从宽制度的法律规定及法律后果的告知也是流于表面，释法过程不足。目前，办案机关的告知一般都采用书面形式，而书面表述都是法言法语，但绝大多数犯罪嫌疑人、被告人并不具备专业的法律知识，对告知书中的内容并不真正理解，认罪认罚的自愿性、明智性就大打折扣。如果办案机关只是告知他们指控的罪名是什么，而没有对所涉罪名的法律解释，没有释法的过程，那么，犯罪嫌疑人、被告人自称的"认罪"可能就存在问题，这样的"认罪"可能仅是表面上的认罪，犯罪嫌疑人、被告人对认罪的真正意义并不清楚。同样，在司法实践中，办案机关对认罪认罚从宽制度的法律规定及法律后果的告知也缺乏详细的释法过程，犯罪嫌疑人、被告人只是从字面上理解了认罪认罚的含义，知道认罪认罚可以轻判，但根本不懂得认罪认罚意味着什么，其带来的一系列法律后果又是什么，不乏稀里糊涂认罪认罚的情况。当前司法实践中，检察机关大力推进认罪认罚从宽制度，在认罪认罚从宽程序中居主导地位，为了追求认罪认罚从宽制度的适用率，不论什么案件，检察官都会动员犯罪嫌疑人认罪认罚，导致犯罪嫌疑人因害怕得罪检察官，或者迫于检察机关的强势地位，在压力之下认罪认罚，这显然背离了自愿认罪认罚的要求。

其次，从律师参与认罪认罚的层面看，律师参与是对犯罪嫌疑人、被告人认罪认罚自愿性的有力保障，通过及时发现非自愿认罪认罚的情况，有效防范冤假错案的发生。但是，在实践中，律师参与认罪认罚存在一些突出问题，很多情况下律师没有对认罪认罚的自愿性起到保障作用，更没有在认罪认罚案件中发挥出有效的辩护作用。这表现在：一是，律师资源不足，供需矛盾突出。截至 2018 年 9 月底，司法行政机关在试点法院设立法律援助工作站共计 132 个，指派律师提供辩护 2.4 万余人，占全部认罪认罚案件被告人的 10.38%，指派律师提供法律帮助 7.7 万余人，占全部认罪认罚案件被告人的 33.15%，两项相加占比不到 50%。[1]也就是说，从目前的律师资源、数量分配的情况看，认罪认罚案件必须有律师参与的要求尚无法全部实现，那么律师参与认罪认罚案件的质量，提供法律帮助的有效性更无从谈起。二是，值班律师参与认罪认罚案件的深度不够，流于形式。在实践中，值班律师介入认罪认罚案件的时间点是检察机关与犯罪嫌疑人签署认罪认罚具结书之时。在这个时间点上，值班律师根本没有单独会见犯罪嫌疑人、与其沟通是否认罪认罚的时间条件，值班律师也没有充分查阅卷宗材料的时间；也就是说，在签署认罪认罚具结书时，值班律师没有单独会见过犯罪嫌疑人，也没有查阅过卷宗材料，对案件事实、证据等并不清楚。在这种情况下，值班律师仅依靠检察官在场下的简单询问，显然只是一种形式上的确认，并未真正发挥出律师的职能作用。三是，部分辩护律师不尽职尽责。受委托参与认罪认罚案件的辩护律师，其辩护权的行使及保障，相比值班律师而言都是非常充分的。但在司法实践中，仍然存在因部分辩护律师的责任心、专业水平、执业能力等原因，未能给犯罪嫌疑人提供有效辩护的情形，辩护律师对犯罪嫌疑人认罪认罚自愿性的保障不足。

最后，犯罪嫌疑人、被告人人身自由状态的实现程度也会影响到其认罪认罚的自愿性。如果犯罪嫌疑人、被告人有相对的人身自由，未被采取羁押性的强制措施，其在作出选择判断时的干扰因素会减少；相反，如果人身自由受到限制，对其身心会产生极大的威慑，自愿性选择也会受到干扰，不排除如为了重获自由而无奈认罪认罚等非自愿情形的发生。然而，从我国刑事强制措施的适用情况看，批捕率一直较高，而批捕前的刑事拘留适用率则更高；也就是说，在我国刑事诉讼程序中，一直都是以羁押性强制措施为主，非羁押性强制措施为辅，绝大多数犯罪嫌疑人、被告人在作出认罪认罚决定

---

[1]　杨立新：《认罪认罚从宽制度理解与适用》，载《国家检察官学院学报》2019 年第 1 期。

时处于羁押状态，而当其身体和精神处于相对不自由状态时，能否自愿作出认罪认罚的决定，值得关注。在当前羁押率较高的情形下，羁押性强制措施的大量适用也是影响认罪认罚自愿性的一个不容忽视的因素。

二、量刑协商的自愿、平等问题

在目前的认罪认罚从宽制度协商机制中，协商的双方主体是犯罪嫌疑人、被告人与检察机关。检察机关作为协商的一方主体，结合我国的国情，《试点决定》和《试点办法》其实明确了以检察机关为主导的从宽模式。检察官在认罪认罚从宽制度的程序启动、实体认定等方面享有主动权，被追诉人一方仅有启动的建议权，决定权仍在检察官手中。这指出了检察机关在认罪认罚从宽制度中的主导地位。犯罪嫌疑人、被告人是量刑协商的另一方重要主体，认罪认罚从宽制度的设立，使得被追诉人的诉讼主体地位得到加强，其与检察机关可以就量刑问题展开协商。犯罪嫌疑人、被告人是认罪认罚从宽程序的启动者；检察机关可以建议犯罪嫌疑人、被告人自愿认罪认罚，但不能强行启动和推进，否则容易影响认罪认罚的自愿性。

（一）协商的自愿性问题

犯罪嫌疑人、被告人自愿认罪认罚是该制度得以推行的重要前提，认罪认罚必须是犯罪嫌疑人、被告人的自愿行为，协商也应当是控辩双方自愿开展的。根据《指导意见》第27条的规定，犯罪嫌疑人认罪认罚的，检察机关应当就其涉嫌的犯罪事实、罪名、适用的法律，从轻、减轻或者免除处罚等从宽处罚的建议，认罪认罚后案件审理适用的程序等，听取犯罪嫌疑人、辩护人或者值班律师的意见。同时第28条还规定，对于侦查阶段认罪认罚的案件，检察机关应当重点对犯罪嫌疑人认罪认罚时有无受到暴力、威胁、引诱，认罪认罚时犯罪嫌疑人的认知能力、精神状态是否正常，侦查机关是否向犯罪嫌疑人告知诉讼权利、认罪认罚的法律规定，犯罪嫌疑人是否理解认罪认罚的性质和法律后果等进行审查，以确保认罪认罚的自愿性。《指导意见》第29条还规定，检察机关可以针对案件具体情况，探索证据开示制度，保障犯罪嫌疑人的知情权和认罪认罚的真实性及自愿性。上述这些法律规定都是认罪认罚协商自愿原则的体现。此外，在认罪认罚从宽程序中，被追诉人所签署的具结书，实际是控辩双方的合意，经双方作出、达成合意即生效，原则上也是允许双方因反悔而变更的，控辩双方当然享有撤回认罪认罚意思表示的权利。这就充分体现了协商自愿性的原则。

但是，在目前的司法实践中，存在一些控辩自愿协商的原则被打破的情况。有些案件进入审查起诉阶段后，并非犯罪嫌疑人主动提出启动认罪认罚从宽程序，甚至有的检察机关先给犯罪嫌疑人做工作。特别是那些尚未委托辩护律师，也没有值班律师提供法律帮助的案件，检察机关在提讯犯罪嫌疑人时，为了追求认罪认罚的适用率，有时会忽视了对实体定罪、案件证据的审查。这样导致案件丧失了协商的自愿性。一般来说，控方掌握着协商的话语权，实践中的认罪认罚大多是检察机关主动推进，犯罪嫌疑人、被告人较被动，所以，无论是认罪认罚从宽程序的适用，还是最终检察机关给出的量刑建议，都很难说是犯罪嫌疑人、被告人的自愿选择，协商机制中的自愿性保障有所缺失。

（二）协商的平等性问题

寻找正式审判的替代机制，由对抗性司法部分转型为协商性司法，是刑事司法变革的世界性趋势。[1]认罪认罚从宽制度自 2018 年写入《刑事诉讼法》，开启了我国刑事诉讼由对抗转向协商的模式，正与国际趋势相契合。协商性司法的前提是，被追诉人具有诉讼主体的地位，并且在此基础上建立控辩平衡的诉讼机制。因为以检察机关为代表的控方，其在刑事诉讼中处于主导地位，如果缺乏控辩平衡机制，控方很可能会利用自身的资源优势、地位优势、信息优势等，压制被追诉人，迫使其接受检察机关提出的条件，协商性司法可能会异变为压制型司法。

认罪认罚从宽制度是将"协商"的理念引入控辩关系中，但真正的"协商"是建立在"平等"基础上的协商。控辩平等原则的确立和贯彻是现代法治的重要标志之一。认罪认罚从宽程序是检察机关在平等协商基础上给予犯罪嫌疑人、被告人"从宽"的量刑"优惠"，不是司法机关单方面的"恩惠"。控辩平等是刑事诉讼的基本原则，是司法职能配置的基本要求，也是提升司法公信力的重要体现，只有贯彻控辩平等的原则才能更好地实现控辩之

---

〔1〕　熊秋红：《比较法视野下的认罪认罚从宽制度——兼论刑事诉讼"第四范式"》，载《比较法研究》2019 年第 5 期。

间的"协商"。

然而，由于我国认罪认罚从宽制度初建，加之刑事诉讼结构的内在缺陷，认罪协商中控辩失衡的问题较为突出。首先，这是诉讼结构自身问题所致。在传统的三角形诉讼结构中，控辩双方分别处于三角形的两个底端，是平等对抗的关系。但是，对于控方来说，其承载的更多是追诉犯罪、实现国家刑罚权的职能，其背后有国家公权力的强大支撑。一方面控方拥有更多的权力，比如侦查权，对被追诉人采取强制措施的权力，对被追诉人财产查封、扣押、冻结的权力，控诉权，求刑权等，这些权力和手段对被追诉人都会产生极大的威慑作用；另一方面，控方掌握案件的全部证据信息，而被追诉人在庭审前对案件信息的掌握则是有限的。资源的不对等、信息的不对称，自然导致被追诉人在控辩协商中处于劣势，极易出现控方迫使被追诉人接受并非对其有利处理结果的情形。

其次，认罪认罚从宽制度所追求的诉讼价值之一就是节约司法资源，提高诉讼效率，解决司法实践中案多人少的矛盾。当前，检察机关在认罪认罚案件中处于主导地位，具有提高办案效率的动力，加之检察系统内部对认罪认罚从宽制度适用率的要求，在业绩需要、程序惯性等因素的推动下，检察机关以其天然的强势主动推进认罪认罚，破坏了控辩平等协商的基础。

最后，缺乏有效的辩护，也是造成控辩双方在认罪协商中失衡的重要因素。被追诉人由于自身条件受限的原因，无法与国家追诉权相抗衡，所以刑事诉讼中设置了辩护人制度，以给其提供专业技术支持。在认罪认罚案件中，由于被追诉人放弃了实体权利，使得诉讼程序简化、审判功能弱化，为了保障该制度的正当性和合理性，国家赋予被追诉人与控方平等协商交涉以获取量刑"优惠"的机会与权利，这就更需要律师的参与和支持。然而，我国律师资源有限，从全国范围看，刑事案件律师辩护率目前不超过25%，[1]绝大多数认罪认罚的案件没有辩护人，这也使得在认罪认罚案件中，检察机关绝

---

〔1〕 根据王禄生主持的东南大学人民法院司法大数据研究基地对303万刑事一审判决的数据分析，从2013年至2017年五年，刑事案件辩护率从2013年的24.08%，逐年下降为2017年的22.68%。但其中律师辩护率呈上升趋势：从2013年的19.07%，到2017年的22.13%。2019年10月24日，徐显明委员在全国人大常委会审议最高人民法院刑事审判专项报告时指出，现在全国刑事案件律师辩护率是23%，应该大幅度提高律师辩护的比例。参见龙宗智：《完善认罪认罚从宽制度的关键是控辩平衡》，载《环球法律评论》2020年第2期。

对主导，犯罪嫌疑人、被告人过于弱势，控辩双方在认罪协商中没有平等对话的基础。然而，为了弥补这一缺陷，确保控辩双方平等有效协商，2018 年《刑事诉讼法》引进了值班律师制度，作为认罪认罚从宽制度的配套保障，以提升被追诉人的协商能力，实现真正的控辩协商。但是，从各方调研反馈的情况看，目前值班律师的设置大多流于形式，值班律师介入后并未有效提升犯罪嫌疑人、被告人的诉讼主体地位，在认罪协商中未能发挥有效的辩护作用，控辩在协商中的地位仍然失衡，并未形成真正的控辩协商机制。

此外，控辩双方在认罪协商中平等对话的基础是信息的分享，犯罪嫌疑人、被告人要全面掌握案件证据后，才可能与控方平等协商，为自己争取更多的量刑优惠。但是，在司法实践中，犯罪嫌疑人、被告人的阅卷权没有得到保障。法律规定辩护律师阅卷后可以与犯罪嫌疑人、被告人核实证据，但如何核实，是口头把证据念给被追诉人听，还是可以将证据材料交由被追诉人核对。目前法律上并没有明确的规定，法律界定得模糊不清，学理上、实践中的不同争议，使得辩护律师在实践操作中也比较谨慎。即使是可以将证据材料交由被追诉人查阅核对，但对于那些上千册卷宗材料的案件来说，辩护律师在有限的会见时间内根本无法与被追诉人核对完全部证据，被追诉人对案件信息的掌握仍然是不全面的。虽然《指导意见》第 29 条规定，"人民检察院可以针对案件具体情况，探索证据开示制度，保障犯罪嫌疑人的知情权和认罪认罚的真实性及自愿性"。但这一规定也并未确立检察机关对犯罪嫌疑人、被告人证据告知的义务，而且是用了"可以""探索证据开示制度"等模糊的表述。可见，在当前的这种背景下，犯罪嫌疑人、被告人与检察机关的认罪协商是在其信息极不对称的情况下进行的，如果再没有律师的有效帮助，那这种协商谈何平等，控辩力量的悬殊显而易见，在控辩失衡下的协商难以保障其自愿性、公平公正性。

三、反悔权的行使问题

2018 年《刑事诉讼法》对于控辩双方签署了认罪认罚具结书后，犯罪嫌疑人、被告人是否可以反悔撤回具结书，以及如果反悔了是否要承担相应的法律后果等问题未作明确规定。但在实践中，犯罪嫌疑人签署了认罪认罚具结书后又反悔的情形也屡见不鲜，对此也引发了检察机关的强烈不满，甚至要求法院对这样的犯罪嫌疑人、被告人从重处罚。随着认罪认罚从宽制度适用率的不断攀升，未来90%以上的刑事案件都将适用这一程序，犯罪嫌疑人、被告人是否具有认罪认罚后的反悔权，以及对其这一权利的保障和规制，成为司法实践中不可回避的问题。

在我国传统的刑事诉讼中，是不允许被追诉人和国家做交易的，被追诉人虽然具有诉讼主体的地位，但法律并没有赋予其与国家就定罪量刑进行谈判的资格，同样也没有赋予检察机关与嫌疑人做交易的权力，而且在主观认知上强调控辩利益无可调和，刑事诉讼没有可商谈性，忽略了控辩合作的可能。但随着犯罪量的增长和国家打击犯罪的需要，国家鼓励被追诉人认罪并和国家进行合作，而认罪认罚从宽制度的设置就承认了国家和被追诉人进行交易的必要性，赋予了控辩各方交易的主体资格。从诉讼法学原理上看，诉讼主体的诉讼行为本身存在一个发生、变更、终止的过程。在认罪认罚程序中，认罪认罚具结书其实是控辩双方的一种合意，是双方协商的结果，被追诉人一般应当有反悔的权利。将控辩双方的协商结果视为合同，也是英美辩诉交易的常规做法。"一旦答辩协商达成了协议，当事人就要遵守诺言"，通过桑托贝洛诉纽约案，"答辩协议由此取得了宪法力量"，当控辩双方对协议内容发生争议时，美国"最高法院经常用他们分析合同的方式来看待答辩协议"。[1]也有学者提出，"对于被追诉人而言，反悔并撤回认罪认罚之意思表示的权利，在行使上应当是任意性的，法理上不宜附具任何条件"。[2]对于被追诉人的反悔权，学者林钰雄称之为"任意撤销同意权"，"基于协商结果之重大拘束效力（纵使法院原则上亦不得推翻）及其对被告权益之影响，原则上应许被告在协商判决前随时撤销其与检察官之合意"。[3]

但是，控辩双方达成的合意与私法上的契约又存在一定差别，检察机关与嫌疑人之间的交易对象是刑事案件，交易内容涉及公共利益，而且虽然一直强调控辩平等的理念，但检察机关的天然强势，使得被追诉人在交易中的空间有限，控辩之间未能形成实质上的平等关系，所以平等主体间的契约理

---

〔1〕 ［美］约书亚·德雷斯勒、艾伦·C. 迈克尔斯：《美国刑事诉讼法精解（第二卷·刑事审判）》，魏晓娜译，北京大学出版社2009年版，第127页。

〔2〕 万毅：《认罪认罚从宽程序解释和适用中的若干问题》，载《中国刑事法杂志》2019年第3期。

〔3〕 林钰雄：《刑事诉讼法（下）》，元照出版有限公司2013年版，第280页。

论并不能完全适用认罪认罚具结书的性质。具结书是一种公法上的合同，是检察官和被追诉人就诉讼事项所达成的司法合同。[1]如果在这种观点的界定下去考量，被追诉人的反悔权就应当受到一定规制，不能具有完全的任意性。另外，从认罪认罚从宽制度设置的价值初衷看，其追求的目标之一就是节约司法资源，提高诉讼效率。犯罪嫌疑人自愿认罪认罚，并与检察机关签署了认罪认罚具结书，案件在程序审理上就会简化，整个案件的诉讼周期就会大大缩短。甚至一些地方为了进一步提升认罪认罚案件的诉讼效率，推出了新的办案机制，如"刑拘直诉"、合并文书、审查报告表格化等[2]，但如果犯罪嫌疑人认罪认罚后又反悔，则案件的办理程序要推倒重来，要按照常规的办案流程重新处理，这显然是对司法资源的一种浪费。有调查显示，"非反悔案件平均审查起诉的时间是 5 天，而反悔案件平均审查起诉的时间是 30 天，是非反悔案件平均用时的 6 倍，司法进程被严重阻滞"。[3]所以，从节约司法资源，提高诉讼效率的角度看，对犯罪嫌疑人、被告人反悔权作出规制也是有必要的。

犯罪嫌疑人、被告人签署认罪认罚具结书后的反悔权，无论从理论上，还是实践中，笔者均同意应当对被追诉人的该项权利作出一定的规制，不能具有完全的任意性。但是，规制并不等于剥夺。目前实践中，特别是检察机关对于犯罪嫌疑人在签署认罪认罚具结书后又反悔的行为极为反感，对反悔的情形不加区分，直接将不利后果归于被追诉人，实质是对被追诉人反悔权的变相剥夺。犯罪嫌疑人签署认罪认罚具结书后反悔，原认罪认罚具结书就失去了效力，如果检察机关基于被追诉人的反悔行为就视为其认罪态度不好，进而"报复性"地向法院提出更重的量刑建议，且法院最终也采纳了检察院的建议，对被告人判处了高于原认罪认罚具结书中的刑期，那么，这一做法势必会带来一定的示范效应，导致犯罪嫌疑人基于检察院的强势地位而不敢再作出反悔撤回的行为，这对于那些"假认罪"的犯罪嫌疑人来说的确是一

[1] 秦宗文：《认罪认罚案件被追诉人反悔问题研究》，载《内蒙古社会科学（汉文版）》2019年第3期。

[2] 黄卫东：《破解认罪认罚案件适用比例低难题——认罪认罚试点登封模式》，载《中国检察官》2018年第3期。

[3] 马明亮、张宏宇：《认罪认罚从宽制度中被追诉人反悔问题研究》，载《中国人民公安大学学报（社会科学版）》2018年第4期。

种威慑，能够消除他们投机的侥幸心理；但对于那些确因合理理由而反悔的犯罪嫌疑人来说，则是对其合法权益的侵害，甚至有可能因此产生冤假错案。

比如，犯罪嫌疑人因缺乏专业的法律知识，对自己所涉嫌的罪名等并不真正理解，被抓后因为害怕就表示认罪认罚，并在审查起诉期间与检察机关签署了认罪认罚具结书，后来家属帮其委托了律师，律师介入后给其讲明法律规定及相关罪名的含义，嫌疑人觉得自己不是犯罪，于是反悔撤回认罪认罚具结书；再比如，犯罪嫌疑人认罪认罚，并与检察机关签署了认罪认罚具结书，后回到监室与同监室人说了检察机关给的量刑建议，发现同类犯罪中自己的量刑建议偏高，于是反悔撤回认罪认罚；还比如，公诉机关指控犯罪嫌疑人涉嫌滥用职权罪且情节特别严重，量刑档为三年以上七年以下有期徒刑，嫌疑人表示认罪认罚，公诉机关最终给出的量刑建议是有期徒刑五年六个月，于是双方签署了认罪认罚具结书，但是，法院审理时认为公诉机关指控的罪名有误，建议检察机关变更起诉，于是检察机关变更罪名为徇私舞弊暂予监外执行罪，量刑档为三年以上七年以下有期徒刑，但量刑建议仍然是有期徒刑五年六个月，对此，犯罪嫌疑人表示反悔要求撤回原先签署的认罪认罚具结书。实践中还有这样的情况，检察机关给出的量刑建议是适用缓刑，但法院认为不能判缓刑，让检察院调整量刑建议，于是犯罪嫌疑人表示反悔；还有情况是，检察机关在给出量刑建议时涉及到附加刑的，比如罚金刑，检察机关没有给出具体的罚金数额，但法院要判处的罚金数额超出犯罪嫌疑人的支付能力，于是嫌疑人就反悔撤回认罪认罚。

如上述这些情况，被追诉人是基于非自愿、非明知，或是因为检察机关的承诺变化，或是法院的认定与控辩双方达成的量刑协商有差异等原因造成的，在这些情形下就不能对被追诉人的反悔行为进行不利评价，否则可能构成对被追诉人权利的不当侵害。特别是当发现犯罪嫌疑人是基于非自愿、非明知而认罪认罚的，检察机关更应当认真审查案件的实体定罪问题，以避免因为一味地推进认罪认罚而造成冤假错案的发生。

四、上诉权的行使问题

认罪认罚从宽制度确立后，对于认罪认罚案件被告人的上诉权问题一直未作具体规定或立法规制，导致目前理论界和实践中对认罪认罚案件被告人上诉的问题认识不一，争议较大，而且实践中认罪认罚案件被告人获得一审从宽处理后又上诉的现象也并不少见。认罪认罚案件被告人上诉权是否应当保留，还是要有所规制，值得探讨和研究。

从时任最高人民检察院检察长的张军在 2020 年 10 月 15 日第十三届全国人大常委会第二十二次会议上所作的《关于人民检察院适用认罪认罚从宽制度情况的报告》来看，适用认罪认罚的案件，虽然被告人一审上诉率低于其他刑事案件 11.5 个百分点，但仍有 3.9% 的上诉率，这表明虽然被告人认罪认罚，但一审判决后并未完全案结事了。那么，为什么会出现被告人认罪认罚后又上诉的情况，上诉后二审结果又如何？

笔者在参与樊崇义教授主持的"三项制度研究——律师在场制度研究"项目调研中发现，认罪认罚案件被告人一审上诉的原因多样，大致有如下几种原因：一是，一审判决后被告人所剩刑期较短，为了能够继续留在看守所服刑，选择上诉以拖延时间；二是，一审法院未采纳控辩双方所达成的认罪认罚具结书中的量刑建议，对被告人判处了更重的刑罚；三是，一审法院判决后，被告人不认罪而提出上诉；四是，一审判决后，被告人反悔，认为原检察机关的量刑建议偏重，为了获取更轻的刑期而提出上诉。

由上可见，被告人上诉理由复杂，但综合起来可大致归纳为两大类：一类是一审前和一审中认罪，但一审后又不认罪；一类是被告人认罪，但并不认罚。第一类上诉是被告人对其签署的认罪认罚具结书的彻底反悔，这可能是基于被告人认罪前对案件信息掌握的不全面、认识错误或者律师的无效辩护等原因造成的"自愿"认罪；第二类上诉是被告人对认罪认罚具结书的部分反悔，这是基于被告人追求最有利于自己量刑裁判的心理而形成的，尽管被告人签署具结书时是本着"认罪"的态度，但当最终的裁判结果没能达到预期时，考虑上诉不加刑的原则，被告人都会选择最后一搏，通过上诉为自己争取更好的结果。当然也存在纯粹为了拖延时间而作出的策略性上诉。

对于认罪认罚后被告人又上诉的情况，司法实践中也有不同认识。有观点认为，对认罪认罚案件被告人的上诉权应当进行限制，特别是适用速裁程序审理的认罪认罚案件，甚至应当实行一审终审，不应再允许被告人上诉，以免浪费司法资源。[1]也有观点提出，上诉权是被告人依法享有的一项基本诉讼权利，不应当因为被告人认罪认罚而受到限制。[2]目前在实践中，并没有司法机关直接限制被告人上诉权的现象，但变相侵害被告人上诉权的情况还是存在的。比如，笔者在调研时了解到，有些地方出现了"上诉引发抗诉"的现象。被告人在审查起诉阶段认罪认罚，与检察机关就量刑达成一致，并签署了认罪认罚具结书，一审法院判决也采纳了检察院的量刑建议，被告人仍然在一审判决后提出上诉。在这种情况下，只要被告人上诉，检察院就提出抗诉，以此对被告人起到威慑作用，使得被告人不敢再上诉。这种做法确实在客观上起到了威慑作用，就有被告人在提出上诉后，听到同监室人讲"只要上诉检察院就抗诉"，便立刻撤回了上诉的情形。这其实就是变相对被告人上诉权的侵害。此外，笔者通过"小包公"智能类案检索系统进行课题调研时发现，在筛选出的北京地区法院二审上诉的认罪认罚案件中，也存在检察机关通过抗诉权威慑被告人上诉权的情况。在高某岭信用卡诈骗案二审判决中可以看到，被告人在审查起诉期间签署了认罪认罚具结书，同意检察机关的量刑建议，一审判决也采纳了量刑建议。后被告人以"事实不符、量刑过重"为由提出上诉，于是检察机关提请抗诉，认为在被告人不认罪认罚的情形下，一审判决偏轻。

针对认罪认罚后被告人又上诉的情况，二审也出现不同的处理结果。有的是直接驳回上诉，维持原判；有的是原较轻的量刑建议未被采纳，被告人上诉、检察院抗诉，二审法院裁定发回重审或直接改判采纳了原较轻的量刑建议；还有的情况是，一审法院采纳了原量刑建议，但被告人仍然上诉，检察院就提出抗诉，要求二审法院从重处罚，于是二审法院对被告人改判了更重的刑期。当然也存在被告人在认罪认罚后上诉，提出不构成犯罪或者原量刑建议过重的理由，二审法院改判为更轻处罚的情况。其中被告人对原认罪认罚具结书反悔，希望通过上诉获取更轻的量刑，检察院便以被告人认罪态度不好提出抗诉，要求二审法院重判，结果二审也给予了重判的情形，实质也是对被告人上诉权的变相侵害，一律将被告人对认罪认罚的反悔评价为认

---

〔1〕 梁健、鲁日芳：《认罪认罚案件被告人上诉权问题研究》，载《法律适用》2020 年第 2 期。

〔2〕 胡云腾：《正确把握认罪认罚从宽，保证严格公正高效司法》，载《人民法院报》2019 年 10 月 24 日，第 5 版。

罪态度不好是欠妥的。

上诉权是被告人应当享有的一项基本诉讼权利，属于被告人的救济性权利。[1]《公民权利和政治权利国际公约》第 14 条第 5 款规定"凡被判定有罪者，应有权由一个较高级法庭对其定罪及刑罚依法进行复审"。上诉权是一项基本的诉讼权利。同样，我国《刑事诉讼法》第 227 条第 3 款也规定，"对被告人的上诉权，不得以任何借口加以剥夺"。可见，从现行法律规定看，无论是不认罪认罚的案件，还是认罪认罚的案件，被告人都享有上诉的权利，不能因为被告人认罪认罚后又反悔而剥夺其上诉权，这是违背法律基本原则的。刑事诉讼中之所以设置上诉权，就是因为在诉讼过程中可能会出现被告人权利被侵害的情形，这时可以通过上诉权加以救济保障。在认罪认罚案件中，被追诉人通过"让渡"自身的一些诉讼权利，换取国家给其的优惠条件，在这个过程中其权益被侵害的可能依然存在，那就有必要给予配套的救济保障。而且，认罪认罚从宽制度的一个重要前提就是认罪认罚的自愿性、真实性、明智性，而在现行的司法状况下，在认罪认罚自愿性保障方面还存在巨大风险，实践中还存在着受胁迫认罪、基于对证据信息掌握的不对称而认罪、律师提供了无效帮助而导致认罪等很多非自愿认罪的情况，如果再限制或剥夺被告人的上诉权，那这些潜在错误将无法被纠正，会产生一系列司法不公、侵害权利的恶果。

另外，从域外经验看，各国对于认罪协商案件上诉权的设置也各不相同，体现着立法者在效率、公正、权利保障等不同诉讼价值中的权衡与考量。比如，在美国辩诉交易制度中，通常要求被告人放弃上诉权才能够进行辩诉交易。[2]德国则采取完全保留被告人上诉权的模式，《德国刑事诉讼法典》第 35a 条规定，"如果根据 257c 条通过协商作出判决，则应通知相关人员，他在任何情况下都自由决定是否上诉。"[3]法国的庭前认罪答辩程序的适用范围较之其他国家更为狭窄，合意制度较弱化，保障机制较为完善，其更加注重被告人权利的保障，因而完全保留被告人的上诉权，且检察院可提起附带抗诉。[4]意

---

〔1〕 陈卫东、郝银钟：《被告人诉讼权利与程序救济论纲——基于国际标准的分析》，载《中外法学》1999 年第 3 期。

〔2〕 赵菁：《认罪认罚案件上诉问题研究》，载《法学论坛》2020 年第 1 期。

〔3〕《德国刑事诉讼法典》，岳礼玲、林静译，中国检察出版社 2016 年版，第 120 页。

〔4〕《法国刑事诉讼法典》第 495-11 条第 2 款：被告如不服大审法院院长或院长所委派之法官所作出之裁定，可向上诉法院提起上诉。但如果当事人均未提起上诉，检察院可提起附带抗诉。

大利则规定:"针对被告人的自愿性、请求与判决之间无相关性、对犯罪事实的法律定性有错误、刑罚或保安处分不合法的情形,检察官和被告人可向最高法院上诉"。[1]

可见,在协商案件中是否允许被告人上诉,对上诉权如何设置,如何作出相应的规制,各国都是基于对不同诉讼价值的追求而作出选择的。我国认罪认罚从宽制度中的上诉权问题,还是要立足本土,结合中国的司法实践进行规定。笔者认为,在目前刑事诉讼法没有作出修改之前,还是要立足现行法律规定,依法保障认罪认罚案件中被告人的上诉权,不能有意通过"抗诉"等方式加以剥夺或限制。至于未来的改革,笔者认为,我国的司法制度还没有发展到非常完善的程度,在认罪认罚案件中,控辩双方还没有达到实质的平等协商,被追诉人还处于相对弱势的地位,加之律师提供法律帮助的有效性也未充分体现,认罪认罚案件中被追诉人权利被侵害、出现冤假错案的风险都很大,所以应当保留被告人完整的上诉权,给可能出现的潜在风险找一个救济的出口。此外,虽然认罪认罚从宽制度所追求的价值目标之一是"提高诉讼效率,节约司法资源"。但是,从目前认罪认罚案件一审上诉率看,其比例还是很低的,进入上诉程序的案件还是有限的,并不会造成过多司法资源的浪费,相反,如果检察机关不对被告人上诉情形加以区分,一味地提起抗诉,反而会造成司法资源的浪费。而且,在诉讼效率与人权保障的价值取舍中,我们还是应当坚持在保障人权、公平公正的前提下去追求效率价值,任何提高诉讼效率的举措应当以保障被追诉人的基本诉讼权利为底线,不能单纯以提高诉讼效率为由而损害被追诉人的基本权利,否则这种对诉讼效率的不当追求将有碍实体正义和程序正义的实现。

第三节 律师行使辩护权的保障问题

一、侦查阶段的律师参与问题

从"两高三部"《试点办法》到 2018 年《刑事诉讼法》,再到《指导意见》的规定,对认罪认罚从宽制度适用的诉讼阶段没有作出任何限制。无论

---

[1] 孙长永:《比较法视野下认罪认罚案件被告人的上诉权》,载《比较法研究》2019 年第 3 期。

是侦查阶段，还是审查起诉阶段或是审判阶段，包括二审程序都可以适用认罪认罚从宽制度，认罪认罚从宽制度贯穿刑事诉讼全过程，适用于诉讼的各个阶段。

但是，从目前的司法实践运行情况看，认罪认罚从宽制度的适用是以检察机关为主导，审查起诉阶段的适用率占比很高，侦查阶段的适用情况并无相关数据统计。笔者在参与调研中发现，认罪认罚从宽制度的推进以检察机关、法院较为积极，公安机关参与度较低。在试点时期调研的浙江、福建、武汉、北京四个地区中，当时只有福建省厦门市集美区公安机关参与到认罪认罚从宽制度的适用中。集美区公安在侦查阶段大力推进认罪认罚，并且厦门市集美区人民法院、人民检察院、公安分局、司法局联合出台了《关于开展刑事案件认罪认罚从宽"321"机制的试行办法》，提出了"认罪越早，从宽越多"的理念，促进了认罪认罚从宽制度在侦查阶段的有效开展。除此之外，其他地区的公安机关均对认罪认罚从宽制度的适用没有太大兴趣，其主要理由是，侦查阶段对案件的定性及处理结果均没有确定的结论，侦查机关没有和犯罪嫌疑人交易的筹码，公安机关侦查确定的罪名不一定是检察院提起公诉或者法院最终判决的罪名，公安机关也无法给犯罪嫌疑人一个最终处罚结果的承诺。在这种情况下，犯罪嫌疑人看不到最终的"实惠"，认罪认罚的激励效果不足，所以，大多数公安人员认为侦查阶段的认罪认罚没有实质意义。

从法律对认罪认罚从宽制度在侦查阶段适用的规定看，《指导意见》第22条至第25条对认罪认罚案件中侦查机关的职责作出了规定。在认罪认罚案件中，侦查机关的主要工作职责是：告知犯罪嫌疑人享有的诉讼权利、如实供述罪行可以从宽处理和认罪认罚的法律规定；听取犯罪嫌疑人、辩护人或者值班律师的意见；对于犯罪嫌疑人认罪认罚的案件要在起诉意见书中写明，对于可能适用速裁程序的案件，应当快速办理等。从上述法律规定可以看出，侦查阶段的认罪认罚是一种概况性的认罪认罚，如果没有足够的激励机制，其对认罪认罚从宽制度的推进很难有实质性影响。

基于侦查阶段适用认罪认罚的特点，目前实践中律师在侦查阶段参与认罪认罚的程度也普遍较低，且有效性也存在很大问题。在侦查阶段参与认罪认罚的律师有两类：一类是委托的辩护律师，一类是值班律师。以笔者调研中的一起盗窃案为例，当事人被抓后，家属在外帮其寻找律师，当最终确定好委托律师时，当事人已经被批准逮捕。委托律师介入后，犯罪嫌疑人并没有和律师咨询有关认罪认罚的问题，而是提出自己认为不构成犯罪的理由。案件进入审查起诉后，辩护律师通过阅卷发现犯罪嫌疑人在侦查阶段表示过认罪认罚，并且在公安机关《认罪认罚从宽处理告知书》上签了字。但从该告知书的内容看，公安机关仅是对法律规定认罪认罚可以从宽处理，以及认罪认罚后的一些程序性问题进行了告知，对认罪认罚的真正内涵、认罪认罚后所产生的其他法律后果等没有释明，而且在犯罪嫌疑人表示认罪认罚后，并没有为其安排值班律师提供法律帮助，在起诉意见书中也没有列明认罪认罚的情况，更没有向检察机关提出程序适用的建议，侦查阶段的认罪认罚效果仅体现为一纸告知书。可见，在侦查阶段，对于认罪认罚犯罪嫌疑人的辩护权保障并不充分。

《刑事诉讼法》第 36 条第 1 款规定，"……犯罪嫌疑人、被告人没有委托辩护人，法律援助机构没有指派律师为其提供辩护的，由值班律师为犯罪嫌疑人、被告人提供法律咨询、程序选择建议、申请变更强制措施、对案件处理提出意见等法律帮助"。但是，在司法实践中，公安机关并没有做到为全部没有辩护律师的犯罪嫌疑人安排值班律师提供法律帮助，在犯罪嫌疑人表示认罪认罚时，也没有获得值班律师的帮助，即使犯罪嫌疑人自行委托了辩护人，公安机关也不会通知辩护律师参与认罪认罚程序，这就导致在侦查阶段犯罪嫌疑人认罪认罚的自愿性、明知性及明智性的保障缺失，影响了该程序的正当性。

此外，侦查环节具有秘密性、封闭性等特点，这就使得控辩信息不对称，律师对信息的了解仅能通过会见犯罪嫌疑人获取。但是，在实践中，值班律师并没有单独会见犯罪嫌疑人的条件，而辩护律师通过会见所了解的信息也未必真实、准确，导致律师即使能够介入到侦查阶段中的认罪认罚，也难以发挥应有的作用。

二、会见权的行使问题

任何公民被指控为犯罪时，都有权为自己辩护，这一原则得到世界各国的普遍认同。为了保障这一原则的贯彻执行，各国在刑事诉讼制度的改革中都将此作为重点之一，不断增强对辩护权的保障。与在押的犯罪嫌疑人、被告人会见，是刑事诉讼中犯罪嫌疑人、被告人所享有的一项最基本的诉讼权利。通过会见权的行使，辩护人可以从犯罪嫌疑人、被告人那里了解案件有关情况，以便更有效地为他们提供法律咨询与帮助。联合国文件要求，会见和通信应当"毫不迟延地在不被窃听、不经检查和完全保密的情况下"进行。我国《刑事诉讼法》第39条第1款和第2款规定："辩护律师可以同在押的犯罪嫌疑人、被告人会见和通信……辩护律师持律师执业证书、律师事务所证明和委托书或者法律援助公函要求会见在押的犯罪嫌疑人、被告人的，看守所应当及时安排会见，至迟不得超过四十八小时。"

认罪认罚从宽制度正式确立后，特别强调律师对认罪认罚案件的参与，以确保认罪认罚从宽程序的正当性。律师参与认罪认罚案件的一项基本方式，就是通过会见权的行使，与犯罪嫌疑人、被告人随时会见、交流，了解案件有关情况，听取被追诉人的意见，商讨确定辩护策略。在认罪认罚案件中，除了委托律师和法律援助律师的参与外，还有一个重要的协助参与主体——值班律师。从目前司法运行状况看，值班律师已成为参与认罪认罚案件的主要力量，但值班律师的权利行使却障碍重重，严重影响其参与度及有效性。虽然《刑事诉讼法》及《指导意见》均规定，值班律师享有与犯罪嫌疑人、被告人的会见权，看守所应当为值班律师的会见提供便利，但从实践操作看，值班律师根本没有会见犯罪嫌疑人、被告人的时空条件。

首先，犯罪嫌疑人、被告人对值班律师的认知有限。《刑事诉讼法》规定人民法院、人民检察院、看守所应当告知犯罪嫌疑人、被告人有权约见值班律师，但实践中这种告知并不到位，有告知义务的机关也没有给犯罪嫌疑人、被告人详细讲明值班律师的相关情况，这就使得犯罪嫌疑人、被告人缺乏对值班律师的认知和了解，没有认识到值班律师对其具有帮助作用，约见需求并不强烈。

其次，即使存在约见需求，从目前情况看，看守所也难以实现"有需求必安排、有需求及时安排"的要求。笔者在调研中发现，看守所设置的值班律师工作站一般都在看守所外，如果犯罪嫌疑人、被告人有约见值班律师的需求，看守所出于监管安全的考虑，一般也不会安排值班律师进入监区内会见，而是通过监区内的视频会见室，安排犯罪嫌疑人、被告人与值班律师进行交流会见。但看守所的视频会见资源有限，按照法律规定，对于没有委托辩护人、没有指派法律援助律师的，都应当安排值班律师为被追诉人提供法律帮助，这样一旦约见值班律师的需求增加，看守所根本无法保障会见权的及时行使，值班律师的法律帮助难以有效实现。目前的司法实践中，看守所设置的值班律师大多成了为犯罪嫌疑人、被告人家属提供法律咨询的角色，并没有实现值班律师的设置初衷，值班律师与犯罪嫌疑人、被告人的会见权受限。

再次，在认罪认罚案件中，目前在侦查阶段并没有达到只要犯罪嫌疑人表示认罪认罚，办案机关就为其安排值班律师提供法律帮助的程度；即使安排值班律师介入，也是在侦查机关讯问时参与，值班律师并没有单独与犯罪嫌疑人会见的条件。同样，审查起诉阶段亦是如此。检察机关通知值班律师介入案件，都是在已经提讯过犯罪嫌疑人、准备签署认罪认罚具结书时，在检察机关在场的情况下，值班律师才得以与犯罪嫌疑人进行会面，这就使得会见权行使的充分性受到影响；而且，在实践中，犯罪嫌疑人一般都会在此次会见签署认罪认罚具结书，认罪认罚从宽程序中的关键性工作已经完成，也就降低了值班律师之后再次会见的需求和意义。

最后，在调研中，笔者发现，法院设置值班律师工作站主要是在开庭前由值班律师为认罪认罚的被告人提供法律帮助，以确认被告人认罪认罚的自愿性。但事实上，值班律师并没有与被告人充分会见的时间，仅靠开庭前的简短询问，值班律师难以确认被告人是否自愿认罪认罚，更没有就是否应当认罪认罚、选择何种辩护策略等为被告人提供充分有效的法律建议。在没有与被告人充分会见交流的情况下，辩护的有效性难以保障。此外，律师无论在哪个诉讼阶段会见犯罪嫌疑人、被告人都是需要持相关会见手续的，但是目前值班律师的指派与法律援助律师的指派并不完全相同，值班律师并没有相应的会见手续，单独行使会见权不具有操作性。

因此，在认罪认罚案件中，虽然法律规定律师享有与犯罪嫌疑人、被告人会见的权利，但在实践运行中，无论是基于律师自身的因素，还是制度本身的限制，会见权的行使不充分、不到位。特别是值班律师，虽然法律赋予其与辩护律师同样的会见权，但值班律师的指派方式、认罪认罚从宽程序的操作方法，以及法律对值班律师的应然工作要求与其收益的匹配程度，都决定了值班律师在参与认罪认罚案件中没有行使会见权的制度空间和条件，其权利只是纸面上的权利，实践中没有可操作性，这也就决定了值班律师在认罪认罚案件中效能发挥的有限性，目前的值班律师无法实现对认罪认罚案件中犯罪嫌疑人、被告人合法权益的有效保障。

三、阅卷权的行使问题

在认罪认罚案件中，律师协助犯罪嫌疑人与检察机关进行量刑协商，以获取对自己当事人最大的"优惠"，实现最有利于当事人的结果，这是认罪认罚案件中律师工作的重心和关键。那么，要实现这一工作目标，就需要律师对案件事实和证据有全面深入的了解，这是控辩协商的资本和基础。而对案件的熟悉把握，除了通过与犯罪嫌疑人的会见交流外，自然离不开阅卷权的有效行使。

阅卷权是刑事诉讼法赋予律师的一项重要的辩护权利。《刑事诉讼法》第40条规定，"辩护律师自人民检察院对案件审查起诉之日起，可以查阅、摘抄、复制本案的案卷材料……"。第39条第4款规定，辩护律师自案件移送审查起诉之日起，可以向犯罪嫌疑人、被告人核实有关证据。辩护律师通过阅卷，可以从中了解案件情况，发现案件问题。比如，通过查阅卷宗材料，可以弄清案件的基本事实，弄清指控的犯罪是否成立，了解清楚案件中哪些证据对犯罪嫌疑人有利，哪些证据不利，进而可以帮助犯罪嫌疑人分析、选择最优的辩护策略。同样，在认罪认罚案件中，律师通过阅卷掌握证据情况，才能有效地给犯罪嫌疑人提供是否选择认罪认罚的建议，才能确保犯罪嫌疑人认罪认罚的自愿性和真实性，才能在与检察机关的认罪协商中为当事人争取"优惠"的空间。

阅卷权的行使对案件辩护极为重要，对于认罪认罚的案件更是如此。为此，《指导意见》专门作出规定，"自人民检察院对案件审查起诉之日起，值班律师可以查阅案件材料、了解案情。人民法院、人民检察院应当为值班律师查阅案卷材料提供便利"。法律规定虽如此，但实践执行仍存在问题。目前的司法实践中，委托辩护律师和法律援助律师在阅卷权的行使上一般没有障碍，主要问题存在于值班律师的工作中。值班律师是参与认罪认罚案件的重要力量，但目前值班律师参与认罪认罚主要是在检察机关和犯罪嫌疑人签署认罪认罚具结书时在场签字，更多是起到见证的作用，而非发挥辩护人的功能，值班律师并没有充分行使阅卷权，而从制度设计上也缺乏对值班律师阅卷权的有力保障。

首先，阅卷权的行使是自人民检察院审查起诉之日起，也就是说案件进入审查起诉阶段律师才开始享有辩护权。从律师的工作角度来说，律师一般通过会见、阅卷、再会见、再阅卷的不断反复，就案件事实和证据与当事人多次沟通后，帮助当事人分析案件走势和利弊，最终在尊重当事人意见的情况下，确定相应的辩护方案，然后再去与检察机关进行沟通、交换意见。这就突显了阅卷的重要性。但是，值班律师被通知介入认罪认罚案件则是在检察机关与犯罪嫌疑人基本就认罪认罚达成一致，准备签署认罪认罚具结书之时，在此之前值班律师根本没有接触案件和当事人，更不可能查阅案卷材料；而在犯罪嫌疑人签署了认罪认罚具结书后，值班律师再去阅卷似乎也失去了应有的意义，而且值班律师也没有相应的法律手续去实现阅卷权。所以，从目前的实践操作看，值班律师没有行使阅卷权的时间条件。

其次，律师行使阅卷权的目的是详细了解指控事实和证据，并通过与当事人核实证据，对案件进行分析判断，为当事人提供最佳的辩护建议。可以说，阅卷是辩护权实现的前提和基础。认罪认罚的核心是控辩协商，关键是量刑建议。值班律师要真正有效地协助犯罪嫌疑人与控方进行谈判、协商，就必须先了解和掌握控方的证据，而且也应当让当事人了解、知晓，这样才能确保犯罪嫌疑人认罪认罚的自愿性，也才能更清楚地认识到是否具有协商优势，应当如何协商。但是，从目前的操作看，值班律师被通知介入认罪认罚案件时，检察机关已多次提讯过犯罪嫌疑人，量刑建议已基本达成，签署认罪认罚具结书时，值班律师并没有查阅卷宗，也来不及现场阅卷，这就降低了值班律师协助犯罪嫌疑人与控方协商的能力，值班律师提供法律帮助的有效性欠缺。同样，在审判阶段，从法律规定看，值班律师不需要出庭辩护。那么，有人提出，既然值班律师不需要出庭，也就没有阅卷的必要；而且，目前对值班律师的补贴很低，与其承担的工作责任不相匹配，值班律师自身也没有阅卷的积极性。但是，从保障犯罪嫌疑人、被告人认罪认罚的自愿性看，阅卷是重要的手段和方式。所以，从目前的制度设计上看，值班律师阅卷权的行使缺乏制度层面的保障。

以笔者在调研中了解到的一起盗窃案件为例：律师被指派为案件的值班

律师后，只知道案件当事人姓名和所涉嫌罪名，其他情况一概不知。于是，第一时间与检察机关取得联系，检察机关让律师第二日早上到看守所汇合，与犯罪嫌疑人签署认罪认罚具结书。第二日到看守所后，检察官办理完手续，带着律师一起会见犯罪嫌疑人，律师不需要出示相关会见手续；见到犯罪嫌疑人后，检察官首先讯问一遍案件事实，然后让律师与犯罪嫌疑人沟通，之后便询问犯罪嫌疑人是否自愿认罪认罚，让犯罪嫌疑人和律师在认罪认罚具结书上签字确认。在这种情况下，作为值班律师感到很困惑，其对案情的了解仅限于检察官的这次讯问，而检察官在场的情况下，律师和犯罪嫌疑人的沟通又难以充分，这样如何对检察官给出的量刑建议提出异议，又怎么和检察官进行协商呢？于是，律师询问检察官是否有案卷，检察官拿出 4 册材料让律师看，可是，在短暂的时间内根本不可能阅卷，因为检察官在等着律师签字。而如果这时律师提出阅卷后再协商、再签字，检察官显然会不满，因为检察官这次让值班律师介入就是为了完成认罪认罚具结书的签署工作。律师拒绝签字可能会给犯罪嫌疑人带来不利影响，犯罪嫌疑人也可能会在检察官的逼问下拒绝值班律师提供法律帮助。而对于值班律师来说，当前大多数都抱着配合检察机关的心态，对阅卷、协商的权利也没有足够的认识和重视。

另外，笔者在调研中也了解到，大多参与过认罪认罚的值班律师表示，没有必要赋予值班律师会见权、阅卷权，值班律师在认罪认罚案件中就是见证。有律师以值班律师的身份参与一起涉黑案件的认罪认罚，案件有 90 余册卷宗材料，律师提出，这么多卷宗什么时间阅卷，怎么阅卷，而且这样的工作量与自己作为值班律师的收益完全不匹配，律师根本没有办案的积极性。

所以，目前在认罪认罚案件中阅卷权的行使，对于值班律师来说只是写在纸面上的权利，缺乏可操作性，而且无论是值班律师的自身认识，还是制度层面的保障，都存在诸多问题。阅卷权的行使不足，制约了值班律师在认罪认罚中效用的发挥。

四、律师参与量刑协商的保障问题

认罪认罚从宽制度虽不同于辩诉交易，但不可否认的是，其中仍然包含了协商的因素，量刑协商已经成为认罪认罚从宽制度的核心。我国认罪认罚从宽制度的关键环节在审查起诉阶段，协商的主体主要是犯罪嫌疑人与检察机关。虽然我们一直强调控辩平等，而且不断通过赋权的方式来增强犯罪嫌疑人与控方对抗的能力，但本质上控辩双方仍处于不平等的地位。检察机关作为司法机关，其有强大的公权力作为后盾支撑，在权力和资源的运用上都具有天然优势；而犯罪嫌疑人大多处于羁押状态，信息的不对称，加之资源的缺乏，自然处于劣势地位，难以和检察机关形成平等关系。而律师参与量刑协商，由于相关保障机制的不足，仍未能根本扭转控辩不平等的问题。这表现在：

首先，律师的参与，特别是值班律师，未能发挥其有效的帮助作用。控辩之间并无真正"讨价还价"的协商，更多是按照检察机关的工作推进，制度上并没有为平等协商提供保障。笔者在调研中了解到，检察机关有时会强势推进认罪认罚，一旦犯罪嫌疑人对量刑提出意见，有些检察官会说"不认罪认罚就重判"，这就使得"协商"丧失了可能。笔者在调研中了解的一起销售假冒注册商标的商品罪案件，犯罪嫌疑人认可的犯罪金额是十余万元，按照这个涉案金额，量刑在有期徒刑一年到一年半是恰当的，但检察机关给出的量刑建议却是有期徒刑二年到三年。对此，当事人及律师都提出量刑过高，希望检察机关进行调整，但检察官并没有和辩方协商的意愿，反而提出如果不签署这个量刑建议的认罪认罚具结书，检察机关就会按照有期徒刑三年以上量刑的犯罪金额进行起诉。从这个案例可以看到，目前在认罪认罚案件中，检察机关主导推进认罪认罚，尚未建立起与辩方协商的理念，即使辩方提出意见，也未能得到检察机关的重视和反馈，并没有真正形成"讨价还价"的商讨机制。在调研中的另一起涉黑案件，就有律师反映，审查起诉阶段律师对检察机关给出的量刑建议提出异议，认为量刑建议过重，并向检察院递交了书面意见，但直至案件开庭也未得到检察机关的反馈。这也反映出检察机关的强势，实质上控辩还是不平等的，控辩关系的不平等使得"协商"失去了基础。

其次，协商方式不明确。从《刑事诉讼法》《指导意见》的规定看，我国对"协商"的方式并没有作明确规定。目前控辩双方认罪协商的基本方式是：听取意见——记录在案——说明理由。"听取意见"应当是双向的，检察机关听取辩方的意见，同时也应当将控方的意见有所反馈，这样才是一个商讨的过程。但是，实践中，在认罪认罚案件中，听取意见大多是单向的，犯罪嫌疑人、辩护律师、值班律师提出意见后，检察机关往往不积极回应，辩方难以把握控方的思路和意见，增加了协商的难度。"听取意见"的方式，法律也没有明确规定，实践中特别是值班律师大多采取口头方式，检察机关也并不都正式地记录在案，交流的充分性欠缺；而且，从交流的频度上看，值班律师基本都是在签署认罪认罚具结书时才有和检察官交流意见的机会，而值班律师之前没有单独会见和阅卷的条件，所以在短暂的时间内根本无法达到协商的效果。即使是委托辩护律师，也不是想见检察官就可以随时见到，大多是通过电话的方式沟通，与检察官当面交流的频次很少。这也是导致协商不足的一个因素。"说明理由"实际是要求检察机关对辩方意见的回应，但目前检察机关对于犯罪嫌疑人、律师提出的意见通常是不置可否，不予采纳也鲜有说明理由的情况。事实上，当前的现状是检察机关强势推进认罪认罚，基本是检察官说了算，认罪协商流于形式，并没有真正的控辩协商机制。

再次，协商的"筹码"不足。目前认罪认罚案件中的量刑协商是在法定量刑范围内进行的，不能突破法定刑，加之检察机关一直倡导精准量刑，这就缩小了可协商的空间。而对于如何量刑，目前的法律指引只有最高人民法院发布的《最高人民法院关于常见犯罪的量刑指导意见》和"两高三部"发布的《最高人民法院关于规范量刑程序若干问题的意见》，仅涉及 15 种常见犯罪的具体量刑方法，其他量刑细则尚未公开，只有法院和检察院内部掌握。所以，相比检察官而言，律师在量刑协商的能力上存在明显不足，在量刑所需要的信息、法律、技术等方面都不具优势，因而协商的效果也自然不好。

最后，协商效果同样不明显。在我国的认罪认罚从宽制度中，控辩双方可以协商的内容就是量刑。量刑协商的过程应当是建立在信息交换的基础上，检察官提出量刑建议，当事人及律师提出自己的意见，双方经过协商、让步，说服对方接受自己提出的意见，最终签署认罪认罚具结书。此外，根据《刑事诉讼法》第 201 第 2 款的规定，即使控辩双方在审查起诉阶段签署了认罪认罚具结书，但案件进入审理程序时，如果法院认为检察院的量刑建议明显不当，或者被告人、辩护人对量刑建议提出异议的，检察院可以调整量刑建议，这其实也是为控辩双方创造了再次协商的机会。但是，目前的量刑协商大多流于形式，一般都是检察官提出量刑建议后，询问犯罪嫌疑人是否同意，同意就签署认罪认罚具结书，不同意就会向法院提出更重的量刑建议。大多数犯罪嫌疑人因为检察官的强势而不敢提出异议，更不敢和检察官协商；即使律师提出意见，多数情况下也会因为当事人惧怕重判而妥协导致协商的失败，很难形成你来我往的协商，检察机关对于律师意见要不是强势否定，就是不予回应，妥协、让步大多是辩方作出的，协商效果严重不足。

第四节　认罪认罚中刑事辩护的有效性问题

有效辩护是律师执业的一项标准，是刑事诉讼的一项原则，当然适用于所有的刑事案件，无论是当事人不认罪的案件，还是认罪认罚的案件；无论是律师做无罪辩护的案件，还是做罪轻辩护的案件，都要努力实现辩护的有效性。特别是在认罪认罚案中，更应当关注有效辩护的问题。我们往往因为当事人的自认而忽视了案件中可能存在的问题，忽视了对犯罪嫌疑人、被告人其他权利的保障。律师的有效参与正是帮助发现问题，确保认罪认罚的自愿性，确保程序正当的方法，也是防范冤假错案发生的有效手段。然而，当下律师参与刑事辩护的有效性问题，特别是律师在认罪认罚案件中作用的有效性发挥问题已日益突出。

一、辩护律师的数量问题

在认罪认罚案件中，刑事辩护之所以未能充分发挥其效能，一个重要的原因在于——律师参与不足，而其中最为突出的则是律师数量不够的问题。

认罪认罚从宽制度得以正当存在的保障是律师的有效参与。犯罪嫌疑人、被告人有权获得完整的审判，如果其主张这一权利的话，国家是不能以成本、效率等理由予以拒绝的，所以，简化程序的改革都会遇到"正当化"的困境。但是，如果犯罪嫌疑人、被告人自愿选择放弃，这一问题就迎刃而解。因此，如何保障犯罪嫌疑人、被告人认罪认罚的"自愿性"就成为该制度首要解决的问题。律师的参与是保障认罪认罚自愿性的重要手段，为此，《刑事诉讼法》还引入了特别保障机制——值班律师，《刑事诉讼法》及《指导意见》均规定，对于认罪认罚的案件，检察机关应当听取律师意见，签署认罪认罚具结书时必须有律师在场。

随着认罪认罚从宽制度的推进，按照目前 80% 以上甚至 90% 的认罪认罚适用率，那就意味着要有足够的律师资源予以保障，才能实现制度设置的初衷。但是，我国目前律师资源分布不均，数量有限，供需矛盾仍很突出。

从目前公开的信息看，截至 2019 年年底，全国共有律师工作人员 47.3 万人，律师、律师事务所主要集中在北京、上海、广州等经济比较发达的地区。目前，全国每万人拥有律师数量为 3.38 名，但西部律师行业相对落后，比如贵州省，到 2020 年 7 月，律师人数才突破 1 万名，每万人拥有律师数量 2.8 名，不及全国平均水平。截至 2014 年，我国还存在 174 个县无律师的情况。而从律师代理诉讼业务的类型看，有数据统计，2010 年至 2019 年我国律师事务所开展的刑事诉讼代理仅占全部诉讼业务代理总数的 19.81%。此外，还有数据显示，截至 2018 年 9 月底，司法行政机关在认罪认罚试点法院设立法律援助工作站共计 132 个，指派律师提供辩护 2.4 万余人，占全部认罪认罚案件被告人的 10.38%，指派律师提供法律帮助 7.7 万余人，占全部认罪认罚案件被告人的 33.15%，两项相加占比不到 50%。[1]

从上述数据可以看到，我国律师的总数量虽然并不很少，且在不断增加，但其分布不均匀，导致一些地区律师数量少，甚至没有律师，这就意味着在这些地区适用认罪认罚从宽制度时会出现律师不够用，甚至没有律师参与的情况，显然和制度设计不匹配，甚至影响认罪认罚从宽制度的推行。即使在律师资源相对丰富的地区，律师的供需仍然是个问题。一方面，不是所有的律师都从事刑事辩护业务，做刑事业务的律师有限；另一方面，目前委托辩护率并不高，认罪认罚案件主要靠值班律师参与，但值班律师也是来自社会律师，在没有足够的经费保障支持下，根本调动不起律师参与值班的积极性，值班律师明显数量不足，而且提供法律帮助的质量也难以保障，自然降低了认罪认罚中刑事辩护的效能。所以，律师资源的配套保障不足，也是当前认罪认罚中刑事辩护存在的重大问题。

二、传统辩护的方法问题

"方法"是指解决问题的门路、程序等。现指为达到某种目的而采取的途

---

[1] 杨立新：《认罪认罚从宽制度理解与适用》，载《国家检察官学院学报》2019 年第 1 期。

径、步骤、手段等。黑格尔把方法称之为主观方面的手段，他说，"方法也就是工具，是主观方面的某个手段，主观方面通过这个手段和客体发生关系……"在刑事诉讼中，律师为完成工作任务，达到辩护效果，同样也需要掌握一定的方法，需要有解决问题的路径、实现目标的步骤，其实也就是我们通常所说的辩护策略和技能。

在认罪认罚案件中，作为参与辩护工作的律师来说，首先要确立辩护的目标，然后再制定实现目标的策略和方法。相比不认罪认罚的案件而言，认罪认罚案件的辩护空间是有限的，不同于不认罪认罚的案件那样可以进行全面辩护，包括定罪辩护、证据辩护、程序辩护、量刑辩护等，认罪认罚的案件主要是量刑辩护。所以，其辩护目标就是要帮助犯罪嫌疑人、被告人争取最优、最好的处理结果，为了实现这个目标，律师就要有相对应的辩护方法。比如，首先要确认案件是否属于认罪认罚的案件，是不是事实清楚、证据确实充分的有罪案件。这就需要律师通过会见、阅卷等方法，运用自己的专业知识加以判断，其中也应当掌握与当事人沟通的方法和技巧。确认案件符合认罪认罚后，律师就需要找到协助当事人与检察机关进行协商的方法。协商不仅是口头上的谈判，还要掌握充分的协商筹码，这就要求律师具备谈判的能力、方法和技术，对案件量刑评估的能力，以及获取有利于量刑协商证据的方法。律师只有掌握了辩护的方法，才能实现辩护的有效性。

然而，目前在认罪认罚案件中，律师的有效参与严重不足，这与辩护方法的缺失存在一定关系，具体表现在以下几个方面：

其一，在我国，律师参与刑事案件的辩护并没有统一的方法和标准，很多都是律师个人根据自己的经验进行操作，水平高低不同，辩护效果自然也存在差异。在认罪认罚的案件中，往往会存在这样的误区，犯罪嫌疑人、被告人都认罪了，还有什么好辩护的，所以这样的案件要么就没有律师的参与，要么即使有律师参与也是流于形式，律师本身也没有认识到参与的重要性。认罪认罚从宽制度正式在全国确立后，目前的适用率已经达到80%以上，甚至更高。对于认罪认罚的案件，为了保障其程序的正当性及案件处理的公平公正，已基本实现律师参与的全覆盖，要么是当事人自行委托律师，要么是符合法律援助条件指派法律援助律师，要么就是指派值班律师提供法律帮助。观察律师参与认罪认罚的状况可以发现，大多数律师对认罪认罚案件的辩护认识不清、重视程度不够，特别是值班律师，仅把自己作为犯罪嫌疑人与检察机关签署认罪认罚具结书时在场签字的见证人，这就使得律师对自己如何在认罪认罚案件中开展辩护，从哪里辩护，怎么辩护都没有清晰的认识，当然导致辩护效果的不佳。此外，认罪认罚案件的辩护主要是量刑辩护，但目前大多数律师对量刑辩护还仅停留在传统的辩护方法上，仅从认罪态度、初犯偶犯、退赃退赔等表层进行辩护，对量刑辩护缺乏深层次的理论准备。而且，在传统的刑事诉讼中，量刑本是裁判权的一部分，是法官所擅长的技能，而律师本就在量刑建议的提出上能力不足，欠缺经验，这些也都大大影响了辩护的有效性。

其二，对认罪认罚案件辩护的方法运用不当。以量刑辩护为核心的认罪认罚案件的辩护，从辩护方法上讲，律师应当关注两个层面的问题：一是，要确认认罪认罚的自愿性、明知性、合法性，确保案件符合认罪认罚的条件，这是认罪认罚案件辩护的前提；第二个层面才是量刑辩护本身的问题。但是，目前的实际情况是，因为犯罪嫌疑人表示认罪认罚，律师往往就忽略了对案件定性、证据、程序等问题的研究，忽略了会见、阅卷、调查取证的重要性，想当然地认为案件定罪没有问题，忽略了对认罪认罚辩护的前提审查，直接进入对量刑的辩护，这种辩护方法显然是不当的。如笔者在调研中了解到的一起盗窃案，犯罪嫌疑人自愿认罪认罚，律师就在认罪认罚具结书上签了字，后法院审查发现被告人的行为属于盗窃未遂，但未达到未遂入罪的数额标准，不能按照犯罪处理。这说明律师的辩护方案出现了错误，辩护是无效的。

其三，在认罪认罚案件的量刑辩护中，当下，律师更多的是注重主刑刑期的辩护，而忽视了附加刑、刑罚执行方式的辩护，忽略了不起诉辩护方案的选择，忽视了帮助当事人作出程序选择的建议。这些辩护方法的缺失和不当，都使得辩护的有效性大打折扣。

三、认罪认罚案件有效辩护效果体系的标准问题

建立统一的辩护效果衡量标准，有助于规范律师代理刑事案件，提高刑事辩护律师代理工作的质量，保障辩护的有效性。尤其是在诉讼模式转型的当下，越来越多的刑事案件是通过认罪协商解决的，这就更需要辩护律师的

有效参与，以保障案件的公正处理，防范冤假错案的发生。

对于有效辩护的衡量标准，有学者认为有效刑事辩护是获得公正审判权不可或缺的一部分，这不仅要求保障获得法律援助的权利，而且要求与之适合的立法、程序环境以及组织结构，这样才能确保有效辩护作为为实现公正审判的关键要素的前提和便利。对于获得有效刑事辩护的评估有三个层次：（1）是否有宪法或者其他立法规定了，且是可获得的刑事辩护权利作为最低标准；（2）是否有相应的法律规定以及实践操作确保上述权利是"实际且有效的"；（3）刑事辩护律师是否有稳定一致的辩护水平，其所处的职业文化是否认同有效刑事辩护体现在程序和结果两方面，以及是否在理念和实践中都以嫌疑人和被告人为中心。美国法律中的有效辩护对应的美国法律术语是"effective assistance of counsel"，意思为"有效的律师协助"，是指律师为被告人提供了认真而有意义的法律服务，包括告知了被告人他所享有的权利；诚实、精通法律且有能力的律师被给予了合理的机会去履行他所承担的义务。[1]虽然美国联邦最高法院通过一些判例确立了被告人享有"获得有效辩护的宪法权利"，但无论是美国联邦最高法院的判例，还是美国律师协会的律师行为准则，都没有对"有效辩护"作出准确的定义。

在认罪协商的诉讼模式下，律师参与有罪协商案件辩护的有效性一般体现在如下方面：律师要如实告知当事人所有的案件事实和法律适用；律师要告知当事人作出有罪答辩的法律规定及相关法律后果；律师要围绕案件展开调查，获取有利证据或线索；律师要对案件有充分地预测和分析；律师要对当事人是否接受控方的条件给出建议；律师要与检察官充分协商案件等。当然，最有效的辩护帮助是寻求对被告人的非犯罪化处理方式。

目前我国并没有律师参与认罪认罚案件辩护的最低行为准则，更没有衡量有效辩护的标准，也没有无效辩护制度。也就是说，律师在认罪认罚案件中的代理质量无论好坏，都没有因为律师不尽职尽责的无效辩护而可以申请救济的机制。正是因为没有辩护效果的衡量标准，也就导致认罪认罚案件中律师的辩护水平不一，尽职尽责程度不同，对辩护权利的争取与维护态度存在差异，出现了有些律师参与走过场、流于形式的情况，严重影响了认罪认

---

〔1〕 薛波、潘汉典主编：《元照英美法词典》，北京大学出版社 2014 年版，第 460 页。

罚案件的辩护质量，损害了被追诉人的利益。没有有效辩护标准的辩护制度，其只能保障起码的、形式上的公正，要真正发挥律师在认罪认罚从宽制度中的作用，必须建立辩护效果的衡量标准，确立符合中国国情的认罪协商制度的有效辩护标准。

第四章

认罪认罚从宽协商制度的建构

随着犯罪的不断增加，有限的司法资源和打击犯罪行为之间出现了能力的不匹配，于是执法机关都在寻求各种促使被追诉人主动认罪的方式，以快速解决刑事案件，减轻司法负担。我国的认罪认罚从宽制度就是在这种世界刑事诉讼的潮流下应运而生的。认罪认罚从宽制度是我国刑事诉讼中的一项重要制度，也是适应我国新时代发展、适应司法改革的一项重要举措，它在及时惩罚犯罪、切实保障人权、兼顾司法公正与司法效率、推动国家治理体系和治理能力现代化等方面都具有积极重要的意义。

但是，在认罪认罚从宽制度的大力推进中也逐渐暴露出了对被追诉人诉讼权利保障不足的问题，给认罪认罚从宽制度的良性运行带来了风险和隐患。所以，在顺应世界刑事司法制度发展方向的同时，为了夯实该制度的正当性基础，提高被追诉人参与诉讼的能力，实现控辩协商的实质化和有效性，就有必要构建更加完善、独立的认罪协商机制，这也是认罪认罚从宽制度持久良性运行的有力保障。

第一节　认罪认罚协商的基本原理

一、认罪认罚协商的基本原则

既然认罪认罚从宽制度中存在"协商"的因素，那么这种协商就应当体现现代契约观念中的"公平精神"：即平等主体之间，通过理性对话与信息交流，基于自由的选择，最终达成真实、自愿的合意，如果任何一方反悔，可以获得充分、有效的司法救济。如此可见，协商应当遵循以下几个基本原则：

（一）参与原则

参与原则要求所有的利害关系方都应当参与协商程序。一方面，要求所有的利害关系人都有参与协商的机会；另一方面，要求充分、有效地参与协商。被追诉人和被害人能否参与协商成为协商程序中的关键问题。特别是被追诉人，其参与协商越来越依靠专业律师的帮助，而在认罪认罚中的协商，被追诉人更需要律师的帮助。现代诉讼程序架构中的协商模式，名为被追诉人与司法机关之间的协商，实为代理律师与司法机关之间的较量。被追诉人能否有效、充分地参与协商，取决于律师参与协商的能力和程度。

（二）平等原则

自古以来，协商与洽谈是"实力决定谈判结果，而不是简单的什么谈判技巧"。因此，放弃形式上的公平，追求实质的对抗能力则是获得公平协商的前提。在协商性司法中，需要协商主体之间力量的相对均衡，否则就是一种压制的变种，正如有学者所指出的，"如果达到连强制也不必要的程度，那么压制也就登峰造极了"。[1]如果协商主体之间没有平等的对抗能力，那么协商就是一种虚假合意，协商性司法也就失去了意义。

因此，在协商性司法中，一方面，要求当事人具有获取对等信息的能力。信息的不对称必然导致协商能力的不平等，这就要充分保障被追诉人及律师的阅卷权，建立对被追诉人信息保障的证据开示制度。另一方面，要保障被追诉人获取律师帮助的权利。获得律师帮助的权利是被追诉人的一项基本权利，该权利包含三项内容：被告知获得律师帮助权；自主选择律师权；以及免费获得律师帮助的权利。如，我国台湾地区"刑事诉讼法"第 445 条之 5 第 1 项规定："协商之案件，被告表示所愿受科之刑逾有期徒刑 6 月者，且未受缓刑宣告，应有辩护人协助进行协商，并规定被告未选任辩护人时，法院应指定公设辩护人或律师协助协商。"[2]

（三）自愿原则

在认罪认罚案件中，控辩协商的前提是被追诉人自愿认罪认罚，自愿让渡自己的实体权利以换取量刑上的"优惠"。因此，保障协商主体的自愿性就至关重要，这也是协商性司法的正当性要求。如果可供被告人选择的方案都

---

〔1〕 ［美］P. 诺内特、P. 塞尔兹尼克：《转变中的法律与社会：迈向回应型法》，季卫东、张志铭译，中国政法大学出版社 2004 年版，第 15 页。

〔2〕 林俊益：《审判中之协商程序》，载《月旦法学教室》2004 年第 20 期。

是其不乐意接受的，那么同意也就没有意义了。[1]

认罪认罚的自愿性在很大程度上取决于对协商内容是否明知，被追诉人要对所指控的犯罪事实、罪名的法律规定，以及认罪认罚的法律规定、性质、法律后果等具有一定的认知和了解，对自己作出的选择要有清楚的认识。同时，被追诉人的有罪答辩也必须是自愿的，而非受到威胁、强迫的结果。而这种自愿性的保障，单靠法院的审查还远远不够，侦查机关、检察机关都应当做好权利告知和法律释明的工作，律师的有效参与更是协商自愿性的有力保障。

（四）救济原则

在认罪认罚案件中，为了确保认罪协商的自愿性，法院应当首先对被告人认罪认罚的自愿性进行审查。一是要审查被告人对案件事实、诉讼权利是否清楚、明知，包括对指控犯罪的性质、认罪认罚的法律后果的清楚认识。被告人认罪认罚，意味着将"让渡"很多诉讼权利，因此，这种放弃必须符合正当程序方可有效，必须是故意"让渡"或对明知特权的放弃。[2]二是要审查被告人作出有罪答辩的真实性、合法性，排除因受到刑讯逼供等非法方法被迫作出有罪供述的情形。

一旦发现认罪认罚存在违法情形，法院应当对损害方作出必要的救济。《刑事诉讼法》第201条第1款规定，对于认罪认罚的案件，如果人民法院发现存在"（一）被告人的行为不构成犯罪或者不应当追究其刑事责任的；（二）被告人违背意愿认罪认罚的；（三）被告人否认指控的犯罪事实的；（四）起诉指控的罪名与审理认定的罪名不一致的；（五）其他可能影响公正审判的情形"时，法院是可以不采纳量刑协商结果的。同时，法院也应当对被告人的权利作出救济，比如，审理程序的转换，保障被告人庭审中的质证权、辩论权等完整的审判权利等。

---

[1] See Andrew Sanders & Richard Young, *Criminal Justice*, second edition, Butterworths, 2000, p. 246.

[2] See Johnson v. Zerbert, 304 US. 458, 464 (1938).

二、认罪认罚协商的原理与价值

(一) 协商性司法是理论基础

协商式合作作为一种司法范式,其在刑事诉讼中的形成和发展并非偶然,既有刑事诉讼制度的内因,也有制度的外部因素影响;既是对传统法治程序的反思,也是一种制度创新的产物。

西方经典的刑事法理论体系和立法体系中存在两对核心的基本关系:在实体法上是犯罪人与国家之间的刑事责任关系;在程序法上为犯罪嫌疑人、被告人与国家专门机关之间的刑事诉讼关系。[1]可以说,现代刑事法,无论是实体法还是诉讼法,都是围绕这两对核心关系展开的,这既是刑事法发生、发展的前提,也是刑事法得以演进的标志。

传统的刑事法领域,国家角色表现突出,因为犯罪被认为是一种侵害国家利益、公共利益的行为,必须由国家追诉,这就形成了国家单方施于犯罪人的刑事司法格局。然而,随着社会的发展,国家在治理过程中也意识到,不能把公民视为没有思想、无需交流的被统治者,于是,很多国家都及时调整了国家与公民的关系,引入了合作与对话机制,这奠定了协商性司法的政治基础。与此同时,在实体法方面,犯罪观念与刑罚观念也在不断变迁,非犯罪化的刑事政策要求重新审视刑罚法规存在的意义。非犯罪化的观点认为,国家从道德主义、父权主义的立场出发,动辄介入个人的举止行动中,运用刑罚威吓公民个人,并将一定的行为模式强加在公民个人身上的倾向,这种做法脱离了以法与道德分离为前提的近代法的任务,并且与当今容许多种价值观并存的民主主义宽容社会是不相容的。[2]这也蕴含了刑法谦抑性的要求,在表现形式上不仅体现为立法上刑罚的减少或者替代措施,在程序法上也可以从诉讼各个阶段的程序分流或简化加以考虑。协商性司法模式的形成一定程度上也是受非犯罪化刑事政策的影响。此外,随着法治时代的到来,现代法律的功能也在转变。"犯罪人""被追诉者"成为刑事法律的主角,现代刑事司法程序基本围绕权利保障开展,合理限制国家权力,避免公民成为犯罪

---

〔1〕 魏晓娜:《背叛程序正义:协商性刑事司法研究》,法律出版社 2014 年版。
〔2〕 马明亮:《协商性司法:一种新程序主义理念》,法律出版社 2007 年版。

治理中的无辜者。所以整个近代刑事诉讼法的发展历史就是犯罪嫌疑人、被告人在不断扩权的历史，被追诉者的辩护权在广度和深度上都得到了大大的拓展。犯罪嫌疑人、被告人诉讼主体地位的提升，也为协商模式打下了基础。

在对国家治理方式和传统刑事司法模式反思、调整的同时，刑事司法领域也出现了一些新问题，使得刑事诉讼的复杂化不可避免。一是，在"正当程序"扩大，对犯罪嫌疑人、被告人不断赋权的同时，世界范围内的犯罪率也在高涨，刑事司法领域的"效率"与"成本"问题不断凸显。二是，刑事司法领域逐渐出现了一些新的发展迹象。比如，一些国家设立了地方化的法律中心和法律办公室，为居民提供地方化的司法服务，在刑事领域这些机构还履行调查、监督、指导和调解的职能。日本还在全国各地创设"司法资源中心"，国家出资，民间运作，在刑事诉讼中为犯罪嫌疑人、被告人推荐律师等。这些刑事司法实践的探索，使得刑事司法开始地方化、民间化，对传统刑事司法模式产生了动摇。三是，刑事裁判的非合意性所带来的不确定性也给协商带来了一定的空间，通过协商获得相对的确定性，使控辩双方在心理上获得满足，这也符合人的天性。这些新的问题也是推动协商性司法形成和发展的重要因素。

除此之外，"交往行为"理论、"被害人支持运动"，以及恢复性司法理念也都给协商司法提供了实践支持，成为协商司法理论上的"外援"。"交往行为"理论是哈贝马斯在近代哲学关注认识内容转向现代哲学对认识表达的研究背景下构建的理论。交往行为是主体间通过语言交流，求得互相理解、共同合作的过程，本质上是主体之间的对话（商谈）关系。哈贝马斯强调商谈的相互性，即一切有关参与者的相互承认。哈贝马斯认为，程序取得的结果的有效性在道德和理性根据的意义上，源自在理性的交流性的交往活动中对事实的共同的、合作性的探求。立法本身的合法性依赖于通过民主程序进行的一系列的交流，表现在诉讼领域，判决也应当在不受支配的"交往"中达成，这奠定了程序在现代法治国家的正当性基础。[1]被害人学理论提出，被害人在犯罪和预防犯罪的过程中，不只是一个被动的客体，而且是一个积极的主体，不能只强调罪犯的人权，而是要充分肯定和坚决保护被害人的

---

〔1〕 魏晓娜：《背叛程序正义：协商性刑事司法研究》，法律出版社 2014 年版。

人权。[1]在这一理论的倡导下，西方开始出现被害人作为独立主体参与刑事诉讼的实践，被害人被置于司法程序的中心，倡导被害人和社会对司法的参与。恢复性司法理念，即"通过修复因犯罪所造成的伤害而实现正义"。[2]恢复性司法是一种过程，鼓励充分的协商参与，特别强调被害人的参与和协商。在协商性司法的发展过程中，恢复性司法作为一种刑法理念起到了很大的支撑作用。协商性作为一种司法模式，赋予当事人协商、交涉、合意的空间，允许通过协商、交易等方式影响刑事案件的最终处理结果，协商性司法中的各项具体制度，都离不开恢复性司法理念的影响。

（二）认罪认罚协商程序的价值

1. 协商性司法弥补了传统程序主义理论的不足

20世纪70年代，世界刑事司法领域的旨在保障被告人权利的"正当程序革命"达到了顶峰，这不仅在美国产生了广泛的影响，对域外刑事司法领域也形成了强大的震撼。根据《美国宪法》第5条修正案所规定的"正当法律程序"，"正当程序"需要解决两个问题，一是正当程序所保护的利益范围，二是适用于这些利益的程序性保障措施。正当程序理论是建立在常规刑事司法制度之上，但当社会差异与社会冲突、规则与事实之间矛盾升级时，价值冲突难以协调，法律程序的正当性与社会的可接纳性之间的冲突也愈发明显，久而久之，公众对公正的程序能否带来公正的结果产生了不信任和质疑。同时，程序正义理论是建立在刑事司法系统能够应对的案件数量范围内的，但当世界范围内犯罪数量不断上升时，程序正义理论也会陷入危险之中。

协商性司法的出现一定程度上弥补了传统正当程序理论的不足。随着社会的发展，我们应该对犯罪有新的认识，刑事诉讼不再是简单地追诉犯罪的手段，也应当具备控制犯罪的功能。因此，程序性的正当程序以保障诉讼利益主体正当实现其诉讼权利为出发点，围绕追诉者、被追诉者、裁判者之间的正当权利的取得和行使开展，这样，利益主体实现正当权利的途径可以扩

---

〔1〕　[德] 汉斯·约阿希德·施耐德：《国际范围内的被害人》，许章润等译，中国人民公安大学出版社1992年版，第419页。

〔2〕　G. Bazemore & L. Walgrave（ed），*Restorative Justice：Repairing the Harm of Youth Crime*，Criminal Justice Press，1999，pp. 45–74.

大，包括通过协商、合作的方式实现。包括犯罪嫌疑人在内的当事人的同意即为程序公正的保障。在协商性司法中，理性、正义的对话是程序正义的核心；实体结果可以商谈，让该程序具有了自身的价值；协商主体的自愿性、明知性是程序正当的基础保障。可见，协商性司法为程序正义提供了新的评判标准，有效弥补了传统程序正义理论的不足。

2. 协商性司法对权利的保障价值

当下刑事司法的基本趋势是重视对犯罪嫌疑人、被告人的权利保障。虽然有人认为，协商性司法在一定程度上与无罪推定原则相冲突，但它是以当事人的自愿同意为前提，这奠定了其程序正当的基础。协商性司法不应与无罪推定原则相冲突，该制度也在于保障当事人的合法权利。协商性司法允许被追诉人与国家公权力机关开展协商与合作，这体现了基于契约精神的正义，更强调了控辩平等的基本理念，对犯罪嫌疑人、被告人来说是在强化其诉讼主体地位，让其实质、平等地参与到刑事诉讼中，增加了其诉权的可处分性。而且，在协商性司法中，有些国家规定律师的参与是协商交易启动的前提，获得律师帮助的强制性更是体现了对权利的保障。此外，协商性司法不仅关注被追诉人的权利保障问题，也强调被告人对被害人因犯罪遭受经济损失的赔偿，通过赔偿取得被害人的谅解和合作作为量刑的酌定情节，进而影响被告人的具体刑事责任。这对被害人来说，既实现了对被告人的一定惩罚，也能解决自身未来实际生活的困难。这也是权利保障的一种体现。

3. 协商性司法的辅助价值

诉讼是解决刑事案件的唯一途径，但是，我们不得不承认诉讼是有成本的。特别是近些年来，随着社会经济的发展，社会结构的转型，社会矛盾和利益冲突日益加剧，刑事犯罪也呈现出非暴力化、轻刑化的新特点，但犯罪数量并没有减少，刑事案件数量仍在增加。案件数量的增加必然导致诉讼的延迟、案件的积压，诉讼解决纠纷的功能在削弱，司法权威被质疑，导致了司法危机的出现。所以，在国家层面要维持成本与效率的基本平衡，就要将诉讼成本降低到一个较低的、合理的水平上，努力实现有限司法资源的效益最大化。协商性司法程序中，如轻微刑事案件达成和解后的撤销案件或者不起诉、认罪认罚后对被追诉人的从宽处理等，都实现了案件的繁简分流，既能及时处理案件，又能避免复杂耗时的审判程序，将有限的司法资源用于有争议的严重刑事案件的处理上。可见，协商性司法有利于节约诉讼成本，提高诉讼效率，优化司法资源的有效配置。

第二节　构建独立的协商程序

我国认罪认罚从宽制度的建立，是一项事关司法权力运行机制调整完善的改革任务，同时也被视为推进以审判为中心的诉讼制度改革、实现庭审实质化的重要配套措施。从中央提出要完善刑事诉讼中的认罪认罚从宽制度到《试点办法》的出台，对于认罪认罚从宽制度的相关规定，理论界和实务界一直存有争议，对认罪认罚从宽制度究竟是刑事政策还是刑事诉讼中的一项制度认识不一，对认罪、认罚、从宽等核心概念也存在不同看法。

最初关注认罪认罚从宽制度的是刑事诉讼法学界，而目前对认罪认罚从宽制度的规定也体现在刑事诉讼法中。立法规定侧重促进诉讼程序繁简分流、节约司法资源、提高司法效率等程序法的角度，但《刑事诉讼法》并没有将认罪认罚从宽制度作为一项独立的诉讼程序单独成篇，而是散见于其他各章节的规定之中。从现行《刑事诉讼法》的规定看，认罪认罚从宽制度还缺少自己独立的内容，并不是独立的诉讼程序，而是依附于其他诉讼程序中，是其他诉讼程序中的一环，目前还更多地依附于速裁程序、简易程序甚至普通程序。而从实体法角度看，目前认罪认罚是从宽制度运行的前提，犯罪嫌疑人自愿认罪认罚后，检察机关一般应当给予其量刑上的从宽处理，但这一影响被追诉人处罚的情节并没有在实体法中予以规定，对于认罪认罚从宽的刑事政策意义或者实体法意义，未给予充分的重视和全面把握。"认罪认罚从宽制度的适用是一项涉及面非常广泛的系统工程，既有刑事实体法、程序法层面的法律修改、完善，又有司法机制、体制的建构、调整和发展。"[1]

鉴于此，笔者认为，认罪认罚从宽制度的确立，虽然是基于国家司法体制改革的配套措施而诞生的，但其却给我国刑事诉讼的结构带来了巨大的影响，使我国刑事诉讼结构从"对抗"走向"合作"，由权利型诉讼转入协商型诉讼。协商型诉讼是近现代刑事诉讼中的一种重要模式，世界很多国家都

---

〔1〕　陈卫东：《认罪认罚从宽制度研究》，载《中国法学》2016 年第 2 期。

在这种诉讼模式下引入了相应的诉讼程序，比如，英美国家的辩诉交易、德国的量刑协商制度、法国的庭前认罪答辩程序等，认罪认罚从宽制度则是我国协商型诉讼下的一项重要制度。所以，在诉讼结构转型的大背景下，应当针对协商型诉讼构建相应的配套程序，将认罪认罚从宽制度等规定进行系统整合，构建成刑事诉讼中的一项独立化的诉讼程序，这样将更有助于认罪认罚从宽制度的运行实施，有利于实现该制度的多重价值。

一、认罪认罚协商程序独立化的基本价值

（一）权利保障价值

过去，在刑事司法领域长期存在"重实体、轻程序"的理念，但这些年来程序保障不断被强调，法治建设在司法领域也更多表现为以严格遵守程序为导向的"程序法治"。这种法治以建设完备的程序规则为前提，以司法人员严格遵守程序规定为保障，以获得符合实体法内容的裁决为结果。[1]协商型诉讼是程序法治在当下社会的一种补充，它是对常规刑事诉讼进行反思的产物，其最大的功能在于通过自主、开放、协商的程序使形式与实质、程序公正与实体公正的矛盾得以化解。

认罪认罚从宽制度的建立使得我国的诉讼模式由对抗转向协商，标志着我国进入了协商型诉讼的新模式，而认罪认罚协商程序正是这种新模式的表现形式。认罪认罚从宽制度在我国最早仅是一种试验，只在全国 18 个地区开展适用；试点两年后，2018 年《刑事诉讼法》的修改才正式将认罪认罚从宽制度法治化，以法律的形式在全国推广实施。但是，目前《刑事诉讼法》只规定了认罪认罚从宽制度、刑事速裁程序、值班律师制度等重要内容，并未明确规定认罪认罚协商程序的独立地位，使得认罪认罚从宽制度的司法适用还更多依赖于刑事速裁程序等。有观点提出，应当将认罪认罚从宽制度作为一个独立的程序进行制度设计，形成一个新的程序格局，而不是将其概括为一个原则或制度，嵌入现有的诉讼程序中。而且，无论是从认罪认罚从宽制度的特点、理论根据还是实践操作等多方面看，构建独立的认罪认罚协商程序都是未来发展的方向，也将更有利于权利的保障和实体公正的现实。

---

〔1〕 马明亮：《协商性司法：一种新程序主义理念》，法律出版社 2007 年版，第 59-62 页。

认罪认罚协商程序的独立化对权利保障具有重要意义。第一，这种协商性诉讼程序将有助于打破常规刑事诉讼中的强制司法模式，合意司法将在争端解决中承担一定的角色，司法的民主性也将获得质的飞跃，被追诉人的关注也会得到加强。第二，认罪认罚协商程序为国家和公民在刑事司法过程中的直接对话提供了条件。在协商诉讼程序中，被追诉人的诉讼主体地位得到提升，成为诉讼的真正参与者，具有与控方平等的诉讼地位，控辩双方可以平等地进行对话，被追诉人有权决定自己是否认罪认罚，对自己的处罚结果有了一定的掌控权。第三，独立的诉讼程序将会制定更加完备的程序规则，能够更好地规范司法机关的行为，防止检察机关在认罪认罚从宽程序中滥用权力，保障辩护权的有效行使。第四，独立的诉讼程序增加了程序的公开透明度，可以提升公众对控辩协商程序的信任度。在当前的认罪认罚从宽制度中，控辩协商的过程相对封闭，只是双方私下进行的一个程序，法官对协商过程的审查也只能停留于表面，这不利于保障被追诉人的合法权益。尤其是在控辩实力悬殊的情况下，被追诉人很可能被迫接受控方提出的量刑协商意见，控辩协商被控方所主导，协商缺乏自愿性、平等性，极有可能流于形式。所以，独立的诉讼程序可以设置更为公开的协商方式，让协商的过程具有可监督性，保障犯罪嫌疑人在协商中的自愿性和平等性。第五，独立的认罪认罚协商程序可以给犯罪嫌疑人提供诉讼程序类型的选择权，可以使犯罪嫌疑人具有程序选择的主动权，打破目前单一被动同意的局面，这也是对被追诉人权利保障的最好方式。

（二）程序正义价值

程序正义观念是以发生、发达于英国法并为美国法所继承的"正当程序"思想为背景而形成和展开的。剥夺某种个人利益时必须保障他享有被告知和陈述自己意见并得到倾听的权利，从而成为英美法中权利保障的根本原则。按照公正审判的基本原理，被追诉人享有获得完整审判的权利，享有程序正义的保护，严密的程序设计就是为了保障被追诉人的诉讼权利能够得到充分行使。但是，认罪认罚的案件与不认罪认罚的案件有所不同，认罪认罚的被告人自愿放弃了接受完整审判的权利，这也就使得包括审判程序在内的程序从简获得了相应的合法性。然而，诉讼程序即使有所省略，也应当坚守正义的底线。认罪认罚的案件之所以没有适用完整普通诉讼程序的必要，关键在于控辩之间进行了平等的量刑协商，并且达成了一致的量刑意见，所以审理的重点就仅集中在认罪认罚的自愿性和程序选择的自愿性，以及量刑建议的合理性问题上。但是，现有的速裁程序、简易程序只注重了程序的简化，过于强调诉讼效率，而忽视了对认罪认罚从宽制度中特有内容的重点关注和审查，把对被追诉人认罪认罚自愿性的审查及量刑的调查环节也做简化处理，这种"过度简化"的倾向极有可能会侵犯被追诉人的诉讼权利，引发程序不公的风险，而且程序简化客观上也与刑事诉讼程序的"正义诉求"相左，可能诱发程序正义的沦陷。

我国的认罪认罚从宽制度虽然与英美国家的"辩诉交易"存在较大差异，但行为都是基于相同的诉讼认识和价值博弈，都是应当建立在利益主体的"有效参与"并"实质影响"为核心的"正当程序"之底线正义上。[1]因为，"无论是从保障被告人权利的角度，还是从与刑事司法内在的真实主义相协调的角度，被告人的程序处分权都必须正确而公正地行使。"[2]将认罪认罚协商程序独立化，区别于其他诉讼程序，就是要突出认罪认罚从宽制度的特有内容，对该程序中的核心问题不能简化处理，在繁简交错中保证程序正义的实现。对于控辩双方没有争议的事实和定罪问题，可以简化审理；但对于认罪认罚自愿性的审查，应当改变目前其他诉讼程序中的形式化审查方式，除了通过询问被告人、听取其陈述外，还应当让控方提供协商过程的录音录像等证据，以证明被告人认罪认罚的自愿性。另外，对于量刑问题的调查，应当让控辩双方就量刑证据进行举证、质证和辩论，通过对量刑事实和证据的调查，确认量刑建议的合理性。同时，赋予被告人获得辩护律师帮助的权利以及必要的上诉权，保障控辩主体之间自愿平等协商，从而形成完整的认罪认罚协商程序的保障体系。独立的协商诉讼程序能有效提升被追诉人的参与度，且被追诉人的行为选择能够实质影响诉讼的结果，在被追诉人放弃实体权利选择认罪认罚后，能够通过独立的诉讼程序对影响自身结果的量刑问题与控方进行协商、向法庭陈述意见，并通过律师的帮助获取更多有利于自己的量刑证据，通过一系列的程序规则为自己争取最大的合法权益，这就是独立的

〔1〕 钱文杰：《刑事诉前会议制度刍议》，载《学习论坛》2017年第11期。
〔2〕 ［日］田口守一：《刑事诉讼的目的》，张凌、于秀峰译，中国政法大学出版社2011版，第217页。

认罪认罚协商程序的程序价值之所在，通过程序正义实现实体结果的公正。

（三）程序简化价值

程序简化是认罪认罚从宽制度的基本特征，是提高诉讼效率的重要方法。认罪认罚从宽制度具备程序简化的条件，其主要原因就在于被追诉人的自愿认罪认罚。从《试点办法》到现行《刑事诉讼法》的规定看，目前认罪认罚从宽制度在速裁程序、简易程序、普通程序中都有所运用，呈现出多层次的简化审判程序。

但是，认罪认罚从宽制度作为刑事诉讼中一项新的改革措施，虽然程序简化是其本质特点，但相比现有的简化程序，应当具有自身的新特点。一是，从制度设立的初衷看，认罪认罚从宽制度之所以作出程序简化的设置，其目标就是实现案件的繁简分流，优化司法资源配置，提高诉讼效率，更好地配合以审判为中心的诉讼制度改革，让有限的诉讼资源服务于庭审实质化的案件中。二是，程序的简化与程序正当性、程序正义的冲突问题。现有的诉讼程序都不是以认罪认罚从宽制度为前提设置的，对认罪认罚的自愿性及量刑程序的审查重视和保障力度不够，没有从程序上突出认罪认罚从宽制度的特有内容。另外，认罪认罚从宽制度是以被追诉人自愿认罪认罚为前提，是以律师参与为程序正当性的保障，而被追诉人的程序选择权，更是该制度程序简化的正当基础。但现有诉讼程序在这方面的保障都并不完善。三是，多层面的诉讼程序简化。按照现行《刑事诉讼法》的规定，认罪认罚从宽制度贯穿刑事诉讼的全过程，无论是侦查阶段、还是审查起诉、审判阶段都可以适用，也就是说程序的简化不仅体现在审判过程，还包括审前程序的简化，其目的就是建立与不认罪认罚案件相区别的前后相互衔接的程序简化体系。所以，只有构建区别于现有诉讼程序的独立的认罪认罚协商程序，才能体现该制度的特色，才能使程序简化更具合理性，且不失程序正义的底线。

（四）程序公开价值

程序公开是对权力的一种监督方式。我国认罪认罚从宽制度的核心是认罪协商，关键是量刑建议，而在目前的诉讼程序中，控辩双方认罪协商的过程还比较封闭，缺乏一定的透明度，认罪协商的自愿性、平等性堪忧。特别是在当下控辩双方尚不能实现实质平等的情况下，实践中犯罪嫌疑人、被告人在协商中往往处于弱势，协商不具备自愿性、平等性、合法性；再加之检察机关对于法律规定的释明不足，犯罪嫌疑人、被告人一般又都缺乏专业法律知识，他们对法律规定的理解和法律后果的认知根本就是稀里糊涂，认罪认罚的作出往往是迫于检察机关的压力，并非真正的自愿。于是，控辩协商沦为控方主导，协商只不过是一种形式。

此外，目前相对封闭的协商形式，也会给权力寻租带来一定空间。特别是在那些没有被害人参与的案件中，认罪协商可能成为利益交换的筹码，通过表面合法的控辩协商，实现一些非法目的，破坏刑事司法的公信力。在这种情况下，要提升法律界，包括公众对认罪认罚协商制度的信心，就要坚持程序公开的基本原则，从协商的过程、协商的方式和规则、协商的结果到对协商结果的审查等，都要依法律充分公开和透明，这样才能更好地接受社会公众的监督，才能确保认罪协商制度更具公正性。

二、构建认罪认罚协商程序的基本体系

从目前的立法设计看，认罪认罚从宽制度并非独立的制度体系，其具体内容的规定都只是散见于刑事诉讼法的各个章节中，并不像"未成年人刑事案件"、"当事人和解的公诉案件"或者"缺席审判制度"那样自成体系，作为刑事诉讼中的特别程序加以单独规定。但是，认罪认罚从宽制度具有其独立的诉讼价值，单独构建独立的认罪协商程序，将更有助于该制度的良性运行。有观点认为，从刑事诉讼程序全流程的宏观视角，对认罪认罚从宽制度的启动程序、量刑协商程序、审理程序和审级程序等进行系统研究和机制构建。[1] 对此，笔者有一定认同，并建议应当将认罪协商程序作为刑事诉讼中的一项特别程序加以单独规定。笔者结合域外经验及国内司法实践，对构建独立的认罪认罚协商程序展开以下探讨。

（一）认罪协商制度的适用范围

从目前《刑事诉讼法》的规定看，认罪认罚从宽制度的适用范围非常广泛，任何罪名、可能被判处任何刑期的刑事案件都可以适用该制度。但从实践运行的状况看，宽泛的适用效果并不良好，反而暴露出了各种弊端和问题。

---

〔1〕 叶青：《认罪认罚从宽制度的若干程序展开》，载《法治研究》2018 年第 1 期。

例如，在一些重罪案件中，无期徒刑与死缓的从宽幅度，可能并不能体现出认罪认罚从宽制度的激励性，很难激励犯罪嫌疑人、被告人主动自愿认罪认罚。再比如，在多被告人、多罪名的涉黑涉恶案件中，数罪并罚后如何给出合理的从宽幅度，如何体现认罪认罚与不认罪认罚的差别，如何做到量刑均衡，这些都给检察机关量刑建议的提出带来了挑战。实践中，对这样重大、疑难、复杂的刑事案件适用认罪认罚从宽程序的效果并不好，而且，通过认罪认罚简化审理程序，其实并不符合繁简分流的本意。

同时，从域外认罪案件快速处理机制看，虽然刑事程序繁简分流是世界各国通行的做法，但大陆法系国家和英美法系国家所遵循的逻辑还是存在较大差别的，大陆法系国家以发现案件事实真相作为刑事诉讼追求的基本价值，所以，将程序简化的适用范围限制在事实清楚、罪行轻微的刑事案件上。即使后来借鉴了英美法系的做法，引进了协商程序，但适用的范围仍有所限定。比如在德国，适用处罚令程序的最高量刑为通过缓刑方式执行的不超过 1 年的自由刑；适用快速审理程序，不允许判处超过 1 年的自由刑。[1]2009 年德国确立量刑协商制度后，仍是限定在对轻微犯罪案件的处理中。在法国，刑事处罚令程序通常在违警罪中适用。刑事调解程序是一种惩罚性公诉替代程序，适用于各种轻罪及违警罪，最高量刑为 5 年以下监禁刑。2004 年法国创设了庭前认罪答辩程序，允许被告人在某些轻罪案件中以认罪为根本前提和检察官进行量刑交易，该程序适用于主刑为罚金刑或者 5 年及以下监禁刑的犯罪。[2]

鉴于此，笔者认为，我国在构建独立的认罪协商程序时，应当对其适用的范围作出调整。有学者提出，从我国刑事案件的构成看，判处 3 年有期徒刑以下刑罚的案件占有相当大的比例，虽然统计数字不一，但大体而言达到百分之七八十左右。在大案、要案、重罪案件数量持续下降，轻罪案件数量大幅上升的犯罪形势下，以 3 年有期徒刑为标准决定是否予以程序从简是较为经济的诉讼方式。[3]笔者通过"小包公"智能类案检索系统进行课题调研时统计出，在 107 001 223 个案件中，按照"案件类型：刑事""文书日期：

---

〔1〕 参见《德国刑事诉讼法典》第 407 条、第 419 条。

〔2〕 熊秋红：《认罪认罚从宽的理论审视与制度完善》，载《法学》2016 年第 10 期。

〔3〕 陈卫东：《认罪认罚从宽制度试点中的几个问题》，载《国家检察官学院学报》2017 年第 1 期。

2018-11-01 至 2021-08-01""文书性质：判决书""省市：北京市""文书
类型：裁判文书"的维度筛选有效样本，共筛选案例数为 15 458 个，其中，
以判处有期徒刑 3 年以下（含 3 年）和判处有期徒刑 5 年以下（含 5 年）为
筛选条件，可以发现二者案件数量相差并不是很多（见表 1 和表 2），比例差
距不大。

表 1　判处有期徒刑 5 年以下（含 5 年）认罪认罚案件数量

判处有期徒刑 5 年以下（含 5 年）	案件数
5 年以上	8358
5 年以下（含 5 年）	7100

表 2　判处有期徒刑 3 年以下（含 3 年）认罪认罚案件数量

判处有期徒刑 3 年以下（含 3 年）的案件	案件数
3 年以上	8767
3 年以下（含 3 年）	6691

所以，笔者认为，认罪认罚从宽制度的适用应当以轻罪案件为主导，但
基于我国目前该制度适用的广泛性和实践的操作情况，不宜一下子限制过窄，
适用范围可以限定在主刑为 5 年以下有期徒刑的刑事案件上，并不会比限定
在主刑为 3 年以下有期徒刑的刑事案件增长过多。但对于重罪案件，从保障
权利的角度看，还是应当适用一般的正常诉讼程序，过度的程序简化，会有
剥夺、限制人身自由甚至生命权不尽审慎之嫌，对于这些案件的处理还是应
当强化公正，加强对权利的保障，而非基于提高诉讼效率的考量。

（二）认罪认罚协商程序的启动

1. 启动时点

认罪认罚从宽制度推行前，在我国的《刑法》及《刑事诉讼法》中都有
关于犯罪嫌疑人、被告人认罪、悔罪，如实供述自己罪行可以获得从宽处罚
的相关规定。认罪往往被视为认罪悔罪的一种表现，成为法官在量刑裁判时
自由考量的一个因素，在《刑法》中被确定为一种酌定的量刑情节。但是，
在刑事诉讼程序中并没有特别的程序性规定。2018 年《刑事诉讼法》修改，

认罪认罚从宽制度正式确立，这就使得犯罪嫌疑人、被告人自愿认罪认罚后，不再仅是一种量刑上的考量，对于这类认罪认罚的案件还有程序上的特殊要求，通过程序立法确立了一项新的刑事诉讼制度，然而在实体法中并没有将此上升为一项法定从宽量刑的情节。也就是说，一般意义上的认罪只是实体量刑上的考量，不必然适用认罪认罚从宽制度中的相关程序规定；而认罪认罚从宽制度中的"认罪认罚"，则是认罪协商程序适用的前提，会带来一系列程序及实体的法律后果。

鉴于此，笔者认为，独立的认罪认罚协商程序应当以控辩协商及对协商结果的确认为核心。所以，程序的展开应当以案件进入审查起诉阶段为起点，在审查起诉阶段犯罪嫌疑人表示自愿认罪认罚的，才适用认罪认罚协商程序，而非目前《刑事诉讼法》所规定的各个诉讼阶段都可以适用认罪认罚从宽制度。这主要是基于以下原因的考量：一是，侦查具有秘密性，控辩所掌握的信息极不对称，而且警察对于案件的定性及量刑并没有精准的认识，控辩双方没有协商的基础。此时，犯罪嫌疑人的认罪认罚仅是一般意义的认罪认罚，不会带来程序性的法律后果，但仍然要作为定罪量刑的考量因素。二是，侦查阶段律师的辩护权有限，对案件的了解限于会见犯罪嫌疑人，没有阅卷权，调查取证又存在一定风险，这就使得辩护律师没有和控方协商的筹码，不具备启动认罪协商程序的条件。所以，笔者认为，独立的认罪认罚协商程序是从审查起诉阶段开始，通过控辩双方的量刑协商，形成协商结果，再经法院审查与确认，最终作出裁决，这才是独立认罪协商诉讼程序的应有流程与步骤。

2. 启动方式

从目前《刑事诉讼法》的规定看，当前认罪认罚从宽制度的启动是检察机关主导，犯罪嫌疑人及其辩护律师并没有启动程序的权利。这种检察机关主导程序的方式，在实践中暴露出的最大问题就是对认罪认罚自愿性的质疑。

鉴于此，笔者提出，在独立的认罪认罚协商程序中，协商程序的启动权可以设置为"依申请"和"依职权"两种形式。即程序的启动既可以由检察机关依照职权主动提出认罪提议，然后由辩方进行"讨价还价"，从而达成认罪协议。同时也可以由辩方主动提出认罪认罚的申请。在英美法系的辩诉交易中，主动启动辩诉交易程序的一方往往被认为是处于劣势，但事实上并不尽然。很多辩护律师认为最好是等待检察官启动辩诉协商，因为毕竟是检察官最终决定指控，并且除非检察官表示愿意交易，否则即使辩护律师主动提出交易要求，也会被检察官拒绝。但是，从我国的实践情况看，辩方主动寻求与控方的合作机会，主动提出认罪协商的请求，一方面可以了解到检察官对认罪协商的态度，探清检察官对指控是否存有犹豫，能够从检察官处获得有价值的信息，为辩护方向奠定良好的基调；另一方面也是积极为犯罪嫌疑人争取最大利益，是对犯罪嫌疑人权利的保障，也更有助于保障认罪认罚的自愿性。

辩方向检察机关主动申请认罪认罚的，一般应当提交书面申请给检察官，检察机关收到辩方申请后三日内，应当给辩方予以答复，同时可以提出初步的协商建议。需要强调的是，辩方主动申请认罪认罚虽然确实可以保障认罪认罚的自愿性，但是也要保障最起码的公正，这就要求辩护律师在决定申请前，必须对案件事实和证据有全面的了解，进行充分的调查，知己知彼，权衡利弊，并与当事人进行充分地沟通交流，最终是在尊重当事人意愿的情况下提出认罪协商的申请。

(三) 认罪认罚协商程序的运行

相比一般意义上的认罪认罚，认罪认罚从宽制度中的"认罪认罚"引发了控辩量刑协商程序的启动，通过控辩协商确定的量刑建议对审判机关具有一定的约束力。所以，控辩协商的自愿、平等、客观、合法就尤为重要，控辩协商的规则、方式等也应当予以明确和规范。

1. 控辩协商的内容

我国认罪认罚从宽制度明显区别于域外协商性司法的典型代表——美国的辩诉交易制度，其根本就在于我国不允许对罪名、罪数进行协商交易，我国认罪认罚从宽制度的协商对象仅限于量刑。之所以会出现这样的差异，是因为大陆法系国家与英美法系国家对法律价值的追求不同，大陆法系国家更多的还是追求案件的客观真实，追求对事实真相的查明。但我国认罪认罚从宽制度中的量刑协商也是有限度的，是在法定刑之内的从宽，而且在实体法中并没有对"认罪认罚"作出一种法定量刑情节的确认，其法定刑之内的从宽幅度也没有明确的规定。在现阶段以"量刑"为协商内容的认罪认罚从宽程序中，还是应当在实体法方面明确对被告人认罪认罚给予的充分、有效的积极评价，建议在立法上将其作为强制型的法定量刑情节，即被告人认罪认罚的，应当依法从轻或者减轻处罚。同时应当将认罪认罚的情节与自首、坦白的情节相区别，分别确定不同的从宽幅度，避免实践中量刑适用的混乱。

另外，在我国目前的司法实践中还存在这样的情况，因为无罪判决率低，导致很多在证据上确有无罪空间的案件，因犯罪嫌疑人、被告人担心无罪辩护一旦不成功，可能会加重其刑罚，还会使案件久拖不决，为了降低风险而作出认罪的妥协。所以，对于这类证据上有瑕疵的案件，允许控辩协商，并给予检察机关一定幅度的自由裁量空间，符合实践需要且有助于认罪认罚从宽制度的推行。以笔者调研中的一起销售假冒注册商标的商品罪案为例，现场扣押的物品及犯罪嫌疑人交代的销售金额都达不到刑事处罚的标准，而证人证言又是孤证，且与客观证据存在出入；但扣押的公司账册却反映，犯罪嫌疑人确有销售大量假货的可能，但需要经过大量的取证和固定证据的工作，而取证工作存在较大难度。于是，案件僵持在此，久拖不决。后辩护律师通过给当事人分析证据和法律，建议犯罪嫌疑人认罪认罚，认可最低的定罪数额，并与控方进行认罪协商，争取最低量刑。其实，对于这样的案件，犯罪嫌疑人面临的是可能出现更严厉的处罚风险和案件久拖不决的焦虑；检察官则顾虑的是取证的困难和风险，但又不甘心因犯罪嫌疑人不供述又没有其他证据而不能定罪的结果。于是双方进行了认罪协商，检察机关以最低定罪标准起诉，并给出了较轻的量刑建议，犯罪嫌疑人也很快重获了自由。

此外，对于罪名的可协商性也不应"一刀切"，一律限制。实践中确实存在案件事实非常清楚，犯罪嫌疑人及辩护人对事实没有任何异议，只是对指控的罪名持有不同意见的情况，对于罪名的异议，其实是法律适用问题，犯罪嫌疑人作为非法律专业人士提出异议，不应影响认罪从宽的认定。但实践中，这样的案件都因罪名的不可协商而不能适用认罪认罚协商程序，转而适用普通程序进行审理，其实是增加了司法负担，因为这样的案件事实和证据都非常清楚且没有争议，单纯的法律适用不需要复杂的诉讼程序。所以，笔者建议，对于事实证据没有争议、罪名变更后刑期幅度没有明显变化的案件，也可以纳入控辩协商的范围，通过罪名协商给予一定合理幅度的量刑从宽，达到快速、共赢的案件处理效果。

2. 控辩协商的方式

独立的认罪认罚协商程序中的关键环节之一就是控辩双方的认罪协商，协商的方式应当包括会见和谈判。无论是控辩哪方提议的认罪协商，控辩双方都先要进行会见，会见的目的是获取对方对于案件的看法和有关信息。一般是由检察官提出初步的协商建议，辩方再提出自己的意见，然后双方或者一方作出让步，尽可能达成双方一致且满意的协议。

双方协商的第一步是交换信息。会见中，检察官往往先会就案件事实与犯罪嫌疑人进行沟通，勾勒出双方可协商的框架，并提出初步的量刑建议。在会谈中，控辩双方需要从对方的交谈中获取的信息有：对方利益所在、协商的目标、最终可能达成的结果、对方在案件事实和证据方面的优势及劣势、对方对达成协商的决心和态度等。这些信息的掌握对于说服对方接受己方协议条件具有非常重要的意义。

控辩双方协商的第二步是说服，这应当是认罪协商的最核心环节。在这一环节中，犯罪嫌疑人及辩护律师对检察机关给出的条件会提出不同意见，会和检察官进行讨价还价，以期获得最有利于自己的协商结果，检察机关对于辩方提出的意见也会予以回应，双方有一个坚持、妥协、让步的过程，并就最终可能达成的协议展开讨论，双方都会力图说服对方接受对自己有利的协商条件。在整个认罪协商的过程中，会见和说服可能会相互交叉，因为协议的达成并非都是一次性的，有时需要反复沟通和商谈。

在认罪协商中，如果从协商的策略考虑，应当先听取检察官的提议，因为毕竟最终的决定权在检察官，而且如果检察官给出的协商建议比律师的预期更有利于犯罪嫌疑人，律师先提出意见就会陷入被动。辩护律师在"讨价还价"中要有足够的协商筹码，并且要具有合法的理由，才能有说服检察官的机会。协商中可能作出让步的因素有很多，比如，犯罪嫌疑人的主观考虑、羁押的状态、对协商结果的心理预期、控辩各自的优势与弱点等。通常，检察官一旦提出量刑建议后，很难再作出进一步的让步，但如果指控处于劣势或者审判中可能会出现一些不可控风险时，检察官则会作出一定的妥协。

3. 协商结果的确认

在独立的认罪认罚协商程序中，控辩双方协商一致后签署认罪认罚具结书，具结书是认罪协商的成果体现。但目前，我国具结书的内容相对比较简单，没有全面呈现协商的过程和内容，所以，笔者认为，具结书至少包含和体现以下内容：（1）控方对犯罪嫌疑人权利的告知和法律规定的释明；（2）控方的具体指控及法律依据；（3）犯罪嫌疑人做有罪答辩的陈述；（4）控方的量刑建议，包括主刑、附加刑以及刑罚执行方式；（5）量刑建议的计算方式及根据；（6）如果发现新的事实或者证据，犯罪嫌疑人有权撤回有罪答辩，且有罪答辩不得作为证据移送法院；（7）控方非合法理由不得随意撤回量刑建议；（8）辩护律师的意见。

对控辩协商结果的确认形式有两种：一是检察机关的自行确认。根据《刑事诉讼法》第 171 条及《指导意见》第 30 条的规定，对于认罪认罚后没有争议，不需要判处刑罚的轻微刑事案件，人民检察院可以依法作出不起诉决定。同时，根据《刑事诉讼法》第 182 条第 1 款之规定，"犯罪嫌疑人自愿如实供述涉嫌犯罪的事实，有重大立功或者案件涉及国家重大利益的，经最高人民检察院核准，公安机关可以撤销案件，人民检察院可以作出不起诉决定，也可以对涉嫌数罪中的一项或者多项不起诉"。二是通过法院的裁判予以确认。控辩双方协商一致签署认罪认罚具结书后，具结书随案移送法院，法庭对协商结果的确认分两步，先是独立的认罪自愿性审查，确认接受被告人认罪答辩后，法庭再进入对量刑建议的审查。根据现行《刑事诉讼法》第201 条的规定，人民法院一般应当采纳人民检察院指控的罪名和量刑建议，但也存在五种例外情形：（1）被告人的行为不构成犯罪或者不应当追究其刑事责任；（2）被告人违背意愿认罪认罚的；（3）被告人否认指控的犯罪事实；（4）起诉指控的罪名与审理认定的罪名不一致；（5）其他可能影响公正审判的情形。笔者认为，在独立的认罪认罚协商程序中，上述五种情形应当属于先行的自愿性审查的范畴，因为法庭一旦审查发现被告人认罪不具有自愿性或者存在虚假认罪的，或者发现认罪的基础事实并不客观存在，在认罪不具有真实性的情形下，应当裁定终止该程序，可以让被告人撤回认罪认罚，按照普通程序对案件进行全面审理。如果法庭经审查确认了认罪的自愿性和真实性，在对量刑建议进行审查时发现量刑不当，或者被告人、辩护人对量刑建议提出异议，法庭可以要求检察机关调整量刑建议，在检察机关不予调整或者调整后仍明显不当的情况下，法庭可以依法作出判决。

三、构建认罪认罚协商程序的配套机制

在认罪认罚协商程序中，"自愿性"是推动制度的前提，认罪认罚协商是控辩双方在自愿的基础上充分参与、达成控辩合意的协商。当前，保障协商自愿性的方式主要是四个方面：一是，犯罪嫌疑人的自我保障。犯罪嫌疑人可以自愿就认罪认罚协商程序的启动提出建议、对协商内容发表意见、对协商的结果表示同意或者拒绝、对协商的结果进行确认。二是，通过律师的帮助确保犯罪嫌疑人自愿参与协商。律师通过提供专业的法律意见，帮助当事人选择是否参与协商、如何协商、是否确认协商结果等。三是，通过检察机关的权利告知，确保犯罪嫌疑人协商的自愿性。根据《刑事诉讼法》的规定，对于认罪认罚的当事人，检察机关应当告知其享有的诉讼权利和认罪认罚的法律规定。犯罪嫌疑人在了解自身权益和一切法律规定后，如果还愿意与控方进行协商，也就说明其参与协商具有一定的自愿性。四是，通过法院对认罪认罚具结书的审查，确保协商的自愿。对于认罪认罚的案件，法院审查的一个重点就是认罪认罚具结书签署过程的自愿性，只有是控辩双方自愿协商合意达成的协议，法院一般才会予以确认采纳。可见，在目前的司法实践操作中，对犯罪嫌疑人协商自愿性的保障还不完善，存在可以加强的空间。

（一）构建相对独立的自愿性审查程序

当前，从《刑事诉讼法》及《指导意见》的规定看，无论什么时间启动认罪认罚，都强调自愿性审查的重要性。但是，目前的自愿性审查还只限于办案机关通过权利告知、法律释明的方式进行，审查过于形式，不足以保障认罪认罚的自愿性。

现阶段，我国认罪认罚从宽程序面临着较高的非自愿认罪和虚假认罪的风险，单纯依靠司法机关履行相应的告知义务，不足以确保认罪认罚的自愿性，特别是当法庭要对控辩协商的结果作出最终确认时，如果还单纯依靠简单询问式的审查方式，根本无法把好审查的最后关口。在笔者调研中的一起组织、领导、参加黑社会性质组织罪案件中，法官对认罪认罚被告人的认罪自愿性根本没做任何审查，那认罪协商的结果是否被法院所接受，认罪协商如何确认，引发了实践的混乱。

认罪认罚从宽正当性取决于认罪是否具有自愿性和真实性，为此，需要

建立专门的认罪审查程序。[1]从理论上来说，在以被告人认罪为基础而作出有罪判决的程序中，对被告人认罪的审查程序应当是最重要的，只有法院确认被告人认罪是出于自愿、理智、明知，且不具有虚假性，才能接受该认罪，进而定罪量刑。[2]笔者认同应当建立相对独立的认罪认罚自愿性的审查程序，且审查程序分为两个环节：一是审前环节，通过对认罪认罚自愿性的审查，决定是否启动认罪协商程序；二是，法庭定罪量刑前，通过认罪自愿性审查决定法庭是否接受控辩协商的结果。

审前环节的认罪审查主要是检察机关主导，这是决定是否进行控辩协商的最基本前提。无论是检察机关依照职权提议启动认罪协商程序的，还是辩方主动申请进行认罪协商的，检察机关都要先对案件事实和证据有全面了解，确认案件是否构成犯罪。在确认具备了认罪协商的条件后，检察机关应当通过讯问犯罪嫌疑人，确认供述的真实性、合法性，向犯罪嫌疑人告知其应当享有的全部诉讼权利，并对指控罪名的相关法律规定及认罪认罚的法律规定进行充分地释明，同时还要当面听取辩护律师的意见，通过多种方式审查认罪的自愿性，确保控辩协商的基础事实客观存在。

对于法院而言，在认罪认罚从宽协商诉讼程序中应当确立一种新的审理对象，认罪认罚的自愿性是审理的主要对象和内容，也是量刑协商最终有效的保障。法院在对控辩协商结果确认前，应当首先解决被告人的认罪是否可以接受的问题，如果合议庭认为被告人认罪不具有自愿性或者存在虚假认罪的可能，则撤回被告人的认罪认罚，法庭按照普通程序对案件进行审理。如果合议庭认为被告人的认罪符合法定条件，则应当接受该认罪，并进入对量刑的审查。

法庭在对认罪自愿性进行审查时，需要确认三个核心问题：（1）被告人的认罪是否出于自愿，而非胁迫；（2）被告人知道被指控犯罪的性质；（3）被告人理解认罪的内容及其法律后果。在确认认罪的自愿性时，法庭有职责调取被告人或者其辩护律师与检察官协商的记录或者协商过程的同步录音录像，以确认自愿性。此外，为确保认罪的自愿性，法庭还应当审查被告人对认罪

---

〔1〕　田楠：《完善认罪认罚自愿性保障机制》，载《天津政法报（法制周刊）》2017年8月15日，第3版。

〔2〕　史立梅：《认罪认罚从宽程序中的潜在风险及其防范》，载《当代法学》2017年第5期。

和程序选择的意见，并要求辩护律师出庭说明帮助被告人进行认罪程序选择的过程。法庭应当审查被告人的认罪是否具有客观的基础事实，法庭可以通过讯问被告人、查阅案卷材料、询问控辩双方意见等方式进行审查。在讯问被告人时，要让被告人首先陈述自己的犯罪事实，以确认和指控的事实具有一致性，同时排除被告人是基于事实或者法律理解的错误而作出认罪的情形，确认被告人对指控犯罪的性质及自己行为法律后果的明知。在询问公诉人时，可以要求公诉人就指控的证据进行说明，并提供证明认罪协商自愿性的相关证据。法庭还应当让辩护人陈述认罪协商的过程，并听取辩护律师对指控证据的相关意见。通过上述的审查方式，法庭把好认罪自愿性的最后关口，确认接受被告人的认罪，进而推进对控辩协商结果的确认程序。

（二）认罪认罚的证据开示与同步录音录像

认罪协商过程的自愿性、平等性，以及协商程序的公开、透明，都是协商中的重要影响因素，关系到犯罪嫌疑人的权利保障及案件结果的公平公正。目前我国还只是在法律中规定了一些探索性保障措施，并没有全面落地实施。

一方面，可以建立认罪认罚的证据开示制度。目前在我国，证据开示还只是一个概念，《刑事诉讼法》上并没有作出规定。可以说，在我国目前的司法体制中，还没有真正意义上的证据开示制度。随着认罪认罚从宽制度的推进，"两高三部"制定的《指导意见》第 29 条作出了明确规定，人民检察院可以针对案件具体情况，探索证据开示制度，保障犯罪嫌疑人的知情权和认罪认罚的真实性及自愿性。[1]这是我国第一次在法律规定的层面上提出"证据开示"，但仍然只是停留在探索阶段。

目前我国的《刑事诉讼法》只规定了辩护律师的阅卷权，犯罪嫌疑人、被告人知悉证据是通过辩护律师阅卷后与其核实时了解的。但是，对于辩护律师应当如何与被追诉人核实证据、核实证据的方式、范围等，法律并没有具体规定，只是在《刑事诉讼法》第 39 条规定，辩护律师自案件移送审查起诉之日起，可以向犯罪嫌疑人、被告人核实有关证据。这就引发了实践中对核实证据的争议，甚至给辩护律师带来了一定的执业风险。也正是因为法律

---

〔1〕参见苗生明、周颖：《认罪认罚从宽制度适用的基本问题——〈关于适用认罪认罚从宽制度的指导意见〉的理解和适用》，载《中国刑事法杂志》2019 年第 6 期。

规定的不明确和风险隐患，辩护律师在实践中与犯罪嫌疑人、被告人核实证据的工作并不充分，根本无法保障被追诉人对指控证据的全面掌握，信息不对称的情况仍比较普遍。认罪认罚从宽制度推行后，刑事辩护的方式由对抗转为协商，控辩协商是认罪认罚从宽制度的核心与关键，但要真正落实控辩协商，保证信息对称就尤为重要。只有信息对称，才能避免被追诉人盲目认罪认罚，保证认罪认罚的自愿性和明智性，保证控辩协商的平等性。然而，在实践中，法律规定尚未修改，尚未赋予被追诉人阅卷权，其仅仅通过辩护律师核实证据了解相关信息。而核实证据无规范性要求，这也直接影响了被追诉人权利行使的充分程度。更为有影响的是，目前办理认罪认罚案件的律师主要是值班律师，虽然《刑事诉讼法》赋予了值班律师阅卷权，但从实际操作看，值班律师在审查起诉阶段介入案件的时间比较滞后，往往都是在检察官准备与犯罪嫌疑人签署认罪认罚具结书时才通知值班律师参与，这就造成值班律师根本没有阅卷的时间条件；而值班律师较低的补贴也根本不足以激励其阅卷，特别是在重大复杂的案件中，值班律师没有查阅卷宗的动力和积极性。值班律师不能全面掌握案件信息，又谈何与被追诉人核实证据，这就使得被追诉人要在不充分、不全面掌握案件信息的情况下，作出认罪认罚的选择，同时还要就量刑与控方协商，这显然有失公平，协商也流于形式，公正性难以保障。

所以说，证据开示是保障认罪认罚自愿性的有效方式，也是控辩平等协商的前提和基础。在《指导意见》提出探索证据开示的规定后，实践中，一些地区针对案件具体情况，探索证据开示制度，在量刑协商时，将与案件指控事实相关的证据进行简化集中展示，实现各诉讼参与主体信息对称，增强犯罪嫌疑人对审判结果的预测性，确保犯罪嫌疑人在充分了解知悉证据的基础上做出自愿选择，避免因"信息不对称"作出错误判断。2020年2月慈溪市人民检察院办理的"陈某涉嫌开设赌场罪"一案中，被追诉人陈某在公安侦查阶段做过七次讯问笔录，均否认了为他人提供百家乐赌盘的犯罪事实，辩称其是去打牌的。审查起诉阶段，检察官全面审查案卷材料后，发现多名证人证言、通话记录、转账记录均能够有力指控陈某的犯罪行为，故向被追诉人陈某出示了与指控事实相关的证据。当了解了全案证据情况后，陈某最终表示认罪认罚。[1]这一案例中，证据开示制度促使被追诉人由不认罪转向认罪，刑事诉讼活动发生了由对抗到合作的结构性变化，诉讼效率得到大幅提升，司法资源得到合理配置，实现了控辩双赢的良好局面。在 2019 年霍州市人民检察院办理的"屠某涉嫌掩饰隐瞒犯罪所得罪"一案中，被追诉人屠某虽然表示愿意认罪认罚，但是对部分犯罪细节及主观上的认知还有一些保留和辩解，承办检察官主动对其进行证据开示，在确凿的证据面前屠某表示"我错了，我愿意认罪认罚"。[2]这种情况下，证据开示制度强化了被追诉人认罪认罚的主观意愿，将不彻底、不稳定的认罪认罚，激励为彻底、稳定的认罪认罚。从当下来看这种变化本身即提高了诉讼效率，更为重要的是，彻底、稳定的认罪认罚表明被追诉人认罪认罚的实质自愿性，使其日后反悔的可能降低，有效避免案件的程序回转与程序空转。2016 至 2019 年间被追诉人上诉的认罪认罚案件中，"被告方无法完全知悉相关证据信息"是一项重要的原因。[3]证据开示制度可以降低认罪认罚从宽制度的上述运行风险，提高诉讼效率，节省司法资源，使认罪认罚从宽制度的价值得到充分彰显。[4]

此外，从比较法上看，在域外，无论是英美法系、大陆法系的国家和地区，还是程序转型的国家和地区，在快速审理程序时，都建立了证据开示制度或者明确了被追诉人、辩护人的阅卷权。[5]在美国，联邦最高法院通过布雷迪诉马里兰州案及其之后的一系列判例规范了美国的证据开示制度，刑事程序中的被追诉人知悉证据的依据就是证据开示制度。德国作为大陆法系国家和地区的代表则有所不同，其在 2009 年引进协商程序时，并没有建立证据开示制度，只是在《德国刑事诉讼法典》中规定了辩护人的阅卷权。一些程序转型的国家和地区，被追诉人及其辩护律师均有权查阅指控证据材料，如规定了检察官主动开示和依辩方申请被动开示，检察官承担较重的证据开示责任。一些国家和地区在刑事诉讼审前争点整理程序中导入证据开示制度，是

---

〔1〕 参见［美］John. H. Blume & Rebecca. K. Helm：《"认假罪"：那些事实无罪的有罪答辩人》，郭烁、刘欢译，载《中国刑事法杂志》2017 年第 5 期。

〔2〕 参见慈溪市人民检察院：《慈溪检察证据开示制度力促犯罪嫌疑人认罪认罚》，载浙江新闻网，https://zj. zjol. com. cn/red_ boat. html？id=100715514，最后访问时间：2020 年 4 月 17 日。

〔3〕 参见杨帆：《认罪自愿性的边界与保障》，载《法学杂志》2019 年第 10 期。

〔4〕 参见鲍文强：《认罪认罚案件中的证据开示制度》，载《国家检察官学院学报》2020 年第 6 期。

〔5〕 韩旭：《认罪认罚案件中证据开示制度的构建》，载《检察日报》2021 年 9 月 8 日，第 3 版。

其刑事诉讼程序的重要变革。[1]

笔者认为，无论是目前《指导意见》的规定，还是认罪认罚从宽制度实践操作的需要，以及域外经验所带来的启示，我们在构建独立的认罪认罚从宽协商诉讼程序中，都应当建立证据开示制度，这是程序正当性的基本保障，也是刑事司法加强人权保障的体现。我国的证据开示制度应当包含如下基本内容：

第一，证据开示的范围。在认罪认罚案件中，控辩双方进行认罪协商前，控方应当向犯罪嫌疑人开放全部案卷材料，包含在卷的证明案件事实、情节及诉讼程序等与案件相关的证据，还包括诉讼权利告知内容和案件基本信息。也就是说辩护律师可以查阅的案卷材料都应当向犯罪嫌疑人开示。证据开示的内容具体包括诉讼权利和涉嫌犯罪的基本情况、证明犯罪事实的证据、认定量刑情节的证据、司法机关依法作出有关决定的程序性材料、调查核实非法证据的相关内容。[2]作为对控方证据开示的回报，辩方应当按照《刑事诉讼法》的规定，对收集到的有关犯罪嫌疑人不在犯罪现场、未达到刑事责任年龄、属于依法不负刑事责任的精神病人的证据，及时提交检察机关。此外，对于补充侦查或者补充调查的证据材料，也应当向犯罪嫌疑人开示。

第二，证据开示的时间。在认罪认罚案件中，证据开示是保障犯罪嫌疑人认罪认罚自愿性及控辩平等协商的重要方式，所以证据开示应当在案件进入审查起诉后、控辩双方开始认罪协商前进行，犯罪嫌疑人只有在充分了解指控的证据后，所作出的认罪认罚才具有自愿性、明智性，和控方协商才有了筹码，也就实现了证据开示的目的。

第三，证据开示的方式。证据开示应采取由检察机关向犯罪嫌疑人提供纸质证据材料的方式，可以集中时间安排被羁押的犯罪嫌疑人在看守所内的专门阅卷室进行阅卷；对于非羁押的犯罪嫌疑人可以通知到检察机关进行阅卷。有学者提出，证据开示还可以通过辩护律师利用《刑事诉讼法》规定的"核实有关证据"的空间，由辩护律师将证据交予被追诉人查阅。[3]对此，笔者认为，证据开示是检察机关的义务，是提高司法公信力的重要体现，将

---

〔1〕 韩旭：《认罪认罚案件中证据开示制度的构建》，载《检察日报》2021 年 9 月 8 日，第 3 版。

〔2〕 参见范小云：《认罪认罚案件证据开示制度内容及方式》，载《检察日报》2020 年 7 月 30 日，第 3 版。

〔3〕 韩旭：《认罪认罚案件中证据开示制度的构建》，载《检察日报》2021 年 9 月 8 日，第 3 版。

其转嫁给辩护律师显然是不合适的。而且在目前辩护律师核实证据的条件、方式、内容都受到限制的情况下，通过辩护律师核实证据的方式根本达不到证据开示的目的和效果。另外，在实践中，参与认罪认罚案件的主要力量是值班律师，而目前法律并没有赋予值班律师的"证据核实权"，而且值班律师阅卷权的行使也存在诸多问题，如果还是通过核实证据的方式进行证据开示，对于那些没有委托辩护律师、由值班律师提供法律帮助的犯罪嫌疑人来说，证据开示难以实现，无从落地。所以，证据开示制度的实现和保障还是要通过检察机关予以完成。

第四，证据开示的后果及救济机制。任何制度在产生不利后果后，如果没有救济措施的保障，该制度则无法有效地运行。证据开示制度亦是如此。为了保障证据开示制度的有效运行，应当从法律上作出明确规定，对于应当开示的证据，如果检察机关没有向犯罪嫌疑人开示的，犯罪嫌疑人签署的认罪认罚具结书则无效，案件不能适用认罪认罚从宽协商程序，且该证据不能作为指控犯罪的证据使用。但如果辩方认为该证据对认罪认罚的自愿性及协商结果不存在影响且犯罪嫌疑人表示同意的除外。

另一方面，可以建立认罪认罚的同步录音录像制度。《最高人民检察院就十三届全国人大常委会对人民检察院适用认罪认罚从宽制度情况报告的审议意见提出28条贯彻落实意见》中的第13条规定，"积极探索控辩协商同步录音录像制度。对认罪认罚量刑协商、具结书签署等关键环节，探索实行同步录音录像，切实提高沟通协商的透明度和公信力"。2012年2月，宁波市检察机关率先出台了《认罪认罚案件控辩协商同步录音录像规定（试行）》，规定检察机关办理认罪认罚案件，对认罪认罚法律规定释明、证据开示、量刑建议协商及说理、听取犯罪嫌疑人（被告人）及其辩护人或者值班律师意见，签署认罪认罚具结书的全过程实施不间断的录音录像。拟提起公诉的认罪认罚案件，一般也应当对控辩协商过程实行同步录音录像。这也是强化认罪协商自愿性的一种保障措施。

（三）保障控辩双方的撤回权

控辩双方通过认罪协商达成一致协议后，原则上不存在被告人撤回认罪认罚，否则，制度运行反复，有悖提高司法效率的原则。但是，认罪认罚的自愿性、合法性是该制度运行的重要前提，在美国的辩诉交易中，以司法判例的形式确认了被追诉人反悔权的重要性。但美国辩诉交易中对有罪答辩的撤回权也是有区分的，如果法庭不认可辩诉协议，被告人可以撤回答辩；如果法庭接受辩诉协议，不认可辩诉协议中的量刑建议，则被告人无权撤回辩诉协议。

从目前我国的法律规定看，被告人是否可以撤回认罪认罚，是否有撤回的期限限制，法庭拒绝被告人撤回认罪的法律救济等，都尚处于空白状态，我国认罪认罚从宽程序中的反悔制度尚待建立。

一方面应当赋予犯罪嫌疑人、被告人撤回认罪认罚的权利，这是保障认罪认罚自愿性的一项救济性权利。但是，如果不加限制地随意撤回，就会导致程序的回转反复，无疑也是对司法资源的浪费。所以，撤回权的行使也要有所差异。独立的认罪认罚协商程序从审查起诉阶段开始，也就是说在审查起诉阶段犯罪嫌疑人原则上可以自由撤回认罪认罚，但是，一旦控辩双方已经进入了实质的协商环节，并达成了一致的协商结果，撤回权的行使就应当有所限制。除非存在非自愿认罪认罚或者不符合认罪认罚从宽适用条件的情形，否则不允许无故撤回。进入审判程序后，在法庭对认罪认罚自愿性进行审查时，如果确实存在不自愿认罪认罚、对认罪认罚不明智、不明知，或者不存在基础的客观事实等，被告人提出撤回认罪认罚的，法庭应当准许，且已经撤回的有罪答辩不得作为定案的依据。但是，如果已经进入了对量刑建议进行审查确认的环节，应当不再允许被告人撤回认罪认罚。

另一方面，控方是否具有撤回量刑建议的权利，在司法实践中也存在较多争议。笔者认为，如果赋予控方随意的撤回权，显然会破坏司法的严肃性，对认罪认罚从宽制度的运行也是极大隐患。从表面上看，具结书是犯罪嫌疑人的保证书，但其内容的草拟却是检察机关完成并出示给犯罪嫌疑人的，实质上是双方协商的契约，控辩双方都应最大程度地重信守约。当然，从逻辑上讲，协商的任何一方也都有权撤回。但是，检察机关是代表国家签署的这一契约，更有责任和义务信守契约、严格执行，在撤回权的行使上更应当有别于被追诉人。因此，对检察机关的撤回权行使应当作出限制，比如，犯罪嫌疑人存在违反不予赔偿或拒绝交纳罚金等情形的，检察机关可以撤回量刑建议，但如果没有类似情形发生，量刑建议应当对检察机关形成法定的强制约束力，不得轻易毁约。

（四）协商结果的上诉与抗诉

法庭一旦通过认罪自愿性审查和量刑审查对控辩协商结果作出裁判确认后，原则上就意味着"案结事了"，一般不会发生上诉或者抗诉程序，但实践也并不都如此。对于认罪认罚后上诉权和抗诉权的行使问题，理论界和实务中都有不同争议。有学者提出，认罪认罚从宽案件适用一审终审有其必要性和合理性；也有学者坚持，认罪认罚案件必须二审终审制。[1]虽然目前实践中认罪认罚案件的上诉率不高，而检察机关一般也不会主动选择抗诉，但这不能成为否定上诉权和抗诉权行使的理由，因为这是保障认罪认罚从宽制度不因单纯追求效率而偏离司法轨道的重要方式。

首先，对于上诉权的行使。笔者在调研中发现，被告人之所以上诉一般有如下几个原因：一是，法院没有采纳量刑建议改判更重刑期；二是，被告人反悔想通过二审争取更轻的刑期；三是，判决后余刑较短，被告人希望通过上诉延长时间，以便在看守所执行完刑罚。从诉讼法原理上看，上诉权是法律赋予被告人的一项救济权，不能被剥夺或限制，因此被告人无论基于什么原因上诉，都不能限制或惩罚。但是，对于认罪认罚的案件上诉权也不应当被滥用，否则有悖制度设计的初衷，不利于真正实现程序繁简分流和提高诉讼效率。所以，在完整保留被告人上诉权的前提下，可以通过对上诉理由的审查进行分流或者快速裁决，同时，通过更科学、更宽容的从宽制度，体现现代司法的宽容精神，促使被告人主动放弃行使上诉权。[2]

其次，对于抗诉权的行使。抗诉权是公诉权的一项重要内容，体现了检察机关对法院审判权的监督属性，其目的是保障法律的正确实施，维护公平公正。但是，在认罪认罚案件中，控辩协商后达成的具结如果随意被反悔，自然会引发检察机关的不满，通过抗诉权来遏制上诉权的情况也并不少见。检察机关依法行使抗诉权是认罪认罚协商程序实现公正的基本方式，但不应成为惩戒或者报复被告人上诉的一种手段，面对实践中的情况，检察机关要审慎行使抗诉权，对抗诉的情形作出区分：如果被告人上诉仅仅是为拖延时

---

〔1〕 朱孝清：《认罪认罚从宽制度中的几个理论问题》，载《法学杂志》2017 年第 9 期。

〔2〕 韩平静：《认罪认罚从宽制度下被告人上诉权探究——以 151 份二审裁判文书为样本》，载《中国检察官》2017 年第 22 期。

间，留在看守所执行余刑，则检察机关没有抗诉的必要；但如果被告人是恶意钻法律空子，违背诚信而上诉的，检察机关可以依法抗诉，以此起到威慑效果；对于法院没有采纳量刑建议而直接裁判的案件，如果法院量刑没有畸轻或畸重，被告人也没有提出上诉的，检察机关也应当审慎抗诉。

第三节　协商式辩护理念的倡导

认罪认罚从宽制度写进法典，标志着我国刑事诉讼类型的历史性转型，即由权利型诉讼转入协商型诉讼。这一转型是由司法规律决定的，其科学性、正当性、合理性是历史发展的应然与必然。[1]随着认罪认罚从宽制度的不断推进，80%以上的刑事案件都进入了控辩协商，化解矛盾的刑事程序自然应运而生，控辩双方的调解、协商成为诉讼的主体内容。在诉讼过程中，刑事诉讼结构和方式发生了变化，同时，刑事诉讼的方法和程序也在变革，协商、谈判已经成为诉讼的主要方法，控辩已然从"对抗"迈向"合作"。在这种历史转型的大背景下，转变刑事辩护的理念，提升协商辩护的技术，是未来刑事辩护的发展方向。

一、诉讼合作引领协商理念发展的经验与启示

（一）域外经验介绍

伴随着社会风险的到来，多数国家的刑事诉讼都呈上升趋势。为了应对日益增加的案件负担，世界各国在刑事诉讼中都建立了案件繁简分流的机制，对于复杂的案件适用普通程序处理，对于简单的案件适用速裁程序或者简易程序处理，以实现司法资源的合理配置。英美等国的辩诉交易程序、法国的庭前认罪答辩程序、德国的量刑协商制度、意大利的简易审判和处罚令等程序，都属于刑事诉讼程序分流的替代程序，一定程度上代表了英美两大法系主要国家刑事司法制度的发展方向。

1. 英国经验

在英国，被告人作有罪答辩的司法实践在 19 世纪时比较普遍，英国刑事

---

〔1〕　樊崇义、常铮：《认罪认罚从宽制度的司法逻辑与图景》，载《华南师范大学学报（社会科学版）》2020 年第 1 期。

司法制度的正常运行也是建立在大多数被告人答辩有罪的前提上的。有罪答辩的条件是检控方变更指控。有罪答辩只能被告人本人作出，否则，对被告的有罪判决无效。在有罪无罪两可之间的案件程序选择中，被告人也被鼓励作有罪答辩，只要被告人答辩有罪，便直接由治安法院进行量刑。通常情况下，有罪答辩会导致刑罚上的扣减，即"量刑折扣"。根据具体情况不同，特别是被告人认罪的诉讼阶段，[1]这种"量刑折扣"可以高达1/3。认罪答辩提出的越早，"折扣"越高。[2]

另外，在英国的简易程序中存在着辩诉交易，辩方承认有罪以换取控方指控较轻的罪行。简易程序的有罪答辩率超过90%，大部分是相对轻微的案件，而且有四分之三的简易罪行都是以被判处罚款结案的。[3]同样，在可诉罪的审理程序中，被告人也要针对指控先作出有罪或者无罪的答辩，一旦被告人作出有罪答辩，案件便不提交陪审团审判，而是直接由职业法官量刑。20世纪70年代，英国真正开始关注辩诉交易。英国辩诉交易包括三个方面的内容：指控协商、事实协商和答辩协商。1991年，在一系列司法误判案件之后成立的英国皇家刑事司法委员会提出了量刑交易的合法性问题，该委员会在其最终的报告中提出了将量刑交易正式引入英国刑事司法制度的建议。[4]虽然也有不少人提出反对意见，但《2003年刑事司法法》（Criminal Justice Act 2003）还是作出了相关规定，明确要求法院对较早作出有罪答辩的被告人减轻刑罚。有罪答辩和辩诉交易有效分流了一部分进入审判程序的案件，既保障了程序的顺畅进行，又可以减少处理案件的诉讼成本和有限的诉讼资源。

英国的有罪答辩和辩诉交易与辩护律师的作用有很大关系。英国的律师职业是"双轨结构"，即律师包括出庭律师和事务律师。出庭律师享有在所有法院出庭发言的权利，而在刑事案件中，他们往往在案件移送到刑事法院后才出庭辩护。事务律师没有在刑事法院和上诉法院的出庭发言权，但经过资格审查能在高等法院进行辩护。事务律师主要是在警察局为犯罪嫌疑人提供法律建议，代理绝大部分治安法院管辖的案件。所以，对于被告人作有罪答

---

〔1〕 See Powers of Criminal Courts（sentencing）Act 2000. S. 152.

〔2〕 See R. v. Hollington and Emmens（1986）82 CrAppR 281.

〔3〕 See Anderew Ashworth, Mick Redemayne, *Criminal Process（Fourth edition）*, Oxford University Press, p. 293.

〔4〕 The Royal Commission on Criminal Justice, Report. Cm 2263（London, 1993）, pp. 110-114.

辩或者通过辩诉交易分流出去的刑事案件，一般都是由事务律师代理。事务律师的职业守则要求以客户的最大化利益行事，通常辩护律师过于倾向建议当事人认罪会受到批评。英国建立了"代理资格认证制度"，要求所有在警察局为刑事当事人提供帮助的事务律师和治安法院的值班律师都必须接受此项审查，并要求律师协会详细列明这些律师的职责，把律师视为"辩护人"而非仅是"咨询人"。律师代理资格认证制度确实导致了法律服务水准的提高。[1]

2. 美国经验

辩诉交易制度作为美国处理刑事案件的主要方式，在美国大约有90%以上的案件以此种方式办结，即控辩双方通过交易的方式就定罪量刑"讨价还价"，以被告人的认罪达成某种协议，换取被告人从宽处罚的结果。美国的辩诉交易制度适用案件范围非常广泛，而且交易的内容既包括罪名也包括罪数。美国的辩诉交易很多是在案件事实有争议或者证据有疑问的情形下，换取被告人的轻罪轻罚认可。[2]从美国辩诉交易的比例看，可以推测出每一个案件的被告人都有可能作出有罪答辩，而美国的辩诉交易多是发生在辩护律师与检察官之间，因此，辩护律师在辩诉交易中的重要地位是不言而喻的。

在美国，获得辩护律师有效帮助是一项宪法权利，而向辩诉交易的被告人提供有效的辩护服务则是辩护律师的宪法义务，若是违背这一义务将会导致有罪答辩被驳回。一般认为，律师在辩诉交易程序中提供帮助的有效标准与审判程序相同，而最有效的辩护帮助则是寻求对被告人的非罪化处理方式。[3]美国律师协会对律师提供辩护帮助的标准进行了规定，该规定只是指导律师行为，而是否对案件产生影响取决于法官的衡量。根据律协的标准，辩护律师在辩诉交易中，应当告知被告人事项或开展的工作如下[4]：（1）告知被告人有选择进行辩诉交易或者审判的权利；[5]（2）告知被告人关于辩诉交易的

---

〔1〕 Ed Cape、Zaza Narmoradze、Roger Smith、Taru Spronken 主编：《欧洲四国有效刑事辩护研究——人权的视角》，丁鹏等编译，法律出版社 2012 年版。

〔2〕 陈卫东：《认罪认罚从宽制度研究》，载《中国法学》2016 年第 2 期。

〔3〕 ABA Standards, The Defense Function Std. 4-6. 1（a）.

〔4〕 Annot., Admissibility of Defense Communications Made in Connection with Plea Bargaining, 8, A. L. R. 4th 660; ABA Standards, The Defense Function, Stds. 4-3. 8, 4-6. 2（a）（b）; RPC Rule 1. 4.

〔5〕 ABA Standards, Pleas of Guilty, Std. 14-3. 2（a）; RPC Rule 1. 2（a）.

一般程序以及辩护律师的交易策略；[1] (3) 辩护律师应当告知被告人其与检察官交易的实情，告知其检察官重要的答辩提议，该提议的含义以及对被告人的价值；[2] (4) 辩护律师应当坦诚地告知被告人案件的事实情况和法律适用，包括对于审判可能结果的预测，不应当故意夸大或者回避审判的风险，对被告人施加不适当的影响；[3] (5) 告知被告人某一特定答辩的后果，包括可能的量刑和对于缓刑、假释资格、移民状况等的影响；(6) 告知被告人关于有罪答辩之前的法庭训示；[4] (7) 如果被告人选择审判，告知其审判程序；(8) 辩护律师应当尽快展开对案件的调查，寻找有价值的证据和线索；(9) 非经对案件及其所适用的法律潜心地适当调查和研究，不得建议被告人接受有罪答辩；(10) 如果与被告人在案件辩护策略上有重大分歧，应当作记录并保密；(11) 如果法律以及案件本身允许，辩护律师应当寻求审判之外的其他处理方式。

在美国的辩诉交易中，辩护律师的不当行为还可能会导致帮助无效。比如，当辩诉交易对被告人明显有利时，辩护律师若未能与检察官充分协商案件，也可能会构成无效帮助；[5]如果辩护律师在法律适用、答辩结果或者法院可能的判决等方面严重误导被告人，也可能构成无效帮助。[6]此外，无论是美国的宪法还是律师职业道德规则，都没有要求辩护律师明确建议被告人选择某一特定方式，[7]但辩护律师的建议必须合理，并且任何说服工作都不得包括不适当的威胁与强制，包括拒绝为被告人辩护的威胁，或者过分夸大审判的风险和后果等。[8]辩护律师不应当以损害其代理的其他案件被告人的利益为代价取得对本案被告人有利的让步，反之亦然。辩护律师在辩诉协商中有诚实交易的义务，不得向检察官故意作出虚假陈述；[9]辩护律师不得公

---

[1] Isble v. United States, 611 F. 2d 173 (6th Cir. 1979).

[2] ABA Standards, The Defense Function, Stds. 4-6. 2 (a); RPC Rule 1. 4.

[3] Id. 4-5. 1 (a) (b); ABA Standards, The Defense Function, Stds. 4-8. 1 (a) (c).

[4] ABA Standards, The Defense Function, Stds. 4-8. 1 (d).

[5] Mason v. Balcom, 531 F. 2d 717 (1976).

[6] ABA Standards, The Defense Function, Std. 4-6. 1 (b).

[7] Jones v. Murray, 947 F. 2d 1106 (4th Cir. 1991).

[8] Uresti v. Lynaugh, 821F. 2d 1099 (5th Cir. 1987); Peete v. Rose, 381F. Supp. 1167 (W. D. Tenn. 1974).

[9] ABA Standards, The Defense Function, Std. 4-6. 2 (6).

开谈论其所知或者应知的案件情况，以免可能对诉讼程序产生损害。[1]另外，在辩诉交易中，检察官若无协商意向，辩护律师也没有义务必须启动辩诉交易。[2]

3. 法国经验

法国的刑事司法系统根植于纠问式传统，又逐步加入了控告式的特点。检察官对司法部负责，直到 20 世纪 80 年代，公诉检察官仍然仅负责案件的起诉或者终结工作；最近几十年来才开始负责一些替代性程序，如调解、和解、被告人有罪答辩等程序。1995 年，法国立法者创设了刑事强制令制度，允许检察官在特定情况下直接对被告人宣布刑罚。1999 年，立法者又通过在《法国刑事诉讼法典》中增设第 41-2 条创设了刑事调解制度。在某种意义上，法国的刑事调解制度是辩诉交易程序的雏形。2004 年，法国立法者又创设了庭前认罪程序。

根据《法国刑事诉讼法典》的规定，庭前认罪程序仅适用于主刑为罚金或五年以下监禁刑的轻罪。庭前认罪程序分为四个阶段：被告人认罪、检察官提出量刑建议、被告人接受或拒绝量刑建议、法官审核。适用于被告人认罪程序的案件，被告人可以减免刑期——检察官可以建议法庭判处一个较低的刑期，该刑期不高于 1 年或者不会超过原宣告刑的一半。[3]在这个程序中，被告对自己的犯罪事实供认不讳并且愿意接受检察官的量刑建议，然后被提交至轻罪法庭，在法官审查犯罪事实的真实性以及这些犯罪事实的法律适用之后，决定是否采纳检察官的量刑建议。[4]

在被告人认罪程序中，一般情况下辩护律师可以和检察官协商被告人的刑期，该协商刑期必须得到法官的认可。这是相对较新的一个程序，在 2004 年才被法国引入，但确实使得律师在刑事司法程序中承担更加积极、更具有对抗性的角色。但是，与英、美、德等国家的交易或者协商程序相比，法国的庭前认罪程序适用范围较狭窄、合意机制较弱化，而法官审核机制比较完

[1] ABA Standards, The Defense Function, Std. 4-1.4; RPC Rule 3.6.
[2] Burger v. Kemp, 483 U.S. 776, 785-86, 107 S. Ct. 3114, 97L. Ed. 2d 638 (1987).
[3] Art. 495-8, al. 2 CPP.
[4] Art. 495-9, al. 2 CPP.

善。有学者指出，法国的庭前认罪程序"只有合意，没有交易"。[1]辩诉交易的本意是为了更有效地保障被告人利益，必须由控辩双方共同参与，这与法国刑事辩护文化传统并不一致。法国的庭前认罪程序在实践运作中也暴露出很多问题，如律师并不掌握刑罚提议的主动权，检察官与法官往往存在"事先共谋"等，这些都导致了律师对庭前认罪程序的犹豫和观望态度。

4. 德国经验

德国的刑事诉讼从分类角度看接近纠问式刑事诉讼，但其实是一个"混合型"体系。德国的许多刑事案件也在通过辩诉交易的方式达到控辩双方的合意或者半合意的结果。最初，德国辩诉交易的规模有限，并主要限于轻微的刑事案件。但随着时间的推移，也逐渐渗透到严重的案件中。直到 2005 年 3 月 3 日，德国联邦法院刑事法庭才通过判决确立了"交易"的合法性和基本原则。2009 年 1 月，德国联邦政府向联邦议院提交了联邦司法部起草的关于协商制度的立法草案，5 月该草案在德国联邦议院获得通过。2009 年 7 月，德国联邦议院正式通过了修订刑事诉讼法的议案，修订后的刑事诉讼法将辩诉交易规定于《德国刑事诉讼法典》第 257 条第 3 款中。但联邦最高法院对审判期间达成辩诉交易作出了一些限制规定：比如，辩诉交易必须在公开的审判中确定、公开和用文字记载下来；判决不是经由双方合意达成，而是取决于法庭的决定；法庭不能刻意寻求一个确定的刑期，而只能宣告一个特定的量刑幅度；法庭可以在新的事实或者法律情形发生时撤销辩诉交易等。[2]

德国"协商司法"广义上有三种形式，起诉协商、判决协商和处罚协商。狭义的协商司法仅指判决协商，判决协商主要是指法院和诉讼参与人（包括检察官、被告人、辩护人、附诉人）对诉讼进程和结果进行的协商。[3]在德国，对于协商的案件范围没有限定，原则上任何案件都可以协商解决。德国辩诉交易的基本模式是被告人于审前或庭审当中，以认罪的方式来换取法官量刑不超过某个特定的限度或检察官放弃对其的某些指控。[4]但如果法院事

---

〔1〕 施鹏鹏：《法国庭前认罪答辩程序评析》，载《现代法学》2008 年第 5 期。

〔2〕 Ed Cape、Zaza Narmoradze、Roger Smith、Taru Spronken 主编：《欧洲四国有效刑事辩护研究——人权的视角》，丁鹏等编译，法律出版社 2012 年版。

〔3〕 魏晓娜：《背叛程序正义：协商性刑事司法研究》，法律出版社 2014 年版，第 60 页。

〔4〕 M XIMO L，*From legal transplants to legal translations：The globalization of plea bargaining and the americanization thesis in criminal procedure*，Harvard International Law Journal，2004，pp. 1-64.

后撤销了协商，被告人在协商中所作的供述在随后的审判程序中原则上不能作为定罪量刑的证据使用。[1]

在德国，尽管被告人必须接受谈判的结果，但却很少被允许参与谈判，在大多数情况下，是不接受被告作为谈判方的，只有聘请律师的被告人才可以委托辩护人参加协商，进而获得减刑的机会。[2]这意味着在德国的辩诉交易中，被告人必须聘请辩护律师参与，辩护律师是启动辩诉交易的必要条件。

5. 日本经验

日本刑事协商制度又被称为合意制度，指的是检察官（司法警察）与犯罪嫌疑人、被告人在特定案件中就他人所犯之罪进行协商并签署协议书，从而给予被追诉者从宽处理的制度。该制度的逻辑起点是冤假错案的推动，目标预设是探索一种新的证据收集方法，以缓和过度依赖侦讯笔录的问题。[3]

《日本刑事诉讼法》专门设置一章规定了刑事协商，包含合意或协议的程序、审判程序的特例、合意的终了、合意履行的确保四个方面。首先，日本刑事协商制度针对的是他人所犯的特定刑事犯罪，并不是针对犯罪嫌疑人、被告人自己所犯之罪进行协商。协商的罪行和罪名有特别限制，在罪行方面，不能就法定刑为死刑、无期徒刑的案件进行协商；在罪名上，只能针对文书伪造罪、贿赂犯罪、部分财产犯罪、特别法上的财政经济犯罪、有组织犯罪等。强奸、杀人等重罪以及需要裁判员参加的案件不属于协商范围。其次，协商的主体可以是司法警察与犯罪嫌疑人协商，也可以是检察官与犯罪嫌疑人、被告人协商。赋予司法警察协商权是日本协助型协商的特色。再次，协商的内容包括三个方面：（1）根据《日本刑事诉讼法》第350条之二第1项或者第223条第1项的规定，检察官、检察事务官、司法警察讯问时认为是真实的供述；（2）作为证人受到询问时认为是真实的供述；（3）检察官、检察事务官、司法警察为收集有关证据、提出证据以及其他必要协助的情形。此外，为了保证证言的真实性，日本法务省除提出协商过程有辩护律师参与和设立虚假供述罪之外，还特别提出证言必须受到法官的严格审查。《日本刑事诉讼法》规定，只要是协商或者被协商的案件进入审判程序，检察官就有

---

[1]　Vgl. BGH 5 StR 121/96.

[2]　徐美君：《德国辩诉交易的实践与启示》，载《法学家》2009年第2期。

[3]　尹治湘：《日本刑事免责制度的最新发展及其实践》，载《司法智库》2022年第1期。

义务向法院申请调查该协议的真实性及合法性，也称之为检察官的申请证据调查义务。对于违反协议内容的，无论是检察官，还是犯罪嫌疑人、被告人都有相应的处罚措施。[1]

（二）域外经验的主要启示

上述国家的"交易"司法或"合作"司法形态各异，从整体看，欧洲国家对待辩诉交易的态度与美国也是不同的。首先，欧洲大陆国家总体上对司法中的"交易"持审慎态度，虽允许控辩协商而进行利益交换，但最严重的案件仍在禁止之列。日本的刑事协商制度虽然是针对他人所犯之罪，但从交易的范围等看，日本对协商也是持慎重的态度。而在美国的辩诉交易中并没有类似的限制。其次，"交易"司法或"协商"司法势必给检察机关带来更大的自由裁量权，但与美国辩诉交易中检察官的权力相比，欧洲、日本的检察官权力有限，而且受到的司法控制也较多。再次，欧洲、日本的法官在整个"交易"中的影响更为实质化。在德国，法官甚至可以直接参与"交易"过程，成为协商的一方"当事人"；日本为保证协商中证言的真实性，也要求证言必须受到法官的严格审查。然而在美国，法官在辩诉交易中仅是"橡皮图章"式的作用。此外，从被告人在交易中的地位和处境看，在美国，宪法权利是被告人手中最有力的筹码，因此，在交易中美国的被告人与检察官处于大致平等的地位。但是在欧洲大陆，检察官作为官僚体系中的一员，有"立席法官"之誉，这就导致立法时很难将检察官和被告人视为完全平等的当事人予以对待。即使像法国的主流刑事诉讼理论一向强调检察机关是诉讼当事人，[2]但是在法国的刑事和解程序和庭前认罪程序中，检察官掌握完全的决定权，被告人只能消极地"接受"或"否决"检察官的量刑建议，基本上没有讨价还价的余地。所以，欧洲大陆各国普遍存在辩诉交易程序适用率偏低的问题。[3]

我国的认罪认罚从宽制度具有一定的中国特色。一方面，我国的诉讼结构还属于职权主义诉讼，还是强调发现事实真相，强调对实体公正的追求，

---

[1] 尹治湘：《日本刑事免责制度的最新发展及其实践》，载《司法智库》2022年第1期。

[2] ［法］卡斯东·斯特法尼、乔治·勒瓦索、贝尔纳·布洛克：《法国刑事诉讼精义》，罗结珍译，中国政法大学出版社1999年版，第131页。

[3] 魏晓娜：《背叛程序正义：协商性刑事司法研究》，法律出版社2014年版，第77页。

所以从整体看，对协商的态度还是比较慎重的。即使犯罪嫌疑人、被告人自愿认罪认罚了，司法机关也不能降低证据标准和证明责任，强调在实体构成犯罪的前提下，进行认罪协商。另外，也没有赋予检察机关很大的自由裁量权，对犯罪嫌疑人、被告人"优惠"的空间也有限。但另一方面，我国的刑事诉讼也强调对被追诉人权利的保障，所以，我国的认罪认罚从宽制度也注重对犯罪嫌疑人、被告人认罪认罚的自愿性、控辩协商的平等性、协商的参与性、公开透明性等内容的保障，以推动认罪协商的实质化。可见，我国的认罪认罚从宽制度既不同于英美法系国家，也与大陆法系各国相区别，但在根植于本土时也暴露出了很多问题。所以，我国的认罪认罚从宽制度还需要结合实践不断修正和完善，构建独立的具有中国特色的认罪协商机制将具有重大意义。

二、协商式辩护的理念与原则

(一) 协商式辩护的理念

在协商式司法模式之下，控辩关系从紧张且不平等的对抗逐渐转向协商与合作。控辩关系发生了变化，律师的辩护方式和方法自然也要发生转变，协商式辩护将成为未来刑事辩护的一种重要方式。

协商式辩护与传统的对抗辩护虽然在方法和策略上有很大差别，但二者所要达成的诉讼目标是一致的，都是通过辩护为当事人争取到最大的合法权益。基于此目标，律师在协商式辩护中首先应当坚持权利保障的基本理念。

权利需要保障，根据国际法的相关规定，国家承担保障权利的责任。国家保障权利责任的履行，首先应以立法的形式确认个人所享有的各项权利；其次应保证任何一个被侵犯了权利或者自由的人，能得到有效的补救；再次应保证任何要求此种补救的人能由合格的司法、行政或立法当局或由国家法律制度规定的任何其他合格当局断定其在这方面的权利，并发展司法补救的可能性；最后应保证合格当局在准予此等补救时，确能付诸实施。[1]权利的司法保障最常见的方式是国家通过设置各种诉讼制度为权利提供保障。权利需要得到实现，权利被侵犯需要得到补救，这样才有意义。党的十八届四中

---

〔1〕　杨宇冠等：《完善人权司法保障制度研究》，中国人民公安大学出版社 2016 年版，第 123 页。

全会通过的《中共中央关于全面推进依法治国若干重大问题的决定》提出，"加强人权司法保障。强化诉讼过程中当事人和其他诉讼参与人的知情权、陈述权、辩护辩论权、申请权、申诉权的制度保障。健全落实罪刑法定、疑罪从无、非法证据排除等法律原则的法律制度。完善对限制人身自由司法措施和侦查手段的司法监督，加强对刑讯逼供和非法取证的源头预防，健全冤假错案有效防范、及时纠正机制"。这主要体现了刑事诉讼中的权利保障。随着人权保障理念在刑事司法领域的不断发展，在刑事诉讼中，一方面要求办案机关严格遵守法律规定，依法办案，不得对犯罪嫌疑人、被告人及其他诉讼参与人的合法权益造成不当侵害或者限制；另一方面要求在刑事诉讼过程中赋予处于弱势地位的犯罪嫌疑人、被告人一系列权利，加强对其合法权益的维护，使其与追诉机关形成平等对抗，保证刑事诉讼的实体公正和程序公正。而在犯罪嫌疑人、被告人享有的一系列权利中，辩护权贯穿诉讼的始终，是刑事被追诉人最重要的诉讼权利。因此，落实刑事司法保障就是要不断深化并完善辩护权的行使，使辩护权发挥真正的效用。法治国家在保障辩护权时着重强调辩护律师的各项权利与作用的发挥，获得律师帮助是刑事被追诉人最重要的诉讼权利。

在法治社会中，律师的作用主要体现在对公民私权利的维护，使得无罪之人不受刑事追究，有罪之人不受过当的刑罚，并在整个刑事诉讼过程中保障犯罪嫌疑人、被告人的权益不受非法侵犯。因此，在认罪协商的诉讼模式之下，辩护律师更应当树立人权保障理念。首先，辩护律师不能因为犯罪嫌疑人、被告人认罪认罚就忽略了对案件的实体审查，辩护律师还是应当先对案件的实体定性进行审查，在从法律专业角度确定构成犯罪、事实证据无争议的情况下，再选择协商合作的辩护方式。其次，辩护律师应当保障被追诉人对认罪认罚具有自愿性、明知性、明智性，协商式辩护应当是在此前提下展开的。最后，辩护律师不能一味强调配合，还是要充分发挥律师的作用，协助被追诉人与检察机关进行充分地协商，切实帮助被追诉人获取最大利益。在协商过程中，辩护律师要坚持平等协商的原则，在检察机关给出的量刑建议过高或者案件确有争议的情况下，要敢于拒绝，而非一味配合，之后再通过反复协商、沟通，争取最有利于被追诉人的结果。

此外，协商式辩护的开展还应当坚持有效辩护的理念。一个国家刑事司法制度的质量依赖于辩护律师能否真正履行好刑事辩护的职责。虽然获得律师帮助是公认的被追诉人应当享有的一项基本诉讼权利，也得到了包括国际公约、准则、文件和各国刑事立法的一致确认，但能否获得有效的律师辩护，则是另一个层面意义的问题，这不仅是中国的问题，也是世界的问题。所以，坚持有效辩护的理念，对律师履行好辩护职能、维护好被追诉人的合法权益都具有重要意义。

实践中，一说到犯罪嫌疑人、被告人认罪认罚了，往往就觉得没有什么好辩护的了，很多当事人及家属都觉得没有必要聘请律师，而律师参与辩护的热情似乎也降低了很多。但是，我们应该清楚地认识到，即使是被追诉人认罪认罚的案件，其诉讼权利也是需要保障的，辩护权是被追诉人享有的最重要、最核心的诉讼权利，所以，律师的辩护质量将直接关系到被追诉人的利益，关系到案件结果的公平公正。因此，在认罪认罚案件的辩护中也要注重辩护的有效性、注重辩护的质量，辩护律师不能因为犯罪嫌疑人、被告人认罪认罚就懈怠了自己的辩护职能，进行形式化的辩护。辩护律师还要认真做好会见、阅卷等辩护工作，扎实掌握案件事实和证据，在对诉讼作出充分准备的情况下开展协商辩护；在协商中，辩护律师应具备专业能力，与检察机关展开真正的实质协商，在协商不成时，能够给予被追诉人专业适当的法律意见，有效帮助他们作出最有利的选择。也就是说，在认罪认罚案件中，要保证被追诉人获得最大化的合法利益，同样要求辩护律师通过对辩护权的充分行使做好每一项工作，开展实质有效的协商辩护。

（二）协商式辩护的原则

在认罪认罚案件中，律师辩护的重点由定罪转向量刑，辩护的方式从对抗转为协商，但无论辩护的重点和方法发生了怎样的变化，辩护所遵循的基本原则是一致的。

首先，应当遵循"以事实为依据，以法律为准绳"的基本原则。律师进行辩护显然不能只听信当事人及其家属的只言片语、一方意见，当然也不能因为办案机关的指控就认为案件事实必然清楚、证据确实充分，律师应当通过查阅案件证据、会见当事人、调查取证等多种方式全面了解案件事实，在此基础上运用专业的法律知识对案件是否构成犯罪作出判断，并给犯罪嫌疑人、被告人提供专业的律师意见。即使被追诉人表示认罪认罚，但如果辩护律师通过对事实的了解和法律的分析，认为案件并不构成犯罪，辩护律师还是应当坚持实事求是，给当事人提供专业的意见供其选择。

其次，辩护律师应当遵循"维护当事人合法权益"的原则。《刑事诉讼法》第 37 条规定："辩护人的责任是根据事实和法律，提出犯罪嫌疑人、被告人无罪、罪轻或者减轻、免除其刑事责任的材料和意见，维护犯罪嫌疑人、被告人的诉讼权利和其他合法权益。"维护被追诉人的正当权益是刑事辩护的宗旨，在认罪认罚案件中，虽然控辩双方对实体问题没有争议，但犯罪嫌疑人、被告人能否获得最大的量刑"优惠"，其程序性权利能否得到保障，都需要通过辩护律师的帮助得以实现。辩护律师需要根据事实和法律，为犯罪嫌疑人、被告人提供是否认罪认罚的选择建议，一旦认罪认罚后，应当协助被追诉人与控方进行量刑协商，帮助被追诉人争取最轻的量刑结果。同时，也应当维护犯罪嫌疑人、被告人在认罪认罚程序中所依法享有的各项诉讼权利。

最后，辩护律师应当遵循"独立辩护"的原则。在我国的刑事诉讼中，律师可以独立自主地进行辩护活动，而不受行政机关、侦查机关、公诉机关、法院的干涉和控制，这点是没有争议的。但在与委托人的关系处理上，律师应当如何行使独立辩护权，理论和实践都还存在争议。我国的"独立辩护人理论"并没有系统的概述和总结，根据一些学者和律师的论述，大体包含以下几个方面的含义：一是律师的辩护不受委托人意志的限制；二是律师应当根据事实和法律从事辩护活动；三是律师有自己独立的人格，不是犯罪嫌疑人、被告人的附属，更不是其"代言人"。这些观点从表面看兼顾了律师职业和伦理的两个方面，即忠于委托人利益的义务与尊重事实和法律、维护公共利益的要求，但在实践中时常会产生律师与委托人之间的冲突，这与"独立辩护人理论"存在一定联系。"独立辩护人理论"过于强调律师依据事实和法律进行辩护活动，而不受委托人意志的限制，忽略了律师与委托人协商、沟通、告诫的责任，更无视辩护律师的权利来源，违背了律师作为法律代理人的职业伦理。[1] 所以，律师的独立辩护并不是绝对的，是建立在委托人授权和信任基础上的独立辩护。同样，在认罪认罚案件中，律师的独立辩护也是有前提和基础的，一方面，律师应保持专业判断上的独立性，不完全顺从委

---

[1] 田文昌、陈瑞华：《刑事辩护的中国经验》，北京大学出版社 2012 年版，序言。

托人的意志，这对有效维护委托人的利益不可或缺；另一方面，律师在辩护活动中应当严守一条职业底线，永远不得作出有损于委托人利益的言行，忠诚义务应当成为律师辩护的基本准则。基于这一"独立辩护"原则，对于犯罪嫌疑人、被告人认罪认罚的案件，辩护律师如果认为无罪，当然是可以做无罪的独立辩护，因为这既不损害被追诉人的合法利益，也是对被追诉人合法权益的有效维护。而且，需要明确的是，独立辩护权是我国刑事诉讼法赋予辩护人的一项权利，律师提出无罪辩护的意见是根据事实和法律，而不是根据犯罪嫌疑人、被告人是否认罪。但是，在认罪认罚案件中，律师坚持"独立辩护"原则时，也应当注意和委托人的充分沟通，因为一旦律师作无罪辩护，对犯罪嫌疑人、被告人在诉讼程序上的适用是有影响的，案件的审理就无法适用速裁程序或者简易程序，只能适用普通程序，诉讼时间会变长，犯罪嫌疑人、被告人在诉讼程序上从简的"优惠"就适用不了了。所以，认罪认罚案件中的"独立辩护"也一定是建立在尊重犯罪嫌疑人、被告人意愿的基础之上。

三、检察机关主导与认罪认罚协商程序的良性互动

（一）正确认识检察机关主导

在任何国家的刑事司法体系中，检察官可能都扮演着较为强势的角色。他们决定着指控哪些犯罪，指控哪些人的哪些罪行，提出量刑减让或撤销指控，以及在多大程度上去积极地寻求定罪和建议何种刑罚等。[1]随着犯罪率的不断攀升，各国刑事司法体系都面临着繁重的案件负担，为了减轻诉讼压力，各国都不同程度地引入了替代性程序，这就使得检察官在刑事诉讼中的地位更加突出，检察官的角色、职能都出现了新的变化，逐渐成为刑事诉讼的主导。

在我国，随着认罪认罚从宽制度的入法，审查起诉阶段成为认罪认罚从宽制度实施的重要环节，从《刑事诉讼法》对于认罪认罚从宽制度的设计看，是典型的以检察官主导责任为基础的诉讼制度，确立了检察官在认罪认罚从宽制度中的主导地位。2019 年的全国两会上，最高人民检察院首次将检察官

---

〔1〕　［美］Michael Tonry：《比较视角下检察制度的差异性》，郭大磊译，载《国家检察官学院学报》2018 年第 1 期。

在办理认罪认罚案件中的主导责任写入工作报告。2019 年 4 月，时任最高人民检察院检察长的张军在最高人民检察院领导干部业务讲座上指出，"从我国检察机关法律监督的宪法定位和刑事诉讼法的制度设计看，检察官在整个刑事诉讼中是承担主导责任的。这种主导责任不仅体现在庭前，而且体现在审判期间，包括审判后……"[1]2019 年 7 月，张军在大检察官研讨班的讲话中再次明确指出，要切实履行检察官在刑事诉讼中的主导责任。检察官的主导责任，反映了检察官在刑事诉讼中的角色、职能的新发展和新变化，即"从原来审前程序的主导，提升为整个刑事诉讼程序的主导"。[2]

检察机关主导责任的提出在理论上和实践中都引起了争议和讨论。特别是《刑事诉讼法》第 201 条规定了对于认罪认罚的案件，人民法院一般应当采纳人民检察院指控的罪名和量刑建议，更是引发了法院系统的不满，认为这是对法院依法独立行使审判权的动摇，也是对"审判中心"的冲击。从全国范围的司法实践看，在认罪认罚从宽制度的试点中期 2017 年 12 月，量刑建议的采纳率高达 92.1%[3]，试点末期 2018 年 9 月，量刑建议的采纳率高达 96.03%[4]；而在认罪认罚从宽制度正式入法后，2019 年 1 月至 5 月的量刑建议采纳率仅为 51.75%[5]，呈现"断崖式"下降，虽然后来有所上升，但仍然不可否认检察院和法院在"主导"和"中心"上的冲突。事实上，在传统的以侦查为中心的刑事诉讼运行机制下，检察机关通过审查批捕工作行使着实质意义上的"批捕定案权"，捕诉合一改革后，检察机关的审前主导权几乎扩张到极致，而在认罪认罚从宽制度确立后，检察机关的量刑建议权、自由裁量权又得到进一步扩张，再加之"一般应当采纳"的立法规定，确实对审判权产生了潜在的影响。因此，我们应当对"检察机关主导责任"进行重新反思和构建。

---

〔1〕 张军：《关于检察工作的若干问题》，载《人民检察》2019 年第 13 期。

〔2〕 朱孝清：《认罪认罚从宽制度对检察机关和检察制度的影响》，载《检察日报》2019 年 5 月 28 日，第 3 版。

〔3〕 周强：《关于在部分地区开展刑事案件认罪认罚从宽制度试点工作情况的中期报告——2017 年 12 月 23 日在第十二届全国人民代表大会常务委员会第三十一次会议上》，载《人民法院报》2017 年 12 月 24 日，第 2 版。

〔4〕 胡云腾：《认罪认罚从宽制度的理解与适用》，人民法院出版社 2018 年版，第 278 页。

〔5〕《最高检召开"准确适用认罪认罚从宽制度"新闻发布会》，载 http://www.spp.gov.cn/spp/zgrmjcyrzrfckzd/index.shtml，最后访问日期：2020 年 4 月 17 日。

正如樊崇义教授所讲，"在以审判为中心诉讼制度改革下，检察院首先要准确定位"。[1] 笔者认为，检察机关主导责任并不等同于检察机关说了算，不是指检察机关具有最终的决定权。从控审关系看，检察机关的主导责任应当是指检察机关充分发挥审前对案件的过滤作用，通过筛选分流，让真正存在争议的案件实现"以审判为中心"，进而检察机关在庭审中发挥指控和证明犯罪的主体作用。检察机关的"审前主导"是基于"以审判为中心的诉讼制度"之下的检察定位。"检察机关发挥主导作用的目的，就是为了使审判发挥好'中心'的作用，使案件得到依法审判、公正审判。"[2]

从控辩关系看，检察机关在认罪认罚案件中的主导，主要是指检察官在认罪协商中扮演关键性角色，量刑建议由检察官提出，但这种主导并不意味着检察官说了算，辩方对检察机关提出的量刑建议不是必然接受，控辩双方必须有一个协商的过程，而且这个协商必须是建立在控辩平等的基础之上。实践中，检察机关主导认罪认罚的提出，给控辩协商带来了一定的负面影响，检察机关一味强调自己的主导地位，而忽略了认罪认罚从宽制度中对控辩平等协商的本质要求和制度核心，检察机关的过分强势，导致了认罪认罚自愿性的危机。笔者认为，立法规定和制度设计确实突出了检察机关在认罪认罚从宽制度中的重要角色，认罪认罚从宽程序的启动、量刑建议的提出等关键环节都由检察机关发起，但这是一种责任，而非权力。这种主导主要表现在检察机关在办理认罪认罚案件时要保障犯罪嫌疑人获得有效法律帮助；要向犯罪嫌疑人释明法律，确保其了解认罪认罚的性质和法律后果；要告知犯罪嫌疑人有权约见值班律师，并为其约见值班律师提供便利；要听取犯罪嫌疑人、辩护人、值班律师的意见；要审查犯罪嫌疑人认罪认罚的自愿性；要与犯罪嫌疑人、辩护人进行量刑协商等。可以说，检察机关的主导责任体现在确保犯罪嫌疑人构成犯罪、确保指控的罪名准确、确保犯罪嫌疑人认罪认罚的自愿性、确保控辩平等协商之结果；体现在促进刑事诉讼的高效运转，对犯罪嫌疑人、被告人及时、公正处理，更好地实现打击犯罪与保障人权的诉讼目标等责任上。所以，检察机关应当树立正确的认识，清楚理解检察机关

---

[1]　陈光中、樊崇义：《以审判为中心与检察工作》，载《国家检察官学院学报》2016 年第 1 期。

[2]　朱孝清：《认罪认罚从宽制度中的"主导"与"中心"》，载《检察日报》2019 年 6 月 5 日，第 3 版。

主导认罪认罚的含义，高度负责，履行义务，保障好律师的执业权利，处理好与法院的关系，防止检察官对司法权力的滥用，避免与审判权的冲突和对辩方权利的挤压。

此外，从刑事辩护的角度看，检察机关主导认罪认罚其实也就意味着认罪认罚案件审查起诉环节的重要性，这也就要求律师的辩护工作应当向审前转移，强化和重视审前辩护，这也对律师辩护的方式和技术提出了新的更高要求。

（二）重视程序辩护

认罪认罚从宽制度作为刑事诉讼中的一项新制度，其给被追诉人带来的不仅是实体量刑上的从宽"优惠"，更有程序上的选择权和程序适用简化的便利。在认罪认罚案件中，犯罪嫌疑人已经自愿认罪认罚，控辩双方的协商都是建立在对案件实体定性没有争议的前提下，所以，协商性辩护的重点在于量刑辩护和程序辩护，辩护的重心也前移至审前，而非局限于审判程序中。在构建的独立认罪认罚协商诉讼程序中，辩护律师除了关注量刑辩护外，也应当重视程序辩护对被追诉人权利的影响，进而重视程序辩护对量刑所带来的影响，强化程序辩护，以更好地为被追诉人争取最大的利益。

这里所说的程序辩护是泛指一切以刑事诉讼程序为依据的辩护，主要是辩方通过提出有关程序性的申请，促使司法机关作出裁决，从而保障被追诉人诉讼权利的实现。具体包括以下方面：（1）基于犯罪嫌疑人、被告人自愿认罪认罚，作为是否具有社会危险性的重要考虑因素，向人民检察院、人民法院申请对被追诉人变更强制措施。被追诉人一旦被变更为非羁押性强制措施，将有助于后续争取更轻的量刑结果。（2）对于犯罪情节轻微的刑事案件，在犯罪嫌疑人自愿认罪认罚后，向检察机关提出不起诉的建议。（3）帮助被追诉人作出程序选择建议。按照目前《刑事诉讼法》的规定，认罪认罚的案件可以适用速裁程序、简易程序或者普通程序，作为认罪认罚的"优惠对价"，被追诉人可以选择适用简化的诉讼程序。如果辩方对协商结果非常满意，那辩护律师应当建议被告人选择适用速裁程序或简易程序，以便快速了结案件，消除诉讼给当事人带来的压力和焦虑；但如果虽然控辩达成了一致的协商意见，但辩护律师对案件的定罪或者量刑持有不同意见，认罪认罚具结书的签署是一种策略的选择，那么，在这种情况下，辩护律师可以建议被告人选择适用普通程序，通过辩护人的独立辩护为被追诉人争取更好的结果。在构建的独立认罪认罚协商诉讼程序中，法庭审理主要是针对认罪的自愿性和对量刑建议的审查，所以，在程序的设置中，量刑建议的审查需要细化，需要控辩双方对关于量刑的证据进行举证质证，并就量刑展开辩论，这个环节是不能简化的。也就是说，认罪协商程序独立化后，对于被追诉人而言不存在程序选择的问题，但如果辩方对协商结果无任何异议且满意的话，可以申请量刑审查环节的简化审理。

四、值班律师地位与职能的实质化、独立化

在我国，值班律师制度是舶来品，而且我国的值班律师制度也并不是从认罪认罚从宽制度实施后才开始。我国有关值班律师问题的讨论由来已久，但真正以法律形式提出，是在 2014 年 6 月 27 日第十二届全国人民代表大会常务委员会第九次会议通过的《全国人民代表大会常委会关于授权最高人民法院、最高人民检察院在部分地区开展刑事案件速裁程序试点工作的决定》中。最高人民法院、最高人民检察院、公安部、司法部制定的《关于在部分地区开展刑事案件速裁程序试点工作的办法》第 4 条规定："建立法律援助值班律师制度，法律援助机构在人民法院、看守所派驻法律援助值班律师。犯罪嫌疑人、被告人申请提供法律援助的，应当为其指派法律援助值班律师。"这是我国首次在法律文件上提出建立法律援助值班律师制度。

2016 年 7 月 20 日最高人民法院、最高人民检察院、公安部、国家安全部、司法部联合发布《关于推进以审判为中心的刑事诉讼制度改革的意见》，该意见第 20 条〔1〕再次提出建立法律援助值班律师制度。同年 9 月，十二届全国人民代表大会常委会第二十二次会议通过《授权决定》，授权在北京等 18 个地区开展刑事案件认罪认罚从宽制度试点。最高人民法院、最高人民检察院会同公安部、国家安全部、司法部于 2016 年 11 月印发《关于在部分地区开展刑事案件认罪认罚从宽制度试点工作的办法》，该办法在之前提出的建立法律援助值班律师制度的基础上，以认罪认罚案件为试点，细化了值班律师的工作职责和内容。

---

〔1〕《关于推进以审判为中心的刑事诉讼制度改革的意见》第 20 条，建立法律援助值班律师制度，法律援助机构在看守所、人民法院派驻值班律师，为犯罪嫌疑人、被告人提供法律帮助。

2017 年 6 月 27 日，最高人民法院、最高人民检察院、公安部、国家安全部、司法部联合发布《关于办理刑事案件严格排除非法证据若干问题的规定》，这一规定进一步明确了值班律师的工作内容。同年 8 月，最高人民法院、最高人民检察院、公安部、国家安全部、司法部联合印发《关于开展法律援助值班律师工作的意见》，推进法律援助值班律师工作部署，并明确了法律援助值班律师的工作职责、内容，法律援助值班律师的运作模式，并对法律援助值班律师的工作纪律作出了要求。这是我国从提出建立法律援助值班律师制度后，对值班律师制度作出的比较系统的规定。

2017 年 10 月，最高人民法院、司法部联合印发了《关于开展刑事案件律师辩护全覆盖试点工作的办法》，规定"适用简易程序、速裁程序审理的案件，被告人没有辩护人的，人民法院应当通知法律援助机构派驻的值班律师为其提供法律帮助"。该办法再次推动了值班律师制度的构建。

2018 年 10 月 26 日，第十三届全国人民代表大会常务委员会第六次会议决定对《刑事诉讼法》作出修改，修改后的《刑事诉讼法》[1]将"值班律师制度"写进法律，规定了值班律师的定位、职责、权利等，标志我国值班律师制度的正式确立。

从以上我国值班律师制度形成的过程看，该制度的构建是从审判程序开始的，最初是在速裁程序中引进。速裁程序强调诉讼效率，但在提高诉讼效率的同时，也不能忽视对被告人权益的保障，不能牺牲公平正义。值班律师的介入，在一定程度上能够促使效率与公正、效率与权利保障等不同诉讼价值相平衡，于是值班律师应运而生。此后，我国值班律师制度主要是在法院、检察院层面推进，在诉讼程序的最初阶段，即案件侦查阶段，并没有实质性推动值班律师的介入。

认罪认罚从宽制度正式确立后，值班律师成为参与认罪认罚案件辩护的重要力量，成为认罪认罚从宽制度得以运行的重要配套措施。但是，从司法实践看，值班律师发挥作用的效果甚微，在认罪认罚案件中并未起到实质有

---

　　〔1〕《刑事诉讼法》第 36 条规定，"法律援助机构可以在人民法院、看守所等场所派驻值班律师。犯罪嫌疑人、被告人没有委托辩护人，法律援助机构没有指派律师为其提供辩护的，由值班律师为犯罪嫌疑人、被告人提供法律咨询、程序选择建议、申请变更强制措施、对案件处理提出意见等法律帮助。人民法院、人民检察院、看守所应当告知犯罪嫌疑人、被告人有权约见值班律师，并为犯罪嫌疑人、被告人约见值班律师提供便利。"

效的帮助作用，与美好的制度设计初衷相去甚远。值班律师制度之所以在我国的司法运行中出现诸多问题，究其原因主要是以下几个方面：一是，我国的值班律师制度与英美等域外国家的值班律师制度存在本质差异，我国的值班律师制度是作为诉讼程序改革的配套措施而构建起来的，而英美国家则是为了解决"最初一公里"律师缺位问题而产生的。也就是说，值班律师制度的本源是"应急性"的角色定位，而我国的值班律师却承载了更多的辩护功能。二是，我国立法对值班律师的构建，一方面希望借鉴域外经验，将值班律师定义为"提供法律帮助的人"，定位在一种"应急性"法律服务；但另一方面又希望通过值班律师覆盖整个刑事辩护，覆盖现行法律援助未涉及的空白之地，提高刑事辩护率，更好地保障被追诉人权利。但这两种制度设计的思路对值班律师身份定位显然不同，必然引发司法实践对值班律师定位不清晰、职责不明确等一系列问题。三是，我国值班律师数量有限，配备不足。当前，认罪认罚从宽制度的适用率已经达到 80% 以上，有些地方甚至更高。按照法律规定，犯罪嫌疑人认罪认罚的案件必须有律师的参与，但我国律师数量有限，再加之值班律师的经费保障不足，很难调动广大社会律师参与，值班律师很难为犯罪嫌疑人、被告人提供"一对一"的法律帮助，大多数值班律师在认罪认罚案件中仅是充当了"见证人"的角色，法律帮助流于形式。四是，《刑事诉讼法》赋予值班律师的权利在实践中不具操作性。《刑事诉讼法》虽然将值班律师定位为"提供法律帮助的人"，但却赋予了值班律师部分辩护人的权利，比如会见权、阅卷权，因为认罪协商工作属于实质性的辩护工作，不是简单的法律帮助可以实现的，律师必须通过会见、阅卷等途径充分了解案件情况后，才能给犯罪嫌疑人提供专业的法律意见，才能协助犯罪嫌疑人与检察机关进行认罪协商。但是，值班律师虽然有部分辩护人的权利，但实践中却没有实现这些权利的客观条件，这也是造成值班律师参与协商不足，法律帮助缺乏有效性的重要原因之一。

所以，我们应当对我国的值班律师制度进行重新审视，对参与认罪协商的律师身份进行重新定位。首先，立足于现行法律对值班律师的定位，值班律师是"提供法律帮助的人"，而非"辩护人"。从现行《刑事诉讼法》的规定看，值班律师不仅承载了参与认罪认罚案件辩护的工作，同时，值班律师还有为没有委托辩护人，没有得到法律援助机构指派律师提供辩护的犯罪嫌疑人、被告人提供法律咨询等职能，这就与值班律师的本源定位是一致的。值班律师就是为犯罪嫌疑人、被告人提供应急性法律服务，特别是在犯罪嫌疑人被采取强制措施之初，没有任何辩护律师介入时，由值班律师通过电话或者会面的方式为犯罪嫌疑人提供法律咨询和帮助，保障犯罪嫌疑人、被告人有权获得法律帮助，而非获得充分的法律帮助。

其次，认罪认罚从宽制度得以运行的前提是被追诉人自愿认罪认罚，而律师参与则是自愿性保障的必要条件，是认罪认罚从宽制度存在的正当性保障。从立法规定及司法实践看，认罪认罚从宽制度运行的关键环节是审查起诉阶段，其核心是认罪协商，这就要求律师要协助犯罪嫌疑人与检察官进行协商谈判。那么，要达到有效的协商，律师就要充分掌握案件的所有信息，并努力发现、收集对犯罪嫌疑人有利的证据或线索，这样就得赋予律师会见权、阅卷权、调查取证权等辩护权利，律师才可能通过对辩护权的行使为协商做好充分的准备，才能获取与控方协商的资本。所以，无论是《刑事诉讼法》关于审查起诉阶段的法律规定，还是从认罪协商的具体工作内容看，律师参与审查起诉阶段的认罪认罚就是在进行实质性的辩护工作，而非简单的法律帮助，审查起诉阶段参与认罪认罚的律师必须是"辩护人"。

最后，明确了律师在审查起诉阶段参与认罪认罚是在履行辩护工作，参与的律师必须具有"辩护人"的身份后，我们就要对值班律师进行重新定位，所以就有学者提出对值班律师进行"辩护人化"的改革主张。[1]但是，笔者认为，我国已经存在法律援助律师，法律援助律师提供的就是辩护工作，而值班律师本身也是一种法律援助，如果赋予其辩护人的身份，则与法律援助律师并无实质区别。笔者主张，值班律师应当保留其"本源"定位，即"应急性"的"法律帮助者"，在案件进入每个不同诉讼程序之初，在犯罪嫌疑人、被告人还不清楚可以申请法律援助，或者还没有通知到其家属委托律师之前，应该通知值班律师为其提供法律帮助；对于认罪认罚案件，应当由法律援助律师或者委托律师参与，为犯罪嫌疑人提供实质性法律服务，履行辩护人的职责，推动值班律师向法律援助律师的转换。

值班律师制度的最大价值在于侦查阶段的介入，特别是刑事诉讼程序启

---

[1] 谭世贵、赖建平：《"刑事诉讼制度改革背景下值班律师制度的建构"研讨会综述》，载《中国司法》2017年第6期。

动的"最初一公里"，律师的参与是对犯罪嫌疑人权利的最大保障，是程序正义的体现，我国值班律师制度的完善发展应朝此方向推进。

五、法律援助律师的有效参与

目前在司法实践中，参与认罪认罚案件的律师有三类：值班律师、法律援助律师和委托律师。根据《刑事诉讼法》第174条的规定，"犯罪嫌疑人自愿认罪，同意量刑建议和程序适用的，应当在辩护人或者值班律师在场的情况下签署认罪认罚具结书。"也就是说，审查起诉阶段的认罪认罚案件必须有律师的参与。

除了委托律师和值班律师外，法律援助律师同样也会参与认罪认罚案件的辩护工作。根据《刑事诉讼法》的规定，经济困难的犯罪嫌疑人如果没有委托辩护人的，可以向法律援助机构申请；犯罪嫌疑人如果是盲、聋、哑人，或者是尚未完全丧失辨认或者控制自己能力的精神病人，或者是可能被判处无期徒刑、死刑，或者是未成年人，没有委托辩护人的，人民检察院应当通知法律援助机构指派律师为其提供辩护。也就是说，如果是上述人员在案件审查起诉阶段表示自愿认罪认罚的，就应当由法律援助机构指派的律师为其提供认罪协商的辩护工作。

法律援助律师具有"辩护人"的身份，其享有《刑事诉讼法》赋予辩护人的一切辩护权利。所以，从理论上讲，法律援助律师相比值班律师在认罪认罚案件中应当更能有效发挥辩护作用，但实践中，法律援助律师办理认罪认罚案件也存在一定问题。

（一）提高法律援助律师的办案质量

司法实践中法律援助律师办理认罪认罚案件不尽职、不尽责，走过场的情形时有发生，这大大削弱了法律援助制度设置的意义，辩护权没有得到发挥，犯罪嫌疑人、被告人的利益也不能得到有效维护，造成国家司法资源的浪费。究其原因，一是，法律援助律师补助过低，无法调动有经验的资深律师参与案件的办理。虽然近些年来各地都在不同程度地提高办理法律援助案件的补贴额，但与委托案件的收入相比仍只是"杯水车薪"，且在一些地方还存在补贴难以覆盖办案成本的情况；而近些年来，涉黑涉恶案件的增加，也不断出现法律援助的需求，但这样的案件涉案人员多，有些案件的卷宗材料多达上百册甚至上千册，单是复制打印卷宗的成本就远远超出办案补贴，这些都极大地挫伤了律师的工作热情和积极性。

二是，法律援助律师数量有限，人员能力良莠不齐。目前法律援助律师主要是法律援助机构的律师和社会律师，但随着公共法律服务机构的改革，法律援助机构更多承载了管理的职能，参与办理的人员也在减少。笔者在调研中了解到某省律师参与认罪认罚的数据情况：在该省检察机关适用认罪认罚从宽制度审结的案件中，共有 46 468 人／次的辩护人及值班律师参与（见表3），占总数比重的 85.6%（如表3所示，2019 年共有 22 684 人／次的辩护人及值班律师参与，占总数比重的 83.69%；2021 年 1—8 月共有 23 720 人／次的辩护人及值班律师，占总数比重的 88.04%）。其中，值班律师提供法律帮助 39 020 人，占总数比重的 84%，犯罪嫌疑人自行委托辩护人及司法机关指定辩护人提供法律帮助占总数比重的 16%，共有 314 人不需要签署认罪认罚具结书，占总数比重的 0.58%。

表3 辩护人及值班律师参与认罪认罚情况

时间	人／次	占总数比重
2018 年 11 月—2020 年 8 月	46 468 人／次	85.6%
2019 年	22 684 人／次	83.69%
2020 年 1—8 月	23 720 人／次	88.04%

类型	人数	占总数比重
值班律师提供法律援助	39 020 人	84%
自行委托及指定辩护	8662 人	16%
不需签署认罪认罚具结书	314 人	0.58%

这些数据也充分说明了目前法律援助律师参与认罪认罚案件的办理较少，认罪认罚案件主要依靠值班律师的参与，难以发挥辩护的效果。而且即使有法律援助律师办理认罪认罚案件，也以年轻律师居多，他们缺乏办案经验和职业能力，对犯罪嫌疑人、被告人提供有效高质的法律帮助的能力也相对有限。

三是，法律援助机构对办理法律援助案件没有设立相应的质量标准，对法律援助律师办案的质量缺乏全面的监督，导致法律援助案件的质量得不到应有的保障。对于认罪认罚的案件，法律援助律师更是缺乏足够的重视，存在"当事人都认罪了，就简单了事"的心态，造成了认罪认罚案件中法律援助服务质量的下降。

因此，未来在认罪认罚案件中也要强化法律援助律师的办案质量，提升法律援助的服务质量，以加强对被追诉人的权利保障。笔者建议如下：第一，要提高法律援助案件的办案补贴，提升律师参与办理法律援助案件的积极性，吸引更多资深律师参与办案，从总体上提升法律援助的服务质量。第二，提高法律援助律师的责任意识，培养他们尽职尽责的工作态度，同时要让法律援助律师正确认识到律师参与认罪认罚的重要性和必要性，认识到审前辩护的意义和价值，促使法律援助律师真正履行辩护职责。在认罪协商前，通过会见、阅卷全面了解案情，为当事人提供专业的法律意见，协助其做出是否认罪认罚的选择，同时搜集有利于当事人的证据，为认罪协商做好充分准备；在认罪协商中要积极主动，与检察官充分地协商和沟通，帮助犯罪嫌疑人"讨价还价"，为其争取最"优惠"的量刑。杜绝流于形式的辩护和敷衍了事的现象发生。第三，建立法律援助律师办理认罪认罚案件的最低质量标准，以及法律援助机构对办案质量的考核机制，确立奖惩机制，对不合格的法律援助律师要及时淘汰。

（二）扩大法律援助的范围

我国目前的刑事法律援助对象范围过窄，主要是针对因经济原因无力聘请辩护律师，以及盲、聋、哑人，精神病人，可能被判处无期徒刑、死刑或者未成年人。而实践中，因为容易忽略经济困难人员的法律援助申请，所以导致法律援助的范围基本限于上述七类人群，刑事法律援助覆盖的范围较小。这也就使得法律援助律师参与认罪认罚的面受限，只有符合法律援助条件的犯罪嫌疑人认罪认罚了，才会有法律援助律师参与辩护，而其他的案件即使犯罪嫌疑人没有委托律师，参与认罪认罚辩护的也只能是值班律师。所以，为了保障认罪认罚案件的辩护质量，保障犯罪嫌疑人获得有效的辩护，笔者建议，一方面扩大刑事法律援助的范围，使更多的刑事被追诉人尤其是人身自由可能受到限制或者被剥夺的刑事被追诉人及时获得律师的帮助，这样就有更多认罪认罚案件可以得到法律援助律师的帮助，由具有辩护人身份的律师参与，更能够保障认罪认罚案件的辩护质量。另一方面，将审查起诉阶段的认罪认罚案件直接纳入法律援助的范畴，推动值班律师向法律援助律师的转换；实行法律援助服务分级，初级的法律咨询由值班律师完成，高级的辩护工作由法律援助律师承担，通过分级服务提升法律援助的服务质量。

六、辩护律师充分全面参与协商

根据《刑事诉讼法》第 37 条的规定，辩护律师的责任就是根据事实和法律，提出犯罪嫌疑人、被告人无罪、罪轻或者减轻、免除其刑事责任的材料和意见，维护犯罪嫌疑人、被告人的诉讼权利和其他合法权益。同样，在认罪认罚从宽制度中，虽然控辩双方对定罪已经不存在争议，但辩护人仍然要从罪轻、减轻或者免除刑事责任的角度，提出证据和意见，以维护被追诉人的合法权益，帮助被追诉人争取最优惠的量刑结果。所以，辩护律师在刑事诉讼中的功能地位，从与被追诉人的内部关系看，应当是"被追诉人合法权利的维护者"；从与公安司法机关的外部关系看，应当是"诉讼程序的监督者"。但是，基于认罪认罚案件的特殊性，在对辩护律师的功能定位上，还应当强化其"量刑结果的协商者"这一功能。

认罪认罚案件不同于不认罪的案件，在认罪认罚案件中，认罪认罚是前提，从宽是结果，如果没有从宽的"优惠"，很难想象犯罪嫌疑人、被告人会主动认罪认罚。所以，引入控辩协商机制几乎是认罪认罚程序逻辑上不可回避的制度选择。[1] 认罪认罚从宽制度中的关键是认罪协商，核心是量刑建议，而协商的前提就是地位平等和信息对称。因犯罪嫌疑人大多处于被羁押的状态，加之又缺乏专业的法律知识，且自身没有阅卷权，从而很难获得全面的信息，如果仅凭自己的知识结构和对案件信息的掌握程度，难以保证不会受到检察官的威胁、引诱和欺骗，从而接受对其未必公平的量刑结果，所以认罪认罚的案件必须要有辩护律师的参与。这就要求辩护律师要全面掌握案情，同时还要主动发现和创造对被追诉人有利的证据。因此，不仅要保障辩护律师充分的会见权、阅卷权，更重要的是强化辩护律师的调查取证权，

---

〔1〕 参见谭世贵：《完善认罪认罚从宽制度的思考》，载《中国社会科学报》2016 年 7 月 6 日，第 5 版。

通过调查取证使辩护人获取更多的对量刑协商有利的证据，才能在协商中有可谈判的空间，这样才能最大限度地维护当事人的合法权益。

当然，在认罪认罚案件中，辩护律师也是要以维护当事人合法权益为目标，同时也要对公权力进行监督，防止检察官在认罪协商中滥用权利，挤压辩护权，损害被追诉人的利益。但还是要突出和强化认罪认罚案件辩护的核心功能——量刑协商，这也是认罪认罚案件辩护的特殊性。辩护律师应当加强协商技能的训练，提高协商的能力，以实现认罪认罚案件中的有效辩护。

第五章

认罪认罚案件的程序正义保障机制

认罪认罚从宽制度与刑事辩护制度都是刑事诉讼中的重要制度。随着我国认罪认罚从宽制度的落地实施，这种改革被学者称为"放弃审判制度"，由此带来了对刑事诉讼理念、原则的冲击以及刑事法律制度的内在冲突。"放弃审判制度"在大部分程序中取消了以直接言词原则为核心的证据调查，引起了对实质真实原则、罪刑法定原则、无罪推定原则等的动摇。在追求案件实质真实发现方面，"真实符合论"让位于"真实共识论"，刑事诉讼制度发生了根本性的变革。[1]我国的认罪认罚从宽制度也带来了刑事诉讼制度的结构性变革，所以，为了夯实其正当性的基础，自然离不开刑事辩护的高质量发展，加强辩护职能，提高当事人参与诉讼的能力，完善控辩协商机制，将现有认罪认罚从宽制度中的刑事辩护功能加以完善落实，是认罪认罚从宽制度持久良性运行的有力保障。

第一节 被追诉人诉讼权利的保障

认罪认罚从宽制度的基本参与主体就是被追诉的当事人与公诉机关。那么，被追诉人作为参与控辩协商的一方主体，其享有的诉讼权利、参与诉讼的能力，以及对其诉讼权利的保障，都决定了被追诉人在认罪认罚中的真正主体地位和参与程度，决定了认罪认罚从宽程序的公正性以及权利保障价值的落实。"无论是从保障被告人权利的角度，还是从与刑事司法内在的真实主义相协调的角度，被告人的程序处分权都必须正确而公正地行使。"[2]目前，

---

〔1〕 熊秋红：《比较法视野下的认罪认罚从宽制度——兼论刑事诉讼"第四范式"》，载《比较法研究》2019年第5期。

〔2〕 〔日〕田口守一：《刑事诉讼的目的》，张凌、于秀峰译，中国政法大学出版社2011年版，第217页。

《刑事诉讼法》及《指导意见》均就犯罪嫌疑人、被告人在认罪认罚中的诉讼权利作出了规定，如获得律师帮助的权利，自愿认罪认罚的权利，向检察机关表达意见的权利，与检察机关进行量刑协商的权利，程序选择的权利，签署或者拒绝签署认罪认罚具结书的权利，对认罪认罚反悔、撤回的权利，上诉的权利等。我们姑且不去讨论对当事人诉讼权利的增加或重构，当下，如何让现有权利落地执行，是推动制度前行的首要问题。

一、知情权

知情权是指，犯罪嫌疑人、被告人有权知晓其在刑事诉讼中所处的诉讼地位、享有的诉讼权利，以及其他与案件有关的信息。如果犯罪嫌疑人、被告人不能充分知晓这些信息，就难以形成正确的判断，自然会影响到其认罪认罚的自愿性。

通过《刑事诉讼法》规定国家机关的告知义务来保障犯罪嫌疑人、被告人的知情权。强化国家机关的告知义务，有助于犯罪嫌疑人、被告人正确行使诉讼权利，实现程序正义。正像德国学者威尔弗莱德·勃特克所说，"公正的诉讼程序为被告提供及时的、可理解的、与其权利有关的特殊信息。它们能使被告预先知道其供述或其他任何可能的行为引发的所有诉讼上的后果，并在其满意的情况下使它们平衡"。[1]

对国家机关的告知义务，法律上根据不同的诉讼阶段作出了相应的规定。目前，侦查阶段的认罪认罚只是一种概况性的认罪认罚，并不启动认罪协商程序，但越早认罪认罚，从宽的幅度就越大。所以，侦查机关的告知义务是概况性的。《刑事诉讼法》第 120 条第 2 款规定，侦查人员在讯问犯罪嫌疑人的时候，应当告知犯罪嫌疑人享有的诉讼权利，如实供述自己罪行可以从宽处理和认罪认罚的法律规定。《指导意见》第 23 条规定，公安机关在侦查阶段应当同步开展认罪教育工作，但不得强迫犯罪嫌疑人认罪，不能作出具体的从宽承诺。犯罪嫌疑人自愿认罪，愿意接受司法机关处罚的，应当记录在案并附卷。

侦查阶段的认罪认罚虽然不具有启动程序的功能，但却影响到犯罪嫌疑

---

〔1〕　江礼华、〔加〕杨诚主编：《外国刑事诉讼法制度探微》，法律出版社 2000 年版，第 47 页。

人未来量刑从宽的幅度，所以，侦查机关告知义务是否履行到位，直接影响到犯罪嫌疑人能否正确行使自己的诉讼权利，能否及早认罪认罚以争取最好的处罚结果。所以，完善侦查机关的告知义务应当做到以下几点：（1）将《犯罪嫌疑人权利义务告知书》与《认罪认罚从宽处理告知书》合并为一份权利义务告知书，在对犯罪嫌疑人第一次讯问时进行统一告知。也就是说不论犯罪嫌疑人是否表示认罪认罚，在进行权利义务告知时，都应当涉及认罪认罚的相关内容。（2）增加统一后的权利义务告知书的内容，除目前对基本诉讼权利、诉讼程序的告知外，还应当增加对犯罪嫌疑人所涉嫌罪名及法律规定的告知，增加对认罪认罚法律规定及从宽幅度的释明，增加对认罪认罚后诉讼程序可能变化的说明。（3）保障认罪认罚的犯罪嫌疑人获得值班律师帮助的权利。只要犯罪嫌疑人表示认罪认罚，就应当指派值班律师为其提供法律帮助，以确保其认罪认罚的自愿性。

审查起诉阶段是认罪认罚的核心环节，在这个阶段，犯罪嫌疑人如果表示认罪认罚，就要启动认罪认罚从宽程序，控辩双方要展开量刑协商，达成一致后，犯罪嫌疑人要签署认罪认罚具结书。审查起诉环节是认罪认罚的实质确认环节，它在很大概率上决定犯罪嫌疑人最终的处罚结果，所以，检察机关的告知义务就显得更为重要。《指导意见》第 26 条规定，"案件移送审查起诉后，人民检察院应当告知犯罪嫌疑人享有的诉讼权利和认罪认罚的法律规定，保障犯罪嫌疑人的程序选择权。告知应当采取书面形式，必要时应当充分释明"。在审查起诉阶段，告知的重要性在于犯罪嫌疑人只有充分理解被指控的罪名及法律规定，理解认罪和不认罪所带来的法律后果，理解认罪认罚的实质意义及此后的程序走向，才能确保其认罪认罚的自愿性、明知性及明智性，保障认罪认罚的稳定性，真正实现认罪认罚从宽制度设置的价值目标。所以，完善审查起诉阶段检察机关的告知义务，还应当在以下几个方面予以特别注意：（1）完善检察机关告知的内容。审查起诉阶段的告知，除了告知犯罪嫌疑人所享有的诉讼权利外，重点还应当包括检察机关指控的具体罪名、罪名的法律解释及法定刑期；指控所依据的事实、证据及相关法律规定；犯罪嫌疑人认罪认罚后检察机关拟提出的具体量刑建议、刑罚执行方式及其他从宽的政策；犯罪嫌疑人认罪认罚后，案件拟适用的诉讼程序；法庭审理可能简化的环节，可能产生的后果；犯罪嫌疑人签署认罪认罚具结书的法律后果等。（2）告知应采用书面形式，让犯罪嫌疑人签字确认，同时明确提出检察机关对犯罪嫌疑人的法律释明义务，也就是要求检察机关对专业法律问题使用通俗易懂的语言给犯罪嫌疑人解释清楚，以确保犯罪嫌疑人对法律的正确理解，确保其认罪选择的自愿和明知。（3）确立证据开示制度，实现控辩信息的对称，保障犯罪嫌疑人的知情权和认罪认罚的真实自愿性。

在审判阶段，被告人认罪认罚一般是对审查起诉阶段签署认罪认罚具结书的一种再确认。但如果被追诉人之前没有作过认罪认罚，那么在审判阶段被追诉人依然可以作认罪认罚，只不过不会启动认罪认罚从宽程序，而是将被告人认罪认罚作为法院量刑从宽的一个考量因素。根据《指导意见》第39条的规定，"办理认罪认罚案件，人民法院应当告知被告人享有的诉讼权利和认罪认罚的法律规定，听取被告人及其辩护人或者值班律师的意见"。如果被告人在审查起诉阶段做过认罪认罚，并签署了认罪认罚具结书，那么审判阶段的重点是审查认罪认罚的真实性、自愿性，这时法院对被告人的告知应重点在认罪认罚的法律规定、法律后果，法庭审理程序的简化，法院对检察院量刑建议的处理等，通过以上告知确保被告人在明知一切可能后果的情况下自愿认罪认罚。如果被告人之前没有认罪认罚，法院在开庭时也应当对被告人作出告知，此时的告知重点则应当在指控犯罪一旦成立可能面临的处罚后果、认罪认罚后拟量刑从宽的幅度、认罪认罚后可能出现的程序转换、庭审的简化等。

二、程序选择权

程序选择权体现了犯罪嫌疑人、被告人从程序客体到程序主体的角色转变。在封建纠问式诉讼中，被追诉人完全处于没有任何诉讼权利的纠问客体地位，在刑事诉讼中不能作出应有的防御。直到19世纪，被追诉人在程序上逐渐有了独立的、与检察官及法官平等的法律地位，程序主体理论逐步形成。之后，随着被追诉人所拥有的诉讼权利不断增加，其作为程序主体的诉讼角色得到了巩固。尊重和维护被追诉人的程序主体地位，既是尊重和保障其权利的基础和核心，也是刑事辩护制度得以建立的内在根据。在我国，刑事诉讼立法中已明确被追诉人所享有的辩护权，以及以辩护权为核心的一系列诉讼权利，这就是程序主体理论的体现。认罪认罚从宽制度是以作为诉讼主体的控辩双方进行自愿合意为核心理念，控辩双方可以平等对话、平等协商，就量刑展开积极交涉，以促成最终的合意。为此，要求"对犯罪嫌疑人或被告人的程序性权利予以充分的考虑，以使其能够在自主行动的基础上，通过对诉讼程序（商谈和交涉）的有效参与来对诉讼结果施加充分的影响"。[1] 此外，认罪认罚从宽制度是以犯罪嫌疑人、被告人自愿认罪认罚为前提，通过"让渡"实体权利，换取国家给予的"优惠"，这种"优惠"不仅是实体上的从宽，也包括程序上的从简，所以，在认罪认罚案件中，控辩双方协商的不仅是量刑，也应当包括程序的适用。因此，无论是从程序主体理论看，还是根据认罪认罚从宽制度本身所蕴含的意义，都应当保障犯罪嫌疑人、被告人的程序选择权。

犯罪嫌疑人、被告人的程序选择权包括在不同诉讼阶段的程序选择权，以及适用速裁程序、简易程序、普通程序的选择权。根据《指导意见》的规定，犯罪嫌疑人在侦查阶段认罪认罚的，公安机关如果认为案件符合速裁程序适用条件的，可以在起诉意见书中建议人民检察院适用速裁程序，公安机关应当快速办理案件；犯罪嫌疑人在审查起诉阶段认罪认罚的，人民检察院也可以适用速裁程序办理案件。也就是说，其实犯罪嫌疑人在侦查阶段、审查起诉阶段作出认罪认罚后，都是可以和办案机关协商简化诉讼程序，让案件快速进入下一个诉讼阶段；在审查起诉阶段的量刑协商中，也是可以就法院阶段的程序适用提出自己意见的。但目前的实践中，程序的适用基本都是办案机关自行决定，而办案机关大多是根据自身工作时间的需要而决定适用什么程序，决定办案期限的长短，并没有体现因为认罪认罚而给予被追诉人的程序"优惠"，也没有落实被追诉人就程序适用与办案机关进行协商、选择的权利。

所以，要在现有法律规定的框架内落实犯罪嫌疑人、被告人的程序选择权，就应当做好如下几点：（1）加强各诉讼阶段办案机关对犯罪嫌疑人、被告人有关程序适用内容的权利告知，让他们对程序选择权有明确认知。（2）犯罪嫌疑人在侦查阶段、审查起诉认罪认罚的，办案机关应当听取他们对本阶段适用程序的意见。（3）审查起诉阶段，对于认罪认罚的案件，控辩双方也

---

〔1〕 姚莉、詹建红：《刑事程序选择权论要——从犯罪嫌疑人、被告人的角度》，载《法学家》2007 年第 1 期。

应当就法庭审理程序的适用进行协商，犯罪嫌疑人选择适用普通程序审理的，检察机关不得以此为由拒绝适用认罪认罚从宽制度，或者变相强迫犯罪嫌疑人同意快速审理才签署认罪认罚具结书，而是应当按照适用普通程序的建议，与其签署认罪认罚具结书。对于可能判处三年有期徒刑以下刑罚的案件，犯罪嫌疑人既可以选择适用简易程序，也可以选择适用速裁程序，检察机关在提出适用程序建议时，应当充分征求犯罪嫌疑人及其辩护人的意见。"犯罪嫌疑人是否同意适用某一审判程序并不是适用认罪认罚从宽制度的必要条件，即认罪认罚从宽制度并不剥夺、限制犯罪嫌疑人选择审判程序的权利。"[1]

三、反悔权

司法实践中，犯罪嫌疑人认罪认罚后又反悔的情况时有发生，对此应当如何处理，刑事诉讼法并没有明确规定。

所谓"反悔"，《法律文书大词典》将其解释为，"不承认自己以前的允诺"。认罪认罚中的反悔，一般可以理解为，犯罪嫌疑人、被告人就认罪认罚可以换取的量刑优惠与检察机关达成一致并签署认罪认罚具结书后，又对其认罪认罚作出否定性评价的行为。认罪认罚中的反悔，有的发生在犯罪嫌疑人签署认罪认罚具结书后检察院向法院提起公诉之前，其对自己作出的认罪认罚予以否定，撤回签署的认罪认罚具结书；有的则发生在一审开庭审理期间，被告人对在审查起诉阶段达成的认罪认罚予以否定，提出不构成犯罪或者量刑过重的意见；也有的发生在一审判决后，被告人以提起上诉的方式对之前所作的认罪认罚予以否定。犯罪嫌疑人、被告人对认罪认罚反悔无外乎两种情形：一是不认罪，即在认罪认罚之后提出不构成犯罪的意见；二是不认罚，即对认罪认罚后检察机关给出的量刑"优惠"反悔，认为量刑过重，希望获取更"优惠"的处罚。

犯罪嫌疑人、被告人之所以会对认罪认罚反悔，一般缘于以下几个理由：（1）非自愿认罪认罚而导致的反悔。如在司法机关的强势或诱导下认罪认罚，后逐渐有所认识而反悔。（2）因信息不对称认罪认罚而导致的反悔。如犯罪

---

[1]　孙谦主编：《认罪认罚从宽制度实务指南》，中国检察出版社 2019 年版，第 204-205 页。

嫌疑人在认罪认罚时并不全面了解案件证据，后通过辩护律师或者在法庭上了解了相关信息，于是提出新的意见，对之前所作的认罪认罚反悔。（3）因检察机关临时变更罪名或量刑建议而导致的反悔。如，笔者在调研中了解到这样一个案例，某检察机关对犯罪嫌疑人指控的罪名是国家机关工作人员徇私舞弊滥用职权罪，并且认定属情节特别严重，犯罪嫌疑人认罪认罚，检察机关给出的量刑建议是有期徒刑五年六个月，被告人签署了认罪认罚具结书。但当案件进入审判程序时，法院认为检察院指控的罪名有误，将罪名变更为徇私舞弊暂予监外执行罪，这样法定刑就从原来的有期徒刑五到十年，变化为有期徒刑三到七年，法定刑降低了，但检察机关没有重新调整量刑建议，于是被告人及辩护人均提出异议。（4）因法庭没有采纳检察院量刑建议，在量刑之外重判而导致的反悔。例如，"余某平交通肇事案"中，余某平自愿认罪认罚，并在辩护人的见证下签署认罪认罚具结书，同意检察机关提出的有期徒刑三年缓刑四年的量刑建议，但最终法院没有采纳检察院的量刑建议，判处余某平有期徒刑两年，于是被告人对认罪认罚反悔提出上诉。（5）法院采纳了检察院的量刑建议，但被告人出于各种因素而反悔。比如，被告人为了拖延时间留在看守所服刑而反悔上诉，或者就是认为原先与检察院达成的量刑重了而反悔。

导致犯罪嫌疑人、被告人作出认罪认罚反悔的因素众多，虽然目前的法律法规并没有限制犯罪嫌疑人、被告人认罪认罚的反悔权，但实践中认罪认罚后又反悔的情形确实引发了办案机关的不满，也给认罪认罚从宽制度的实施带来了不利影响。犯罪嫌疑人、被告人对认罪认罚的反悔，无疑就是推翻了司法机关之前所做的一切工作，导致原先的认罪认罚工作归于无效，造成司法资源的浪费和诉讼成本的增加，也与认罪认罚从宽制度的设置初衷相悖。同样，犯罪嫌疑人、被告人的反悔行为也给自身带来了不利影响，司法机关因此产生的不满可能就会报复性地施加于被追诉人，被追诉人不但不能获得从宽的"优惠"，反而有被重判的风险。

基于认罪认罚的真实性、明智性要求，犯罪嫌疑人、被告人应当被赋予其反悔的权利，这项权利是"保障认罪认罚自愿性的一项救济性权利"。[1]

---

〔1〕 孔冠颖：《认罪认罚自愿性判断标准及其保障》，载《国家检察官学院学报》2017 年第 1 期。

目前实践中并没有完全否定犯罪嫌疑人、被告人认罪认罚的反悔权，但也存在变相限制的情形，如检察机关对认罪认罚反悔的犯罪嫌疑人、被告人提出重判或抗诉，这其实就反映出了检察机关对反悔的不满甚至恼怒。但纵观世界各国的认罪协商制度，保障被追诉人反悔权，赋予其认罪认罚撤回权已成普遍做法。比如，《美国联邦刑事诉讼规则》规定了如果法院不认可辩诉协议，被告人可以撤销有罪答辩；英国《2015 年刑事诉讼规则和刑事实践指南》规定了在量刑之前，如果被告人改变主意，满足条件的情况下可以书面通知书记员撤回先前的认罪答辩。在认罪认罚案件中，规定被告人在"信赖利益受损"时可以向人民法院申请撤回认罪答辩，其所作的有罪供述不得在任何诉讼活动中作为不利于被告的证据，从而使被告人所遭受的损失恢复到达成认罪协议之前的状态。[1]

四、上诉权

在认罪认罚从宽制度的适用过程中，对于被告人认罪认罚后又提起上诉的问题，实践中也存在诸多争议。笔者在调研中了解到，很多办案人员对被追诉人认罪认罚后又上诉的行为非常不满，甚至主张对认罪认罚的案件实行一审终审制，也有要求犯罪嫌疑人在签署认罪认罚具结书时自愿放弃上诉权，才可以对案件适用速裁程序。

上诉权是刑事诉讼中被告人享有的一项基本诉讼权利，保障被告人的上诉权是实现刑事诉讼权利保障的内在要求。在认罪认罚案件中，上诉程序不应仅着眼于诉讼效率，还应兼顾其多元价值和功能。上诉程序具有对一审程序监督和纠错的功能。在当前认罪认罚的司法实践中，检察机关对认罪认罚适用率的高度追求、控辩协商的不平等、被追诉人获得律师帮助的不充分等因素的影响，都不可避免地会导致错案的发生，而二审程序则是及时纠错，保障公平公正的有效途径。认罪认罚从宽制度的设置，虽然有提高诉讼效率、节约司法资源的价值要求，但也不能以牺牲公平公正为代价。正如陈卫东教授所讲：认罪认罚制度必须坚持"公正为本，效率优先"的价值取向。[2]左

---

〔1〕 黄博儒：《被告人认罪认罚反悔现象探究——以 100 份二审刑事裁判文书为分析样本》，载《江西警察学院学报》2019 年第 1 期。

〔2〕 陈卫东：《认罪认罚从宽制度研究》，载《中国法学》2016 年第 2 期。

卫民教授也指出，这种明显的效率化的改革取向，将实体上的从宽误读为程序上的从简，而程序简化的有形收益是以刑事司法制度的正当性为代价的。[1]如果说认罪认罚案件的一审程序集中体现了效率优先，那么二审程序能防止因追求效率而损害权利保障和公正审判等价值，对于有效避免冤假错案更是具有重大意义。[2]上诉权不仅是被告人的个人权利，还具有"维护社会公共利益"的价值要求。魏根特教授强调，不能以"合意"来规避上诉法院的审查，因为这会侵犯国家对正确处理刑事案件享有的利益。[3]孙长永教授也提出，"我国的刑事判决不能以控辩双方的合意为基础，控辩双方对于定罪量刑的共识不能阻碍被告人事后提起上诉"。[4]上诉审查能够强化一审判决的正确性和权威性，如果涉及法律问题，那么法院有机会去解释法律并发展规则，这是上诉制度最重要的功能。[5]也就是说即使二审法院维持了一审的判决，也有助于同案同判，能维护法律的统一实施。

从域外经验看，在英国的有罪答辩制度中，对有罪答辩的被告人的上诉权进行了严格限制。如果是治安法院审理的刑事案件，被告人做有罪答辩的，其只能就量刑提出上诉，对定罪无权上诉，除非有合法例外情形。如果是刑事法院负责处理的案件，无论被告人是否作出了有罪答辩，均可以经初审法官或者上诉法院法官许可后，就定罪或量刑问题向上诉法院提出上诉。[6]在美国，刑事案件被告人有罪答辩率更高，而且美国的有罪答辩通常都是答辩交易的结果。[7]根据《美国联邦刑事诉讼规则》第 32 条第 9 款的规定，不论

---

〔1〕 左卫民：《认罪认罚何以从宽：误区与正解——反思效率优先的改革主张》，载《法学研究》2017 年第 3 期。

〔2〕 董坤：《认罪认罚从宽案件中留所上诉问题研究》，载《内蒙古社会科学（汉文版）》2019 年第 3 期。

〔3〕 See Thomas Weigend, The Decay of the Inquisitorial Ideal: Plea Bargaining Invades German Criminal Procedure, in John Jackson et al. (eds.), *Crime, Procedure and Evidence in a Comparative and International Context*, Oxford: Hart Publishing, 2008, pp. 59-60.

〔4〕 孙长永：《认罪认罚案件的证明标准》，载《法学研究》2018 年第 1 期。

〔5〕 See Andrew Ashworth & Mike Redmayne, *The Criminal Process*, 4th edition, Oxford University Press, 2010, p. 370.

〔6〕 孙长永：《比较法视野下认罪认罚案件被告人的上诉权》，载《比较法研究》2019 年第 3 期。

〔7〕 美国联邦最高法院曾经援引联邦司法部的统计数据指出，联邦司法系统 97% 的有罪判决、州司法系统 94% 的有罪判决，都是有罪答辩而非正式审判的结果。See Missouri v. Frye, 132 S. Ct. 1399, 1407 (2012).

被告人作出的是有罪答辩还是无罪答辩，他都有权对量刑提出上诉。[1]原则上只有作出无罪答辩的被告人才有权对定罪提出上诉，但并不是在任何情况下有罪答辩的被告人都不能就定罪问题提出上诉，美国联邦最高法院通过判例规定了三种例外情况。不过，在美国的司法实践中，美国联邦和州司法系统经辩诉协商后达成的协议通常会要求作有罪答辩的被告人放弃上诉权，包括对量刑问题的上诉。[2]大陆法系国家对上诉制度的规定较之英美国家有所不同。在意大利"依当事人请求适用刑罚的程序"中，被告人不得提出普通上诉，但对于司法机关作出的关于人身自由的裁判都可以向最高法院提出上诉。《德国刑事诉讼法典》不管在修改前还是修改后都强调，对于德国法院基于认罪协商达成的协议所作出的判决，控辩双方仍然享有事实问题和法律问题的上诉权。[3]但在德国认罪协商的司法实践中，通常都包含了被告人放弃上诉权的内容。[4]在达成协议的案件中，被告人提出上诉的情形极其罕见。[5]

从以上域外的经验可以看到，在英美法系的有罪答辩制度中，对于被告人针对定罪问题提出上诉作出了严格限制，但仍然保障被告人就量刑问题的上诉权，而在美国的司法实践中，有罪答辩的被告人实际上是放弃了上诉权。在大陆法系的认罪协商制度中，德国是充分保障了被告人的上诉权；意大利虽然作出了一定的限制，试图通过认罪协商达到对司法效率提升的预期，但并未完全实现。

上诉权是被追诉人享有的一项基本权利，对权利行使限制的根本目的在于为个人或群体行使权利的行为规定适当的范围或界限，以免因其权利的不适当

---

〔1〕 有罪答辩的被告人对有罪判决的量刑问题提出上诉，常常是因为在法庭接受有罪答辩之后量刑出现错误或者判决之后出现了影响量刑的新情况。See United States v. Melancon, 972 F. 2d 566, 567 (5th Cir. 1992).

〔2〕 See Nancy J. King & Michael E. O'Neill, "*Appeal Waivers and the Future of Sentencing Policy*", *Duke Law Journal*, Vol. 55, pp. 209-212, 2005.

〔3〕 See Folker Bittmann, *Consensual Elements in German Criminal Procedural Law*, 15 German L. J. 15, 2014, pp. 37-38.

〔4〕 See Regina E. Rauxloh, "Formalization of Plea Bargaining in Germany: Will the New Legislation Be Able to Square the Circle?", *Fordham International Law Journal*, Vol. 34, 2011, pp. 296-316.

〔5〕 See Alexander Schemmel, Christian Corell & Natalie Richter, "Plea Bargaining in Criminal Proceedings: Changes to Criminal Defense Counsel Practice as a Result of the German Constitutional Court Verdict of 19 March 2013?", *German Law Joural*, Vol. 15, 2014, pp. 43-48.

行使或滥用而损害其他个人或群体的权利或某些公共的或普遍的利益。[1]对上诉权这项基本权利的限制应当具有合法的限制根据、限制范围、限制理由、限制程度，否则不能实施任意的限制。有学者指出，认罪认罚从宽制度毕竟具有公正基础上的"效率优先"价值取向，对认罪认罚被告人的上诉权进行一定限制，既是完善认罪认罚从宽制度的内在要求，也符合以审判为中心的刑事诉讼制度改革的趋势和刑事司法规律。[2]陈卫东教授提出，"申诉权不能限制减损，但上诉权分而论之。适用速裁程序审理的案件，允许上诉将严重影响效率价值，但适用普通程序审理的案件，仍要赋予被告人上诉权，但可以限定上诉的法定情形"。魏晓娜教授则指出，"速裁程序中的被告人不享有上诉权，但可以提出事后异议"。[3]陈瑞华教授认为，取消两审终审制难以保障认罪认罚的自愿性，也无法审查一审程序的违法行为。[4]

笔者认为，根据上诉权存在的理论及价值基础，在当下我国《刑事诉讼法》未对被告人上诉权作出任何限制的情况下，直接剥夺认罪认罚当事人的上诉权或者对其上诉权作出严格限制显然是不妥当的。而且，我国的认罪认罚从宽制度从试点到正式实施虽然已经有近五年的时间，但相应配套机制并不完善。比如，被追诉人认罪认罚的自愿性、真实性、合法性尚未获得有效保障；犯罪嫌疑人、被告人对认罪认罚的法律后果未有真正的理解和认知；法院对认罪认罚自愿性的审查还流于形式；认罪认罚的当事人还缺乏有效的律师帮助等。这些原因也都使得目前并不具备限制被告人上诉权的条件，二审程序的救济功能仍十分重要。

但是，笔者在调研时也发现，在认罪认罚后反悔又提出上诉的当事人中，也存在一些没有任何新的事实和证据，仅以量刑过重为由提起的上诉，其目的就是拖延诉讼时间，避免投放监狱执行刑罚。这种上诉显然不符合法律赋予被告人上诉权的初衷，确实也是对司法资源的一种浪费，对认罪认罚从宽制度的一种冲击。所以，在保障被告人上诉权行使的同时，也应当防止认罪

---

〔1〕 See Anna-Lena Svensson-McCarthy, op. cit. , note 35, p. 50.

〔2〕 孙长永：《比较法视野下认罪认罚案件被告人的上诉权》，载《比较法研究》2019年第3期。

〔3〕 魏晓娜：《完善认罪认罚从宽制度：中国语境下的关键词展开》，载《法学研究》2016年第4期。

〔4〕 陈瑞华：《认罪认罚从宽制度的若干争议问题》，载《中国法学》2017年第1期。

认罚当事人对上诉权的滥用。对此，笔者赞同通过建立认罪认罚案件的上诉审查制度来完善我国现有的上诉制度，达到权利保障与诉讼效率的价值平衡。对于认罪认罚的案件，被告人提出上诉后，应当先由法院对上诉理由进行审查，如的确存在定罪量刑等实体问题错误、程序违法，或者认罪认罚系非自愿、非明知等情形的，应当允许被告人上诉，法院正式启动二审审理程序。通过上诉审查制度，将那些无理由上诉，或者利用法律拖延诉讼等不正当的上诉过滤掉，直接由法院驳回，不再启动二审审理程序。

此外，保障认罪认罚被告人上诉权的行使，还应关注到检察机关的抗诉问题。实践中，剥夺或限制被告人上诉权没有法律根据，但那些无因上诉、拖延诉讼的反悔行为也确实给办案带来了不利影响，造成了司法资源的浪费，所以有些检察机关会提起抗诉以遏制这些不当上诉行为，但这其实更增加了司法负担，虽然有威慑效果，但抗诉成了一种惩罚或报复的手段，与抗诉权设置的初衷和宗旨相悖。所以，在认罪认罚案件中，检察机关应当慎用抗诉权，这也是对被告人上诉权的一种保障。

五、认罪认罚作为诉讼权利

认罪认罚从宽制度作为一项极其重要的司法改革举措，在运行了近五年的时间后，制度改革已经聚焦到具体操作的环节。认罪认罚从宽制度中的辩护权保障问题，一直是法学界普遍关注的问题，要真正解决认罪认罚中的具体辩护问题，实现人权保障的价值目标，还应当追根溯源，真正厘清认罪认罚从宽制度对被追诉人的属性，对犯罪嫌疑人、被告人来说，认罪认罚到底是法律赋予其的一项权利，还是增加的一项义务。

认罪认罚从宽制度的落地在我国是经历了一场自上而下的司法改革过程，最早在《中共中央关于全面推进依法治国若干重大问题的决定》中提出，完善刑事诉讼中认罪认罚从宽制度。随后经过在全国18个地区的试点工作，再到全国范围的推行，认罪认罚从宽制度正式以法律的形式确立。为什么要推进认罪认罚从宽制度，官方给出的态度是，认罪认罚从宽制度是我国宽严相济刑事政策的制度化，是对刑事诉讼程序的创新，有利于促使犯罪嫌疑人、被告人如实供述犯罪事实，配合司法机关依法处理好案件，节约司法成本，提高司法效率，保障人权司法，促进公平公正，构建科学合理的诉讼体系，提升社会治理能力。

在官方态度的基础上，法学界也展开了对这一制度的理论探究。该制度对刑事诉讼结构的影响，打击犯罪与保障人权、公正与效率等刑事诉讼价值的博弈，都成为理论探讨的重点。理念问题不厘清，一旦存在偏差，将影响实践中的操作。同样，我们在研究认罪认罚从宽制度中的刑事辩护问题时，也应当弄清认罪认罚从宽制度对被追诉人权利的影响，是权利抑或义务，这样才能在对被追诉人权利保障机制的完善和构建中有正确的方向，才能搭建更具正当性、合理性的保障机制。

首先，从法律规定看。《刑事诉讼法》第 15 条规定，"犯罪嫌疑人、被告人自愿如实供述自己的罪行，承认指控的犯罪事实，愿意接受处罚的，可以依法从宽处理"。在认罪认罚从宽制度中，犯罪嫌疑人、被告人如实供述、承认指控犯罪、接受处罚，这些都基于被追诉人的"自愿"，也正是因为被追诉人自愿放弃实体权利，才换来量刑减让的"优惠"。相反，如果被追诉人不愿意放弃自己的权利，那么国家也不会给予其实体和程序的"优惠"。所以，在是否认罪认罚上，犯罪嫌疑人、被告人具有选择权，可以为也可以不为，这在本质上就是一种权利。正如有学者指出，认罪认罚从宽制度在整体适用上属于司法机关履行司法职权的行为，但同时也是被追诉人一项重要的诉讼权利。[1]

其次，从权利义务的理论层面看。权利和义务是相互对应的概念。从权利最为根本的特征看，其本质应当是一种"要求"，享有权利就是指可以要求他人为或者不为一定的行为，而义务就是被要求的对象和内容。在认罪认罚从宽制度中，就体现了"基本权利——国家义务"的对应关系。犯罪嫌疑人、被告人可以认罪认罚，也可以不认罪认罚，一旦被追诉人表示认罪认罚，国家就应当履行给其从宽的"优惠"承诺。在这项制度中，国家对被追诉人是否认罪认罚并非提出要求和主张，而是通过量刑减让的认罪激励手段促使被追诉人自愿认罪认罚，是被追诉人通过正当途径获得法定从宽利益的一项诉讼权利。相反，在这项制度中，国家承载了一定义务，在被追诉人认罪认罚时给予其权利的供给，特别是实体权利供给。

---

[1] 陈卫东：《认罪认罚从宽制度的理论问题再探讨》，载《环球法律评论》2020 年第 2 期。

厘清认罪认罚的"权利性"，也就清楚了在认罪认罚案件中对犯罪嫌疑人、被告人辩护权保障的重要性，可以从根源上认清实践中存在的诸如控辩协商不平等、检察机关一味推进认罪认罚而压缩、忽略被追诉人的诉讼权利，甚至出现欺骗、强迫被追诉人认罪认罚等现象。理念上的清晰认识有助于我们解决问题，完善和构建对认罪认罚当事人的权利保障机制。

六、辩护律师如何维护被追诉人的诉讼权利

辩护律师如何维护被追诉人的诉讼权利？在认罪认罚协商程序中，犯罪嫌疑人与检察机关是认罪协商的基本主体，辩护律师是协助犯罪嫌疑人参与协商的辅助主体，但却是不可或缺的重要力量。《刑事诉讼法》第 174 条第 1 款规定，犯罪嫌疑人自愿认罪，同意量刑建议和程序适用的，应当在辩护人或者值班律师在场的情况下签署认罪认罚具结书。这充分说明，认罪认罚从宽制度的实施必须有律师的参与。有观点认为，为保障被告人明智而自愿地选择认罪协商，应充分发挥律师在协商中的积极作用，[1]明确律师是控辩协商的法定参与主体。[2]

（一）辩护律师与被追诉人的关系

辩护律师如何发挥维护被追诉人合法权益的重要功能，首先应当明确辩护人与被追诉人的关系。关于辩护人在刑事诉讼法律关系中的地位，我国法律界一直就有不同认识。一种观点认为，辩护人是被追诉人合法权益的维护者，这一特殊身份决定了他具有独立的诉讼主体地位。也有观点认为，辩护人既不享有主体的全部诉讼权利，也不承担主体的特殊义务，所以，辩护人不具有独立的诉讼主体地位。但并不否认辩护人在刑事诉讼中具有独立的诉讼地位。还有观点提出，辩护人是相对独立的诉讼主体。

笔者认为，辩护人不属于刑事诉讼中的诉讼主体，他只是对诉讼主体所承担的职能起到辅助和加强作用的非诉讼主体。诉讼主体是刑事诉讼法学中的基本范畴，诉讼主体是诉讼职能的主要承担者，辩护是刑事诉讼中的一种

---

〔1〕　胡铭：《认罪协商程序：模式、问题与底线》，载《法学》2017 年第 1 期。

〔2〕　顾永忠、肖沛权：《"完善认罪认罚从宽制度"的亲历观察与思考、建议——基于福清市等地刑事速裁程序中认罪认罚从宽制度的调研》，载《法治研究》2017 年第 1 期。

基本职能，它的主要承担者是被追诉人，辩护人处于协助被追诉人行使辩护职能的地位。正如日本学者村井敏邦所言："辩护权的基础是嫌疑人、被告人自己本人有辩护的权利。这是产生委托辩护人辩护权利的根据。"[1]但是，从辩护人与被追诉人之间的内部关系看，辩护人原则上不受被追诉人意志的约束，辩护人可以根据自己的知识、经验等，按照自己的判断进行工作。但律师的这种独立性也要以尊重当事人、不作不利于当事人的辩护为前提。正如中华全国律师协会印发的《律师办理刑事案件规范》（已失效）中所规定的"律师担任辩护人，应当依法独立履行辩护职责……律师在辩护活动中，应当在法律和事实的基础上尊重当事人意见，按照有利于当事人的原则开展工作，不得违背当事人的意愿提出不利于当事人的辩护意见"。辩护人的辩护权来源于当事人的委托，但又具有相对的独立性，而独立性的行使又要以对当事人有利为原则。辩护人在刑事诉讼中的地位可以界定为，具有独立诉讼地位的诉讼参与者。辩护人在刑事诉讼中的地位同样体现在认罪协商程序中。认罪协商的主体是被追诉人与检察机关，辩护律师是协助被追诉人行使其辩护职能，但又具有一定的独立性。

（二）辩护律师的职权行使

厘清了理论层面的界定，我们对在认罪认罚协商程序中辩护律师应如何行使职权就会有更加清晰的认识。

（1）侦查阶段的辩护。从《刑事诉讼法》的规定看，律师在认罪认罚案件的侦查阶段中只是提供法律帮助，无法阅卷、调查取证，参与程度和辩护效果都受到一定程度的限制。而且，侦查阶段的认罪认罚并无实质性结果，实践中公安机关适用认罪认罚从宽制度的比例也并不高。所以，在这个阶段，律师更多的是用专业知识提供法律建议，最终还要以当事人的意见为准，应谨慎行使独立辩护权。

（2）审查起诉阶段的辩护。审查起诉阶段是认罪认罚的核心阶段，在这个诉讼阶段中，律师可以通过阅卷更全面地了解案件信息，这就可能出现律师通过查阅证据后，认为案件有无罪辩护的空间，但犯罪嫌疑人基于尽早出

---

〔1〕 ［日］村井敏邦：《日本的刑事辩护问题》，刘明祥译，载王丽、李贵方主编：《走有中国特色的律师之路》，法律出版社 1997 年版，第 90 页。

去或者其他风险因素的考虑，愿意认罪认罚。这时，律师应当运用专业知识给当事人分析各种选择后的利弊，但最终还是要尊重当事人的决定。如果犯罪嫌疑人选择认罪认罚，同意检察机关的量刑建议，并签署了认罪认罚具结书，律师是否还可以提出无罪或者罪轻的意见，律师是否可以不在认罪认罚具结书上签字？从律师独立辩护权的原理看，律师当然可以独立于当事人发表对当事人有利的意见，也就说律师认为是无罪，或者不同意检察机关给出的量刑建议，都是独立行使辩护权的行为，从理论上是可以的。但是，现行《刑事诉讼法》规定，认罪认罚具结书的签署必须有律师在场，而且律师还要在具结书上签字，否则会影响具结书的效力，进而影响认罪认罚从宽程序的适用。其实，这就限制了律师独立辩护权的行使。笔者认为，从保障犯罪嫌疑人的权益来看，保障律师辩护权的独立行使，也是对犯罪嫌疑人辩护权的基本保障，所以，不能因为律师提出不同意见就剥夺了犯罪嫌疑人通过认罪认罚获得从宽的机会。律师在签署认罪认罚具结书这一环节上承担的是见证责任，见证犯罪嫌疑人认罪认罚是自愿的。因此，律师应当在具结书上签字，但签字不影响其独立提出有利于犯罪嫌疑人的辩护意见。

（3）审判阶段的辩护。目前从《刑事诉讼法》的规定看，一旦被告人在审查起诉阶段与检察机关达成了认罪认罚，案件到审判程序后，只要不存在认罪认罚系非自愿，或者被告人的行为不构成犯罪、指控的罪名错误等特殊情况，法院一般都会采纳控辩协商的意见。那么，在被告人认罪认罚的情况下，律师是否还可以做无罪辩护或者提出更轻处罚的意见呢？同样，从辩护原理上是可以的，但实践中就面临一些困境。认罪认罚中的"从宽"，不仅是实体量刑的从宽，也包括程序适用的从简，实践中认罪认罚的案件大多适用速裁程序或者简易程序审理。然而，按照《刑事诉讼法》的规定，如果辩护人提出无罪辩护的意见，案件的审理程序就要转换，程序从简的优惠可能就会丧失。所以，这时律师应当与被告人进行充分沟通，如果被告人坚决不同意，律师也不能贸然行使。此外，笔者认为，即使律师在审判阶段提出无罪辩护，也不应当影响到被告人认罪认罚的态度，法院在最终量刑时也应当考虑从宽。

第二节　量刑协商公正机制的保障

认罪认罚从宽制度体现了诉讼合作的理念，其中认罪协商机制是认罪认罚从宽制度的核心和亮点。最早是在《试点方案》中作出部署，提出了控辩协商的基本要求。随后，《试点决定》作出规定，对犯罪嫌疑人、刑事被告人自愿如实供述自己的罪行，对指控的犯罪事实没有异议，同意人民检察院量刑建议并签署具结书的案件，可以依法从宽处理。从宏观上确立了控辩协商的合作机制。随后，认罪认罚从宽制度在全国 18 个地区进行试点工作，《试点办法》再次对认罪认罚中的控辩协商作出确认。其中，《试点办法》第 1 条规定，"犯罪嫌疑人、被告人自愿如实供述自己的罪行，对指控的犯罪事实没有异议，同意量刑建议，签署具结书的，可以依法从宽处理"。2018 年《刑事诉讼法》修改，认罪认罚从宽制度入法，《刑事诉讼法》通过十余个条款对认罪认罚从宽制度作了更为详细的规定，也进一步确认了认罪认罚协商程序的实践成果。从认罪认罚从宽制度逐步确立的过程可以看出，被告人自愿认罪认罚后，与检察机关达成认罪认罚从宽协议，法院根据协议依法从轻量刑是认罪认罚从宽制度的重大创新，也成为认罪认罚从宽制度的核心内容。[1]

认罪认罚从宽制度中的协商，实质上是量刑协商，量刑协商的核心是检察机关与被告人围绕从宽处罚所达成的合意。[2]所以，认罪认罚从宽制度中的协商机制，突出体现了它与控辩协商机制之间相互依存、不可分割的辩证关系，[3]也是认罪认罚从宽制度运行的关键内容。控辩协商确实存在诸多好处，如可以充分体现被追诉人的诉讼主体地位；激励犯罪嫌疑人、被告人主动认罪认罚，赋予其自主选择的机会；有助于恢复社会关系，促进社会和谐等。同时，控辩协商也符合国际刑事诉讼发展的趋势，符合司法发展的规律。但认罪认罚从宽制度在我国刑事诉讼中毕竟是一种创新，与国外的辩诉交易制度存在很大差别，很多配套制度尚不健全，理论共识和技术层面还有很多不足，所以，目前我国的控辩协商程序进展缓慢，未形成真正意义的协商。

---

〔1〕　叶青、吴思远：《认罪认罚从宽制度的逻辑展开》，载《国家检察官学院学报》2017 年第 1 期。
〔2〕　陈金金：《中国式认罪协商制度中可协商内容的构建》，载《人民法治》2017 年第 1 期。
〔3〕　朱孝清：《认罪认罚从宽制度中的几个理论问题》，载《法学杂志》2017 年第 9 期。

鉴于此，我们还是应当先立足本土，立足于现行的法律规定，完善现有的控辩协商机制，让以量刑为核心的控辩协商机制得以有效运作。

一、量刑协商的现状与反思

量刑协商是我国认罪认罚从宽制度的核心，而这一核心目前主要体现在检察机关量刑建议的提出。从试点到认罪认罚从宽制度正式入法，最高人民法院、最高人民检察院公布的有关该制度适用数据〔1〕充分说明了，认罪认罚从宽协商机制从试点到正式入法的客观存在，而且是该制度中的一个重要环节。(见图 1 至图 5)

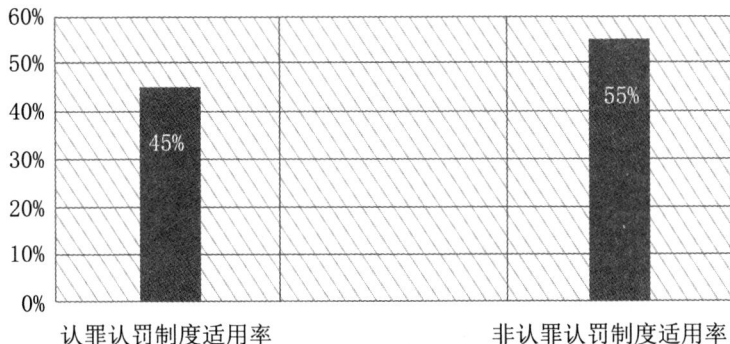

图 1　试点期间 18 个地区试点法院适用认罪认罚从宽制度审结案件情况

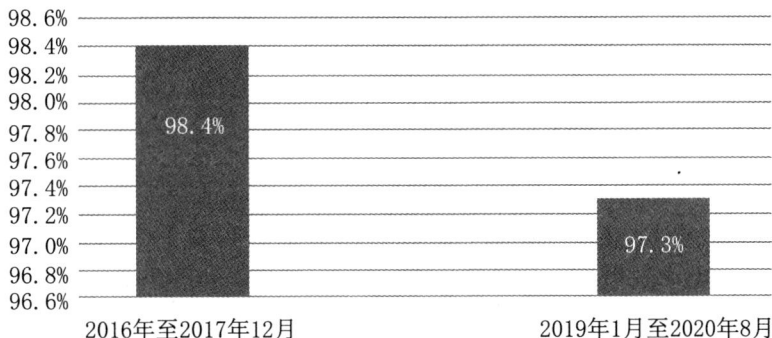

图 2　试点前后检察机关建议适用认罪认罚从宽制度率

---

〔1〕　参见周强：《关于在部分地区开展刑事案件认罪认罚制度试点工作情况的中期报告》，载 ht-tp://www. court. gov. cn/zixun-xiangqing-75122. html，最后访问日期：2020 年 10 月 1 日。

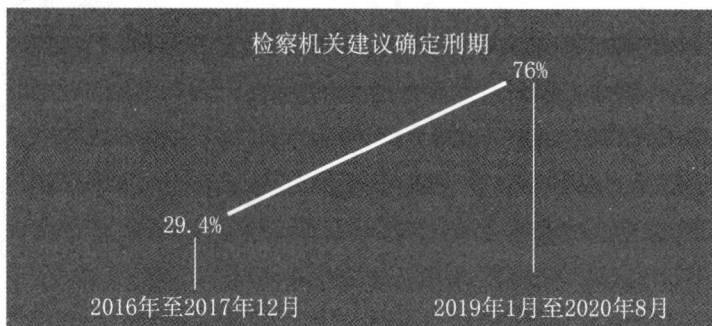

图3 试点前后检察机关建议确定刑期率

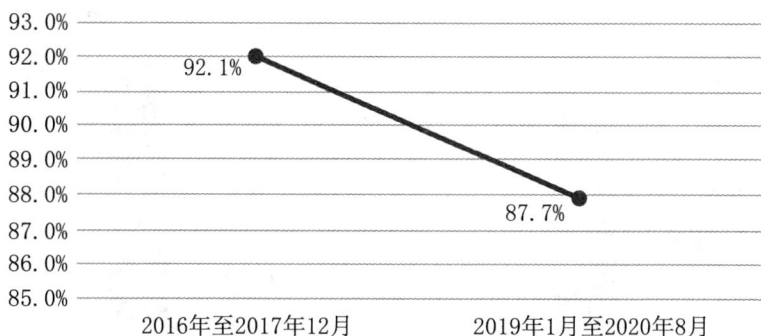

图4 试点前后法院对检察院量刑建议采纳率

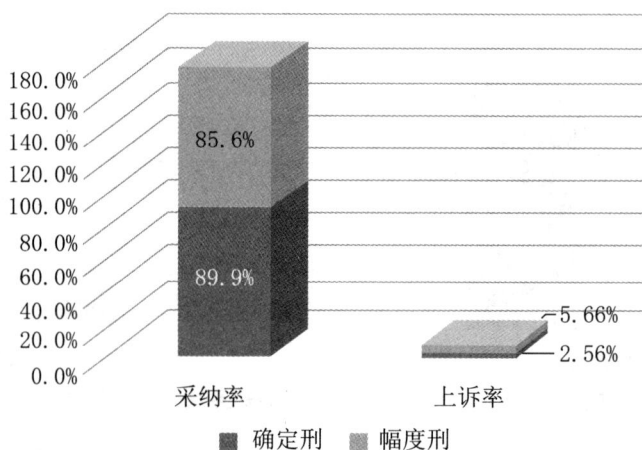

图5 2019年1月至2020年8月，检察机关提出确定刑和幅度刑量刑建议采纳率及上诉率

同时，最高人民法院、最高人民检察院也都提出了在认罪协商机制中面临的问题。试点期间，最高人民法院、最高人民检察院《关于部分地区开展刑事案件认罪认罚从宽制度试点工作情况的中期报告》中指出，要进一步完善制度机制。提出要贯彻宽严相济刑事政策，并且针对不同的案件、不同的诉讼阶段、刑罚轻重，从庭前分流、办案流程、法律帮助等多层面，探索程序规范机制。并要求处理好控审关系，处理好量刑建议与法院裁判权的关系，完善认罪认罚的量刑标准。2020 年，最高人民检察院《关于人民检察院适用认罪认罚从宽制度情况的报告》中也提出，认罪认罚从宽制度还存在很多问题，如制度适用不平衡，检察官审查不严，主动听取律师意见不够，检察机关提出量刑建议的能力不足等问题。可以看到，在认罪认罚从宽制度协商机制的完善方面，还有很多难点和工作需要解决。

二、量刑协商范围的扩展

(一) 量刑协商的空间

根据《刑事诉讼法》及《指导意见》的规定，我国认罪认罚从宽制度中的协商机制主要体现在审查起诉阶段，检察机关与犯罪嫌疑人之间就量刑问题的协商。从法律规定看，认罪协商适用于所有类型的案件，即只要犯罪嫌疑人、被告人自愿如实供述自己罪行、对指控犯罪的事实没有异议、愿意接受处罚的，均可以适用。协商的主体主要是犯罪嫌疑人与检察机关，律师起到辅助协商的作用。协商的内容主要是量刑的轻重，也包括诉讼程序的适用、强制措施的变更。认罪认罚协商程序的流程主要表现为：认罪认罚协商的展开，一方面需要犯罪嫌疑人自愿主动认罪认罚，另一方面需要检察机关对案件进行全面审查，一旦确认构成犯罪，就要提出相应的从宽条件，然后控辩双方进行认罪认罚的协商，最终达成一致意见后签署认罪认罚具结书。

以上是法律规定层面体现的我国认罪认罚从宽协商机制中的控辩协商，但实践状况却有所不同：(1) 虽然法律规定认罪认罚协商适用的案件范围没有限制，但实践中控辩协商的案件范围还仅限于一些常见犯罪，如盗窃罪、危险驾驶罪、贩卖毒品罪、故意伤害罪等，犯罪类型有限。笔者通过"小包公"智能类案检索系统进行课题调研时统计出，在 107 001 223 个案件中，按照"案件类型：刑事""文书日期：2018-11-01 至 2021-08-01""文书性质：

判决书""省市：北京市""文书类型：裁判文书"的维度筛选有效样本，共筛选案例数为 15 458 件，在这 15 458 件案例中，所涉及部分罪名分布如图 6 所示，这也充分说明了认罪认罚从宽制度在实践中适用的案件类型是有限的。

案件数

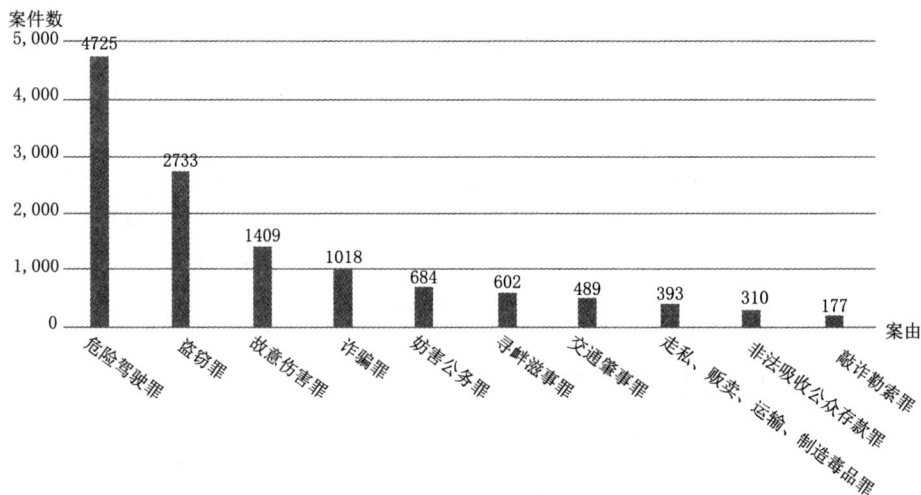

图6　案由案件分布

从案件数来看，排名前三的案由及其占比分别为：危险驾驶罪（4725 件，占比 30.57%）、盗窃罪（2733 件，占比 17.68%）、故意伤害罪（1409 件，占比 9.12%）。（2）关于认罪协商建议由控辩哪方提起，法律并无限制，但目前对是否进行认罪协商，大多还是由检察机关发起，犯罪嫌疑人、律师缺乏提起协商的主动性。（3）在认罪协商中，控方要主动听取犯罪嫌疑人、辩护人或者值班律师、被害人及其诉讼代理人的意见，但在这一方面实践操作比较差，特别是对值班律师、被害人及其诉讼代理人的权利保障还存在很多不足。（4）检察机关提出量刑建议是认罪协商中的关键环节，但在这个环节的操作中有的检察机关的做法还过于粗放，相关信息的告知过于简单，无法确保认罪认罚的自愿性，也容易造成当事人认罪认罚后的反悔。（5）实践中的协商过程流于形式，犯罪嫌疑人协商能力不足，律师特别是值班律师也未能发挥有效的帮助作用，并未形成真正意义上的协商。

所以，可以看到，在现行法律框架下，我国的认罪认罚协商程序还有很多可以完善和强化的空间，把现行法律落实到位是我国认罪协商机制真正确立的基础和前提。

（二）量刑协商范围的增加

《刑事诉讼法》第 173 条第 2 款规定，犯罪嫌疑人认罪认罚的，人民检察院应该告知其享有的诉讼权利和认罪认罚的法律规定，听取犯罪嫌疑人、辩护人或者值班律师、被害人及其诉讼代理人对于涉嫌的犯罪事实、罪名及适用的法律规定；从轻、减轻或者免除处罚等从宽处罚的建议；认罪认罚后案件审理适用的程序等事项的意见，并记录在案。第 174 条规定，"犯罪嫌疑人自愿认罪，同意量刑建议和程序适用的，应当在辩护人或者值班律师在场的情况下签署认罪认罚具结书"。从上述规定可以看出，对于认罪认罚的案件，检察机关虽然可以听取辩方对犯罪事实、罪名、法律适用的意见，但控辩协商的范围还是被限定在量刑和程序适用，不包括罪名、罪数、犯罪事实和情节等方面内容。即使这样，在量刑建议和程序适用的协商方面，现实操作仍有可以强化的空间。

首先，量刑协商的空间。检察机关提出量刑建议不仅是主刑刑期，还包括附加刑、刑罚的执行方式等。所以，控辩间的量刑协商也不应仅局限于主刑，还应加强对附加刑、刑罚执行方式的协商，比如判处罚金的多少，是否可以适用缓刑等，都可以进行协商。另外，不起诉也是检察机关审查案件后的一种处理方式。《刑事诉讼法》第 177 条第 2 款规定，"对于犯罪情节轻微，依照刑法规定不需要判处刑罚或者免除刑罚的，人民检察院可以作出不起诉决定"。《指导意见》第 30 条规定，"对认罪认罚后没有争议，不需要判处刑罚的轻微刑事案件，人民检察院可以依法作出不起诉决定。人民检察院应当加强对案件量刑的预判，对其中可能判处免刑的轻微刑事案件，可以依法作出不起诉决定"。所以，犯罪嫌疑人、辩护律师也应当积极利用法律规定的空间，在量刑协商方面不局限于刑期的高低，把"不起诉"也纳入协商的范畴，积极为符合条件的当事人争取最好的结果。

其次，程序协商的空间。我国的认罪认罚从宽制度是在犯罪嫌疑人、被告人自愿认罪认罚、"让渡"实体权利的前提下，国家给予其量刑从宽和程序从简的"优惠对价"。所以，认罪协商中不仅包括量刑，还可以就程序的适用进行协商。而程序的适用，不仅是指案件审理程序的适用，还包括强制措施的适用问题。

《指导意见》第 21 条规定，"已经逮捕的犯罪嫌疑人、被告人认罪认罚的，人民法院、人民检察院应当及时审查羁押的必要性，经审查认为没有继续羁押必要的，应当变更为取保候审或者监视居住"。实践中，犯罪嫌疑人更关注自己的实体处罚结果，忽略了程序方面所享有的权利，殊不知不同强制措施的适用，对案件的后续处理都会产生不同的影响，如果犯罪嫌疑人能够被适用非羁押性的强制措施，案件就有不起诉、判处缓刑或者免予刑事处罚的机会，其实就增强了在后续量刑协商中与检察机关谈判的筹码。

犯罪嫌疑人认罪认罚后，程序选择权也是国家给予的一项"优惠"权利。认罪认罚的案件可以适用更加快捷、简化的诉讼程序，如速裁程序、简易程序，程序的简化可以缩短诉讼期限，尽快案结事了，避免因诉讼周期过长造成对被追诉人的变相羁押；而且案件有了确定的结果，也能在一定程度上缓解犯罪嫌疑人及其家属的心理压力。所以，程序的简化对被追诉人来说也是可以争取的权利空间。

在认罪协商中，犯罪嫌疑人及其律师应当强化在程序适用方面与控方进行协商的能力，在进行量刑协商前，根据案件的具体情况，以认罪认罚为切入，帮助当事人申请强制措施的变更，为量刑协商创造更大的空间。在量刑协商时，也应当关注审理程序的适用，在对案件无争议的情况下，尽力帮助当事人与检察机关协商适用速裁程序。当然，在司法实践中也不排除虽然犯罪嫌疑人认罪认罚了，但仍然希望获得完整的审判程序，不同意检察机关适用速裁程序或者简易程序的建议。这时，律师应当协助当事人做好协商工作，帮助当事人争取程序的选择权，同时也避免检察机关因犯罪嫌疑人不同意速裁程序、简易程序的适用而影响"认罚"的认定。

(三) 量刑协商方式的优化

从《刑事诉讼法》及《指导意见》的规定看，在认罪协商中，辩方主要是通过向检察机关表达意见的方式进行协商，从实践效果看，辩方的协商力度不够，协商效果较差，在整个机制中尚处于劣势。鉴于此，笔者认为，辩方还应当在协商的方式和策略方面予以加强，扩展协商空间，为当事人争取最大的利益。

首先，在是否适用认罪认罚从宽程序的问题上，辩方应当发挥主动性，特别是在有辩护律师介入的情况下，辩护律师应当在案件进入审查起诉后的第一时间查阅案件证据，会见犯罪嫌疑人，与犯罪嫌疑人积极沟通，确定是否认罪认罚。一旦确认后可以主动向检察机关提起，以争取缩短案件的诉讼周期。

其次，在量刑协商中，辩护律师应加强对量刑规范的把握，加强对量刑证据的发掘和量刑协商中的说理性，用量刑证据去说服检察机关。辩方应当改变目前仅是单方面说量刑过重，提出检察机关调整降低量刑的建议，但却拿不出相关的依据。所以，应当加强量刑协商中的说理性和证据意识。比如积极促成被害人的谅解，积极退赃、退赔等，促成有利情节，用证据强化协商的空间。

此外，虽然法律规定的量刑协商的范围主要是刑期，不能对案件事实、罪名等进行协商，但辩护人应当善于利用案件信息，抓住案件事实、证据等方面的瑕疵，作为和检察机关协商量刑的筹码，争取量刑协商中的优势。例如，笔者在调研中的一起销售假冒注册商标的商品罪案，辩护人通过会见、阅卷了解到，本案侦查机关抓人时并未起获实物，而且犯罪嫌疑人供认自己的销售金额不足 5 万元，根据《刑法》及司法解释的规定，销售明知是假冒注册商标的商品，销售金额不足 5 万元的，根本达不到刑事案件的立案标准，那本案就不能定罪处罚。但是，公安机关扣押了嫌疑人公司的电脑和财务会计账簿，如果据此查下去，嫌疑人也面临巨大风险，但查清相关事实的取证过程也会比较困难，就这样案件一直僵持在退补、延期的程序中。在这种情况下，我们通过给犯罪嫌疑人分析证据、讲解法律、说明利弊，建议其主动认罪认罚，利用案件中的证据瑕疵，与检察机关协商，争取获得本罪的最低量刑标准。最终说服了检察机关，双方各让一步，犯罪嫌疑人承认了 10 余万元的销售金额，双方达成了有期徒刑一年六个月的量刑意见，最后被告人获得了近乎"实报实销"的判决结果。

最后，在量刑协商中，辩方要敢于说不。当前在认罪协商中，辩方实质上是处于劣势地位的，实践中存在不少即使检察机关给出的量刑建议高出了犯罪嫌疑人的预期，甚至律师也觉得量刑建议过高，但嫌疑人因为天然的惧怕而同意，影响了认罪认罚的自愿性。我们应该认识到，在认罪协商机制中，不仅是犯罪嫌疑人认罪认罚后可以获取国家给予的一定"优惠"，对于控方来说，认罪认罚也节约了办案时间，减轻了控方的办案压力，提高了诉讼效率，也就是说犯罪嫌疑人认罪认罚也能给控方带来好处，控辩双方是共赢的。所以，作为辩方应当加强与控方的协商，善于运用控方对认罪认罚的态度和心理，结合本方的优势证据，说法理、说事理，把事实讲清楚，把法律根据阐释明白，为自己争取谈判空间，而不是控方说什么就是什么，要敢于发表自己的意见。特别是一些证据上有瑕疵，或者有做无罪辩护空间可能的案件，如果检察官给出的量刑建议过高，辩护律师应当帮助犯罪嫌疑人作出评估，可能认罪认罚并不是最好的结果，或许通过庭审对证据的审查，案件会有更好的转机。这时就要抓住优势，敢于说"不"。例如，笔者调研中的一起串通投标罪案件，犯罪嫌疑人自始至终没有做过有罪供述，不认可自己有犯罪行为，案件仅靠证人证言证明嫌疑人有串通投标的行为，但证人证言还存在反复的情况。在这种情况下，无罪辩护虽有空间，但也存在风险，而且诉讼周期会比较长，经与当事人反复沟通，其表示如果检察机关能不起诉则可以认罪认罚。这个案件如果起诉到法院，因为证据方面的瑕疵，检察机关在庭审中也会比较被动，而且久拖不决对控方来说也增加了办案的时间成本，能在审查起诉阶段了结此案，对控辩双方都是共赢。分析了利弊之后，我们主动和控方提出建议并不断沟通协商，最终也得到了控方的认可。

（四）量刑建议的精细与精准

量刑建议是认罪认罚从宽制度的核心和关键，检察机关提出的量刑建议越能接近犯罪嫌疑人的心理预期，达成认罪认罚的可能性就越大，认罪认罚就越稳定。《刑事诉讼法》第 176 条第 2 款规定，"犯罪嫌疑人认罪认罚的，人民检察院应当就主刑、附加刑、是否适用缓刑等提出量刑建议，并随案移送认罪认罚具结书等材料"。《指导意见》第 33 条第 2 款、第 3 款和第 4 款又进一步作出规定，"办理认罪认罚案件，人民检察院一般应当提出确定刑量刑建议。对新类型、不常见犯罪案件，量刑情节复杂的重罪案件等，也可以提出幅度刑量刑建议。提出量刑建议，应当说明理由和依据"。"犯罪嫌疑人认罪认罚没有其他法定量刑情节的，人民检察院可以根据犯罪的事实、性质等，在基准刑基础上适当减让提出确定刑量刑建议。有其他法定量刑情节的，人民检察院应当综合认罪认罚和其他法定量刑情节，参照相关量刑规范提出确定量刑建议。""犯罪嫌疑人在侦查阶段认罪认罚的，主刑从宽的幅度可以在前款基础上适当放宽；被告人在审判阶段认罪认罚的，在前款基础上可以适当缩减。建议判处罚金刑的，参照主刑的从宽幅度提出确定的数额。"目前在实践中，对于检察机关提出的量刑建议到底是确定刑还是幅度刑，理论界和实务界还存在不同认识；此外，提升检察机关的量刑能力，加强量刑建议的说理性，也是对犯罪嫌疑人认罪认罚的有力保障。

（1）量刑建议的类型。

2018 年《刑事诉讼法》实施之后，不少检察机关尝试改变先前试点中所确立的"幅度刑"与"确定刑"二元并重模式，以确定刑为主导甚至是完全向法院提出确定刑量刑建议，即全面实现"量刑建议精准化"。[1]此后，这种做法也被《指导意见》所吸收，要求检察机关在认罪认罚案件中一般应当提出确定刑量刑建议。对此，检察机关是支持和肯定的，但法院系统则有不同声音，因为这触碰到了公诉权与审判权的边界。从理论上来看，检察院的公诉权是以司法请求权为核心而构筑的权力体系，主要包含定罪请求权与量刑请求权两部分，其中，定罪请求权是基础，量刑请求权是最终目的。[2]量刑权本质上是一种"建议"，最终的裁判权由法院决定。但在认罪认罚案件中，检察机关提出确定刑量刑建议，根据现行法律的规定，法院一般应当采纳检察院的量刑建议。这不禁引发质疑，检察机关以"建议"之名，实质在很大程度上影响了法院的裁判权，缩减了审判裁量的空间。但是，从《刑事诉讼法》第 201 条的规定看，公诉权并没有"越界"审判权。在认罪认罚案件中，控辩双方达成的量刑建议只是对审判权产生了一定的约束力，但并没有限制法官的裁量，如果法院发现被告人的行为不构成犯罪或者不应当追究刑事责任；被告人违背意愿认罪认罚；被告人否认指控的犯罪事实；起诉指控的罪名与审理认定的罪名不一致等情形时，法院是完全可以自由裁量，不采纳检察院指控的罪名和量刑建议。而对于检察院的量刑建议，法院也并非无条件地一律采纳，只是基于控辩双方达成一致的约束，对于明显不当的量刑建议应先行建议检察院调整，在检察院不调整或者调整后仍然明显不当时，就可以直接依法裁量。也就是说，现行法律保障了法官的充分自主性，避免公诉权对审判权的"越界"。

---

〔1〕 李振杰：《困境与出路：认罪认罚从宽制度下的量刑建议精准化》，载《华东政法大学学报》2021 年第 1 期。
〔2〕 孙谦主编：《认罪认罚从宽制度实务指南》，中国检察出版社 2019 年版，第 168 页。

在厘清了认罪认罚案件中公诉权与审判权的边界问题后，笔者认为，既然制度的设计并没有产生公诉权对审判权的侵犯，那在现有制度下检察机关量刑建议精准化应当是认罪认罚从宽制度的发展趋势。量刑建议精准化意味着对被追诉人认罪认罚的明智性和自愿性保障更为强劲，有利于降低被告人就量刑问题上诉的概率；检察机关基于科学的量刑思维和量刑方法，在正确处理公共利益保护与犯罪人罪责之间关系的基础上得出确定刑量刑建议，法院可以直接予以接受，有助于节约法院的司法成本；同时，量刑精准化承载着对被追诉人从宽处理的实质意蕴，反馈到刑事执行层面则直接带来诉讼后置程序的资源节约。但是，鉴于目前的法律规定及司法实践，精准化量刑之外也需要幅度量刑的补充。比如，一些新类型的犯罪案件，量刑规范中没有明确的指引，没有具体的减让标准；或者是可能判处十年以上有期徒刑的案件，量刑幅度比较大，提出幅度量刑更有利于当事人接受，有助于认罪认罚从宽程序的推进。此外，在司法实践中还存在一种情况，犯罪嫌疑人认罪认罚，辩护人对指控的罪名也没有异议。但是，辩护律师对一些量刑情节的认定和检察机关给出的量刑建议有不同看法，比如，认为有些有利于犯罪嫌疑人的量刑情节检察机关没有认定，或者对相关量刑情节从宽的幅度与检察官存有分歧，从而认为检察机关给出的确定刑量刑建议过重，试图说服检察机关调整为更轻的刑期，但检察机关也不认可辩护律师的意见，双方僵持不下，很难达成一致，这样就导致认罪认罚无法推进。对于犯罪嫌疑人来说，一方面觉得律师提出的意见有充分根据，一方面又担心如果不按照检察机关的意见签署认罪认罚具结书，检察机关就会提出更重的量刑建议；但如果签署了认罪认罚具结书，又觉得不甘心。其实，这样签署的认罪认罚具结书在自愿性上也存在问题。而对于律师来说，如果要行使独立的辩护权，不在认罪认罚具结书上签字，具结书就不能生效，也就无法适用认罪认罚从宽程序，这在一定程度上会影响当事人的利益；但如果律师签字了，将来是否还能帮助当事人争取到更大的利益，也存在一定的风险性。在这种情形下，其实控辩双方对案件的定性没有争议，仅是量刑上的分歧，而且辩方对量刑建议的提出又具有充分的法律依据，且辩方也不想放弃适用认罪认罚从宽制度，这时检察机关应当提出幅度刑的量刑建议，在之前的确定刑量刑建议之下给出一个幅度，这样更容易让犯罪嫌疑人及辩护人接受，控辩双方能很快达成协议，案件也能适用认罪认罚从宽制度，也给辩方在审判阶段争取更轻量刑提供了机会，如此一来对控辩双方都是共赢。

（2）针对性量刑指南的制定。

量刑建议对推动认罪认罚从宽制度具有重要的影响，所以，无论是对控方还是辩方，如何提出科学、合理、精密的量刑建议，对认罪认罚从宽制度的良好、稳健运行都具有重大意义。

以往，量刑都是法官的职责，检察官、辩护律师并不重视自身提出量刑建议的能力。而从我国有关量刑规范的制定与发布情况看，也都是法院系统制定出台的。最早在 2014 年，最高人民法院发布了《关于常见犯罪的量刑指导意见》，在全国中级、基层人民法院实施。2017 年 3 月，最高人民法院在总结实践经验的基础上，对 2014 年发布实施的《关于常见犯罪的量刑指导意见》作出了修改，从量刑方法、常见量刑情节的适用，以及常见 15 种犯罪的具体量刑标准等方面作了更完善的规定，并于 2017 年 4 月 1 日开始在全国实施。一个月后，最高人民法院又制定了《关于常见犯罪的量刑指导意见（二）》，又对 8 种常见犯罪的量刑作出了具体的标准。与此同时，为了规范刑罚的自由裁量权，各省市也结合自己的工作实际，纷纷制定了各地常见犯罪量刑指导意见的实施细则。可见，在 2018 年认罪认罚从宽制度正式写入刑事诉讼法之前，我国已有的量刑规范更多的是指引和约束审判人员，规范法官的自由裁量权。而检察机关的量刑建议仅是一种法律意见，是检察机关结合案件事实、全案证据以及各种情节，在提起公诉过程中对被告人量刑的法律意见。这种法律意见是一种求刑权，通常刑期幅度较大，对法院的约束力也不强。所以，对检察机关提出量刑建议的规范和要求也不高。

2018 年，认罪认罚从宽制度正式在全国实施。很长一段时间里，虽然法律要求检察机关一般要提出确定刑的量刑建议，但实践中，还是幅度量刑建议的适用更多，这一方面与检察机关量刑能力不足有关，另一方面也与我国没有全面、科学的量刑指引有很大关联。即使是最高人民法院制定的量刑规范，也仅限于 23 种常见犯罪，而认罪认罚从宽制度适用于《刑法》规定的所有罪名，也就是说绝大部分犯罪是没有明确、具体的量刑标准的。随着认罪认罚从宽制度的推行，国家层面也认识到了量刑规范、量刑程序的重要性，2020 年 11 月 5 日"两高三部"联合印发了《关于规范量刑程序若干问题的意见》，对包括认罪认罚案件在内的所有刑事案件的量刑与量刑建议作出了程序性规定。该意见主要是进一步明确了庭审量刑程序的相对独立性；进一步规范了量刑建议，明确提出量刑建议的条件、量刑建议的内容、方式以及量刑建议的调整等；进一步明确了量刑事实的调查取证和量刑事实的调查核实；进一步明确了被告人、被害人参与量刑协商的权利保障；进一步强化了量刑说理，增强量刑的公开性和透明度。可以看到，在认罪认罚从宽制度正式实施后，我们对量刑规范的提升还仅限于程序层面，对具体罪名的量刑指引并未深入和完善，仍然还仅有 23 种犯罪的具体量刑标准，并没有给检察机关、辩护人在具体罪名的量刑建议提出上提供更为细化的指引。

量刑建议是需要通过控辩协商的方式提出，但这一过程并不是随意的、想当然的，而是要严格依法进行，有理有据。所谓"依法"，不仅是指依照《刑法》《刑事诉讼法》及相关司法解释的规定，更需要依据一定的量刑规则和量刑指引。世界范围内，大致有两种模式的量刑指引制定方式：第一种是联合制定模式。比如，美国依据 1984 年量刑改革法设立了一个专门的量刑委员会，由审判、检察、刑罚执行等机关代表共同参与制定了联邦量刑指南。美国刑事司法体系中量刑制度很发达，主要体现在有完备科学的量刑指引约束司法人员的自由裁量权。根据《美国法典》第 18 章第 3553 节规定，联邦法官要参考美国量刑委员会发布的《量刑指南》进行量刑，《量刑指南》也是检察官提出量刑建议的主要依据。《量刑指南》目前已经发展为一部 600 余页的精密、科学、完备的指导性文件。在美国的辩诉交易中，有如此精密的量刑指南的指引，控辩双方就会对量刑有较为清晰的认知，甚至连被告人自己都可以计算出可能被判罚的刑期。量刑协商是在法律框架内进行的，量刑建议是风险可控、预期明确的，这样更有助于犯罪嫌疑人、被告人自愿选择认罪，有助于控辩双方达成一致的意见。第二种是单独制定模式。比如，荷兰检察机关根据"北极星指引"计划单独发布了三四十个全国性的量化、科学的量刑指引。这些指引虽然对法院没有强制约束力，但是由于它的标准化和科学性，法院很看重检察官依据其提出的量刑建议，80% 多的案件量刑都遵循了检察机关的量刑建议。[1]

---

〔1〕 杨先德：《认罪认罚从宽量刑建议精准化的域外启示》，载《检察日报》2019 年 7 月 16 日，第 3 版。

从域外的实践经验看，在类似认罪协商的制度中，量刑建议的精准化是通行做法。但控辩双方能够通过协商达成一个与审判结果接近、近似的结果，还是得需要科学、精准的量刑指引。所以，要推进认罪认罚从宽制度的长久运行，就要提升检察机关的精准化量刑能力，提升量刑的透明度，促使控辩双方更能达成一致，实现公正和效率更高层次的结合。为此，应当由最高人民检察院、最高人民法院、司法部联合制定一部科学、精密、完备的量刑指导意见，作为控辩量刑协商的根据和法院审查的主要依据。"精密"不仅要求量刑指引应当精细、准确，还要具体、明确；"完备"要求量刑指引要在现有罪名的基础上拓宽罪名范围，完善量刑规范化标准，实现量刑标准的统一化。同时，还要求量刑指引的精准要以规范和科学为前提。比如，美国的《量刑指南》是根据犯罪严重程度不同，对不同犯罪形成量化的指数体系，再根据认罪、坦白等影响量刑的因素调节犯罪严重程度指数，并与前科指数结合起来形成量刑表（Sentencing Table），最后按照量刑表确定最终的量刑区间。[1]结合我国现有量刑指导意见的制定情况，可以从以下几个方面予以深化：①尽快推动量刑指导意见的覆盖面，拓宽指引的罪名范围。②进一步细化不同犯罪的量刑幅度区间，形成量化的指数体系；细化影响量刑轻重的其他因素类型，并对这些因素的调整指数作出具体规定。③在现有条件下，可以探索分阶段确定精准量刑。比如，有地方探索对可能判处 3 年以下有期徒刑、拘役、管制或者单处附加刑的常见罪名，提出确定刑；对可能判处 3 年以上有期徒刑的较复杂的刑事案件、职务犯罪案件及知识产权等新类型案件，提出幅度刑。[2]④对于财产刑也要结合主刑适用的量刑，细化出每个主刑幅度的罚金数额，同时，作出例外规定，为特殊情况预留出空间。比如，重庆市渝北区、南川区人民检察院与法院联合发布会议纪要，明确罚金刑的适用标准，制作量刑评议表，明确各类情形的量刑幅度。[3]⑤对刑罚执行方式也要作出精确规定，明确适用缓刑的具体条件和确定标准。

〔1〕　杨先德：《认罪认罚从宽量刑建议精准化的域外启示》，载《检察日报》2019 年 7 月 16 日，第 3 版。

〔2〕　李建超：《确定刑量刑建议的重庆实践》，载《检察日报》2019 年 7 月 29 日，第 3 版。

〔3〕　国家检察官学院刑事检察教研部课题组、孙锐：《检察机关认罪认罚从宽制度改革试点实施情况观察》，载《国家检察官学院学报》2018 年第 6 期。

（3）智能量刑辅助系统的参与。

近年来，随着移动互联网、大数据的驱动，人工智能技术呈现爆炸式发展，已经融入社会生活的方方面面，司法领域也不例外。自 2017 年以来，刑法学界就开始讨论人工智能辅助量刑的问题。随着认罪认罚从宽制度的推进实施，伴随着对提升检察机关、辩护律师的量刑建议提出能力的需求，人工智能辅助量刑的话题再一次引起热议。《刑事诉讼法》第 176 条第 2 款规定，犯罪嫌疑人认罪认罚的，人民检察院应当就主刑、附加刑、是否适用缓刑等提出量刑建议，并随案移送认罪认罚具结书等材料。第 201 条规定，除非有《刑事诉讼法》规定的五种情形，否则人民法院一般应当采纳人民检察院指控的罪名和量刑建议。人民法院经审理认为量刑建议明显不当，或者被告人、辩护人对量刑建议提出异议的，人民检察院可以调整量刑建议。人民检察院不调整量刑建议或者调整量刑建议后仍然明显不当的，人民法院应当依法作出判决。可见，立法上对检察机关办理认罪认罚案件提出了明确的法律依据和办案要求，更对检察机关的量刑建议能力提升与量刑工作改革等提出更高的要求，今后应提出精准且明确的量刑建议。[1] 所以，当前科学开展量刑协商、精准提出正当的量刑建议，就成为办理认罪认罚案件控辩工作的核心。然而，对于控方来说，量刑建议能力的积累与培养相对不足；辩方则是量刑协商能力的欠缺，这都影响到认罪协商的推进。而对控辩各方所面临问题的解决，除了依靠立法的支持外，也迫切需要通过量刑建议辅助系统实现"弯道超车"。

最高人民法院《关于深化人民法院司法体制综合配套改革的意见——人民法院第五个五年改革纲要（2019—2023）》明确指出，要加强智能辅助办案系统建设，建设智能辅助审判系统，完善类案推送、结果对比、数据分析、瑕疵提示等功能，促进裁判尺度的统一，提高审判的质效。[2] 2019 年 7 月，时任最高人民法院院长的周强在世界互联网大会智慧法院暨网络法治论坛上指出，信息技术推动司法的现代化，研发与应用各类人工智能办案辅助平台，利

---

[1] 卞建等：《确定刑：认罪认罚从宽制度下量刑建议精准化之方向》，载《检察日报》2019 年 7 月 29 日，第 3 版。

[2] 扬凡：《建设智慧法院为司改注入新动能》，载《人民法院报》2019 年 7 月 13 日，第 2 版。

用大数据对案件进行标准化认定，可以推进司法公正。[1] 2019 年 4 月 28 日，全国检察机关开展"量刑建议精准化、规范化、智能化"的网络培训，要求各级检察机关要切实重视量刑建议工作的重要性，切实承担定罪和量刑的主导责任，加强全面提升检察官量刑建议的能力和水平。特别明确要求充分发挥大数据智能辅助系统的作用，通过大数据、智能化与检察工作的结合，有效提升量刑建议的精准度，充分论证并适时组织研发可以普遍适用的量刑建议辅助系统。[2] 2020 年 1 月，遵循"科学化、智能化、人性化"智慧检务建设原则，最高人民检察院以及贵州、海南两省检察机关正式上线试点运行全国检察机关统一业务应用系统 2.0 版，其中，智能辅助量刑系统是非常重要的板块。[3] 当前，刑事审判领域针对认罪认罚案件的智能办案是热点和难点，运用大数据和人工智能技术，可以抓取、分析相关量刑情节，并智能输出预测的刑期。未来的量刑活动，特别是认罪认罚案件的量刑，借助大数据智能辅助办案系统，可以提升量刑建议的精准度。[4]

笔者在实践调研中发现，一些地方的检察机关也在探索应用智能辅助系统办理认罪认罚案件，通过对各种量刑情节的分析，智能输出相应的预测刑期，以确保量刑建议的精准度和法律适用的统一性。目前，广东博维创远科技有限公司研发与设计的"小包公"智能定罪与量刑系统，对认罪认罚案件具备强大的智能精准预测量刑功能，能够更好地推进量刑规范化改革，已在全国 200 多个法院或检察院得到使用或试用，试运行效果良好。[5]"小包公"是通过法律与技术的紧密结合，探索并实现刑法理论知识与刑事司法实务的深度对接，利用大数据及人工智能技术，构建了一套合规、实证的量刑方法，使刑罚裁量的过程透明，结果可验证，实现量刑精准的公正目标。具体表现为，一是理论量刑系统遵循量刑规范的基本原理，同时根据算法等技术手段，实现量刑知识的全部系统化、结构化、模块化，以电脑的计算能力，测算出

---

〔1〕　徐娟：《让智慧法院为法治中国建设加速》，载《人民法院报》2019 年 7 月 12 日，第 2 版。

〔2〕　史兆琨：《深入推进量刑建议工作有效开展》，载《检察日报》2019 年 4 月 29 日，第 1 版。

〔3〕　戴佳：《检察业务应用步入 2.0 时代》，载《检察日报》2020 年 1 月 4 日，第 1 版。

〔4〕　苗生明：《认罪认罚量刑建议精准化的理解与把握》，载《检察日报》2019 年 7 月 29 日，第 3 版。

〔5〕　樊崇义：《关于认罪认罚中量刑建议的几个问题》，载《检察日报》2019 年 7 月 15 日，第 2 版。

最接近公正的量刑建议；二是实证量刑系统以司法大数据为前提，经由大数据技术、人工智能技术等，提炼真实存在的量刑规律和共识，用于指导量刑；三是二者彼此借力，相互验证，相互校正，融合量刑理论与实践，提供量刑建议的公正性和可预测性，实现"同案同判、类案类判"。同时，"小包公"量刑智能辅助系统也成为刑事辩护律师的办案助手。拿到一份起诉书后，辩护律师通过上传起诉书内容，系统可以自动识别犯罪嫌疑人人数、犯罪情节、是否新罪、是否漏罪等，并通过一定的提取规则，精准提取以判决罪名与刑期、犯罪次数、犯罪人数、犯罪金额以及其他金额，并根据法律、司法解释、地方实施细则等相关规定，将提取的相冲突标签优化展示，之后便可以即时运用智能量刑预测，一键生成个性化定制的量刑预测报告书。同时，可以实现单罪无认罪认罚版本、单罪认罪认罚版本、数罪无认罪认罚版本、数罪认罪认罚版本等多版本量刑建议书的自动生成。这样也为律师参与认罪协商，与检察机关进行量刑建议的协商提供了参考依据，辅助律师提升认罪协商的谈判能力。

智能量刑辅助系统在认罪认罚案件中的介入，为量刑协商机制提供了中立、客观、高效的第三方平台，使得认罪协商机制得以落地，实现更为公正的量刑。当前，认罪认罚从宽制度全面铺开，随着认罪认罚从宽制度适用率的不断攀升，"案多人少"的矛盾也日益突出。办案机关的司法责任越发繁重，对司法效率也提出了更高的要求。但程序的简化、效率的提升也不能以牺牲公正为代价，提高量刑协商并达成量刑建议的合意无疑是检察机关的迫切任务，而这单靠检察官个人的时间、精力、经验恐难以高质量完成，人工智能辅助系统及大数据的运用，则可以解放检察官的一些"事务性"工作，有助于检察机关提升办理认罪认罚案件的质量。此外，按照目前的法律规定，认罪认罚从宽制度并没有限制适用的案件类型、罪名，很多罪名是没有相应量刑指导意见的，这也给检察机关提出精准、合理的量刑建议增加了难度。而提出合理的量刑建议又是激励犯罪嫌疑人认罪认罚的关键。所以，在短期内，检察机关必须寻求其他辅助手段或者配套措施，以满足大量而有质量要求的量刑建议的需求。检察机关要在极短时间内达到能提出高水平、高质量、高效率的量刑建议能力，必须实现跨越式发展。在方法论上，应当注重向现代科技要生产力、要司法效率，通过人工智能、大数据的深度运用推动提升检察机关量刑建议的精准度。继而才能更好地实现"一般应当采纳"的司法效果，有效避免"明显不当"的情形，在末端程序中稳定量刑从宽的可预期性与激励机制，降低上诉率、抗诉率，并避免出现认罪反悔、程序回转等情况。[1]

智能量刑辅助系统的参与，有助于认罪认罚从宽制度的推进。按照最高人民法院、最高人民检察的相关部署，人工智能量刑辅助系统也是重要的改革发展方向。但是，人工智能辅助系统的建立，还需要量刑理论与人工智能理论的结合，而目前法学实证研究对这方面的理论供给不足；同时，对于人工智能量刑辅助系统到底是辅助指导量刑，还是规范量刑，到底仅是参考作用，还是具有决定性作用的依据，理论界也有不同立场。从认罪认罚从宽制度高效、高质推进的角度讲，人工智能量刑辅助系统的参与是趋势，要发挥其真正的功能和作用，一方面还需要在量刑理论层面给予理论支撑，另一方面也需要加强技术的提升，以及全国层面的统一适用与推广。同时，也应当通过立法的方式，将量刑指导意见、人工智能量刑上升为规范，统一尺度标准，实现量刑程序和量刑实体的规范化。

三、量刑辩护的精细化

在认罪认罚从宽案件中，律师辩护的方向由定罪转向量刑，量刑辩护成为核心与关键。伴随着认罪认罚从宽制度的推进，未来80%以上的案件都将适用认罪认罚从宽制度，这也对律师开展量刑辩护提出了更高的要求。

在传统的辩护理论中，往往把无罪辩护与罪轻辩护看作是一组相对的概念。但是，如果把量刑辩护独立出来，典型的量刑辩护是以量刑情节为中心，说服法院作出从轻、减轻、免除刑罚的辩护活动。量刑辩护确实非常重要，尤其是在被告人认罪、律师放弃无罪辩护的案件中，有充分的空间，应当予以高度重视。

但是，认罪认罚案件中的量刑辩护与通常所讲的广义上的量刑辩护是存在差别的。比如，把重罪改为轻罪的辩护、罪数减少的辩护、犯罪数额降低的辩护，这些辩护都与量刑辩护有关联，但又都带有一定无罪辩护的性质。

---

〔1〕 孙道萃：《人工智能辅助精准预测量刑的中国境遇——以认罪认罚案件为适用场域》，载《暨南学报（哲学社会科学版）》2020年第12期。

而从目前认罪认罚从宽制度的规定看，控辩双方对量刑进行协商的前提是，犯罪嫌疑人自愿如实供述自己的罪行，对指控的犯罪事实没有异议，这里就包括对指控的罪名、认定的犯罪金额等也没有异议，否则会影响到对"认罪"的认定，进而影响认罪认罚从宽制度的适用。所以，从司法实践的操作看，认罪认罚案件中的量刑辩护，仅是就影响量刑幅度的量刑情节展开的辩护，不涉及案件的罪名、实体定性、犯罪事实、犯罪金额等方面，这些方面的问题可以在协商中与检察机关进行讨论，但确定认罪认罚后，律师量刑辩护的空间其实是有限的。

常见的量刑情节无非就是自首、立功、退赃、退赔、取得被害人谅解等，还有就是犯罪形态、罪行程度，在共同犯罪中的地位和作用等。以往的量刑辩护中，律师一般是通过查阅控方的案卷，从控方掌握的证据中寻找量刑辩护的证据。其实，这些证据控方都可以看到，一般也都会客观地提出来，并在量刑时予以考量，这就使得律师辩护的空间和效果大打折扣，很多律师在量刑辩护时只会说"初犯、偶犯、认罪态度好"，显然这样的量刑辩护是远远不够的。

在认罪认罚从宽制度全面推进的当下，量刑辩护已经成为大部分案件的重要辩护方式，这就要求律师在有限的空间下，发挥专业素养，从过去的粗放型量刑辩护向精细化转变，在量刑辩护方面积极探索有效的出路。首先，律师在量刑辩护中要转变观念和态度，从消极辩护向积极辩护转变。这就要求辩护律师不能仅局限于控方的案卷中，应当去主动搜集对犯罪嫌疑人有利的量刑证据。一方面，要发现、寻找已经存在的量刑证据。比如，犯罪嫌疑人的日常表现、犯罪前后的表现、认罪悔罪的态度、社会对其的良好评价、适用缓刑已具备的条件等，这些都是律师介入案件后已经发生、存在的量刑情节，律师不能仅是一句话式的表达意见，而需要积极主动地去收集、形成对这些情节有利支撑的证据。另一方面，就要求律师去促成某些有利于犯罪嫌疑人的量刑情节的成立。比如，有些自首办案机关没有认定，这就需要律师认真了解嫌疑人的到案经过，研究清楚嫌疑人主动交代的犯罪事实与侦查机关掌握的线索是否一致，一旦确认存在自首的情形，应当积极与检察机关沟通，促成侦查机关为犯罪嫌疑人出具有关自首的证明文件，促成自首情节的最终成立。再比如，立功，这也是对犯罪嫌疑人非常重要的量刑情节，律师要向嫌疑人了解其是否有揭发检举他人犯罪的情形，是否在侦查阶段向办案机关陈述了相关内容，如果案卷中没有这方面内容的，律师应当向检察机关提供相关线索，要求检察机关向侦查机关核实相关情况，积极促成立功的认定。此外，律师还应当引导犯罪嫌疑人、被告人积极退赃、退赔，主动寻求和被害方的和解，取得被害人谅解等，甚至有时还可以协助当事人形成新的量刑情节。辩护律师还应当主动搜索相关的类案判例，发现可类比的有利案例可以作为证据参考提交检察机关，促成对本案的有利量刑。总之，辩护律师应当通过积极的辩护，形成重要的量刑证据，为量刑辩护争取更大的空间。其次，辩护律师应当熟练掌握量刑情节的计算标准和方式。一方面，要对相关量刑法律规定非常熟悉和了解，不仅是熟知最高人民法院《关于常见犯罪的量刑指导意见》，同时还有对各省市的常见犯罪量刑指导细则有清楚的了解。另一方面，辩护律师要对量刑起点、基准刑、宣告刑等量刑中的相关概念有正确的理解和认知，掌握量刑方法和步骤，对各种量刑情节从宽的幅度有精准的把握，并能够根据案件情况计算出从宽幅度的上线和下线，明确协商的空间范围。再次，辩护律师要掌握与控方协商谈判的技巧，转变观念，抓住有利情节，在法律的空间里为当事人争取最大的利益。

第三节　认罪认罚案件程序正义的制度保障

一、值班律师制度的完善

（一）值班律师法律帮助职能的实质化改造

《刑事诉讼法》第 36 条规定，犯罪嫌疑人、被告人没有委托辩护人，法律援助机构没有指派律师为其提供辩护的，由值班律师为犯罪嫌疑人、被告人提供法律咨询、程序选择建议、申请变更强制措施、对案件处理提出意见等法律帮助。《指导意见》第 12 条规定，值班律师应当维护犯罪嫌疑人、被告人的合法权益，确保犯罪嫌疑人、被告人在充分了解认罪认罚性质和法律后果的情况下，自愿认罪认罚。值班律师应当为认罪认罚的犯罪嫌疑人、被告人提供下列法律帮助：（1）提供法律咨询，包括告知涉嫌或指控的罪名、相关法律规定，认罪认罚的性质和法律后果等；（2）提出程序适用的建议；（3）帮助申请变更强制措施；（4）对人民检察院认定罪名、量刑建议提出意见；（5）就案件处理，向人民法院、人民检察院、公安机关提出意见；（6）引导、帮助犯罪嫌疑人、被告人及其近亲属申请法律援助；（7）法律法规规定的其他事项。

从《刑事诉讼法》及《指导意见》的规定看，当前法律赋予值班律师的职能可以概括为以下几个方面：（1）提供法律咨询，释明法律规定。在认罪认罚案件中，值班律师应当就犯罪嫌疑人、被告人涉嫌的罪名、罪名的相关法律规定、认罪认罚的法律规定、认罪与否的法律后果等为犯罪嫌疑人、被告人提供咨询意见及解释相关法律，使犯罪嫌疑人、被告人能够真正理解自己被指控的犯罪、法律责任和法律后果，以帮助犯罪嫌疑人、被告人自主决定是否认罪认罚，确保认罪认罚的自愿性。（2）保障犯罪嫌疑人、被告人的合法诉讼权利。比如，犯罪嫌疑人、被告人申请变更强制措施的权利，申请法律援助的权利等。（3）协助犯罪嫌疑人进行认罪协商。犯罪嫌疑人自愿认罪认罚后，值班律师应当协助其与检察机关就量刑进行协商，以帮助犯罪嫌疑人争取到最大的量刑优惠，并且要见证认罪认罚具结书的签署。（4）向办案机关提出相关意见。值班律师可以就涉嫌的犯罪事实、罪名及适用的法律规定，犯罪嫌疑人具有的从轻、减轻或者免除处罚的从宽情节，认罪认罚后案件的程序适用等事项向办案机关提出建议。或者根据所了解的案件情况，向办案机关提出相应的法律意见。（5）提供程序选择建议。值班律师还应当对犯罪嫌疑人提供程序选择的建议和意见，向其释明速裁程序、简易程序、普通程序的法律规定，以及程序间的权利差异，说明适用不同诉讼程序的利弊，帮助其作出合理选择。

然而在实践中，值班律师并未真正履行好法律赋予的职能，值班律师参与认罪认罚案件辩护的作用有限。根据法律规定，认罪认罚从宽制度适用刑事诉讼的各个诉讼阶段，从侦查阶段开始，只要犯罪嫌疑人没有委托辩护律师、没有获得法律援助律师的辩护，就有权获得值班律师的法律帮助。但是，现实中设在看守所外的值班律师工作站，并未真正实现为羁押在看守所里的嫌疑人提供法律帮助的目标，而是大多服务于家属等非涉案人员。而侦查阶段犯罪嫌疑人表示认罪认罚的，也没有值班律师"补位"提供法律帮助，以保障认罪认罚的自愿性。审查起诉阶段，值班律师都是在检察机关准备和犯罪嫌疑人签署认罪认罚具结书时才被通知到场，没有单独的会见权，难以给犯罪嫌疑人提供充分的法律咨询及法律解释，而且值班律师也没有进行充分的阅卷，在不了解证据的情况下，难以就是否认罪认罚给出准确的建议和意见，更无法与控方进行有效的协商。值班律师大多是以配合检察机关的态度，在认罪认罚具结书上签字以完成任务，并未真正发挥其律师应有的作用。所谓赋予值班律师的会见权、阅卷权根本没有实现的时间条件。审判阶段，值班律师不出庭辩护，大多是根据法院的安排，在庭前形式化地给被告人释明认罪认罚的法律规定及法律后果，以此算是对被告人自愿认罪认罚的保障。

可以看出，目前值班律师的职能并没有落实到位，这一方面与值班律师自身专业素养、尽职尽责态度等因素有关；另一方面则是由于法律规定与实践操作存在冲突，法律的规定在实践操作上不具可行性。比如，值班律师可以为犯罪嫌疑人申请变更强制措施，但实践中值班律师介入认罪认罚案件都是在签署认罪认罚具结书时，如果控辩达成了协商，或许就没有变更强制措施的可能和必要了。再比如，值班律师有向办案机关提出相关法律意见的职能，但实践中值班律师与检察机关的接触都是在签署认罪认罚具结书时，在这之前和之后都没有接触的可能，而在签署认罪认罚具结书时，值班律师对案件情况并没充分了解的渠道，根本不具备提出有效法律意见的条件。所以，笔者认为，要将法律规定的值班律师的职能予以落实，还要从根本上解决参与认罪协商的律师诉讼身份定位的问题，同时也应当让值班律师归位，发挥其本应当发挥的作用。

（二）值班律师与辩护律师的身份转换

值班律师制度是舶来品，在我国经历了从无到有的过程。2018 年《刑事诉讼法》的修改，将值班律师制度写入法律，这无疑是司法人权保障制度完善和发展的重大举措。然而，我国的值班律师制度是在速裁程序改革、以审判为中心的诉讼制度改革、认罪认罚从宽制度、刑事案件律师辩护全覆盖等多种制度改革和创新的契机中引入发展的，是这些制度改革的配套措施，这也就使得我国的值班律师制度与该制度的起源设置不相一致，而出现了目前值班律师法律地位的扭曲，执业权利得不到保障的现状，这就需要我们对值班律师重新进行定位，对参与认罪认罚案件的律师主体重新进行匹配和调整。

在认罪认罚案件中，从律师辩护主体看有三种：第一种是委托律师的辩护，被告人有经济能力可以委托律师辩护；第二种是如果被告人没有经济能力委托律师，但符合法定法律援助的条件，由办案机关通知法律援助机构给他指派律师辩护；第三种则是如果前两种都没有，按照《刑事诉讼法》的规定就要给他指派值班律师。在司法实践中，现在前两种律师辩护的比例是30%左右，70%左右的案件是没有律师辩护的，而70%的案件当中又可能有70%或者80%是属于认罪认罚案件。这部分认罪认罚案件，谁来为被告人辩护呢？2018年《刑事诉讼法》修改时，在总结之前速裁程序、认罪认罚从宽制度试点的基础上，正式建立了值班律师制度，并且把值班律师引入认罪认罚从宽制度当中。[1]我们可以看到，委托律师是源于犯罪嫌疑人、被告人及其近亲属的委托，律师提供的是一种有偿法律服务。委托律师可以从侦查阶段就介入案件，参与刑事诉讼的全过程，享有法律上赋予的辩护律师的各项诉讼权利。法律援助机构指派的律师，是基于犯罪嫌疑人、被告人经济困难或其他原因的申请，或者依照法律规定需要强制辩护的情形，由国家无偿为犯罪嫌疑人、被告人指派律师提供辩护。根据《刑事诉讼法》第35条的规定，当前的法律援助已经扩展到案件的侦查阶段，法律援助律师同委托辩护律师一样，具有辩护人的诉讼地位，享有法律赋予的辩护人的一切诉讼权利。值班律师则不同，其与法律援助律师虽然都是国家出资设立的，为犯罪嫌疑人、被告人提供无偿法律服务的律师，但二者提供法律服务的内容和所享有的诉讼权限是有区别的。法律援助律师提供的法律服务内容与委托律师没有区别，同样也享有委托律师的一切诉讼权利；值班律师提供法律帮助的内容在《刑事诉讼法》及《指导意见》中已经作出明确规定，显然没有委托律师和法律援助律师的服务面广泛、全面，且法律也没有规定值班律师的调查取证权，值班律师也不能出庭辩护，没有参与庭审辩护的权利。

回归到认罪认罚从宽制度中，虽然目前《刑事诉讼法》规定，认罪认罚从宽制度适用于刑事诉讼的各个阶段，但从实践操作看，认罪认罚从宽制度的核心——认罪协商是发生在审查起诉阶段，也就是说认罪认罚的实质性工作都是在审查起诉环节展开的，侦查阶段只是个铺垫，审判阶段是一种确认，关键性的辩护都在审查起诉阶段。起诉程序是控审分离的结果，追求的是司法权力追究犯罪与权利保障之间的正当性。案件进入审查起诉后，律师有权

---

[1] 王敏远、顾永忠、孙长永：《刑事诉讼法三人谈：认罪认罚从宽制度中的刑事辩护》，载《中国法律评论》2020年第1期。

查阅卷宗材料，通过充分行使辩护权等权利，及早发现事实真相；而控方通过听取辩方意见，使辩方无罪或者罪轻等主张得到认可，敦促检察机关作出有利于犯罪嫌疑人的处理结果。与此同时，随着辩诉交易制度的盛行，如果根据传统的诉讼正义观把全部案件都交付审判，可能就会造成刑事审判制度的全面瘫痪。我国建立认罪认罚从宽制度也是为了缩减诉讼环节，减少诉讼成本，提高诉讼效率，同时也让犯罪嫌疑人获得更多的合法实惠。可见，在起诉环节控辩双方就进行了实质性的"辩论"和"质证"，而且双方在对案件的争论中有可能达成一致。在这种情况下，被追诉人就需要获得专业律师的协助，以弥补其自身专业知识的不足和人身自由受到限制的局限性，以在这一环节中争取到最有利于自己的结果。而要达到这样的诉讼目标和效果，一方面要求律师具有较高的专业水平，另一方面就要充分赋予和保障律师的一切辩护权利，以便其获得更多的信息和资源，帮助当事人在认罪协商中谋求更大优势。无论是不认罪的案件，还是当事人自愿认罪认罚的案件，律师在审查起诉阶段所进行的都是实质性的深入辩护工作，这不仅需要律师在充分会见、阅卷的基础上了解案件事实，从控方证据中寻找、发现对己方有利的证据，甚至还需要律师积极创造有利证据。然而，值班律师没有调查取证权，其介入案件的时间点也来不及充分会见、阅卷，所以，值班律师对案件难以有深入地了解和研究，在认罪协商中就只能流于形式，无法开展实质、有效的辩护。笔者认为，律师参与审查起诉环节的认罪协商工作，不再是单纯地提供一些表层的法律帮助，而是要深入到案件中去，实质性地进行深层辩护，显然这样的要求是值班律师难以胜任的，审查起诉阶段的认罪认罚辩护需要享有完整辩护权的辩护律师担任，才能真正保障犯罪嫌疑人的合法权益，实现人权司法保障的本质要求。所以，应当推动值班律师向辩护律师的转化，由享有充分辩护权的律师为犯罪嫌疑人提供审查起诉阶段的实质辩护，保障认罪协商的有效质量，这也是防范冤假错案、保障司法公正的必然要求。

在由值班律师向辩护律师的转化中，首先，应当立足于现行刑事诉讼法对值班律师的身份定位，在案件进入每个不同诉讼程序之初，在犯罪嫌疑人、被告人还不清楚可以申请法律援助，或者还没有通知到其家属委托律师之前，应该通知值班律师为其提供法律帮助。值班律师的工作职责是，解答法律咨询；向犯罪嫌疑人、被告人讲解相关诉讼程序；帮助分析案件的发展趋势；

申请变更强制措施；引导和帮助犯罪嫌疑人、被告人申请法律援助，转交申请材料，并告知其有委托辩护律师的权利。对于审查起诉阶段的认罪认罚案件，应当由法律援助律师或者委托律师参与，为犯罪嫌疑人提供实质性法律服务，履行辩护人的职责。其次，在转化的过程中，应当保持法律援助的公益性，值班律师可以直接转换为法律援助律师，参与审查起诉阶段的认罪认罚，为犯罪嫌疑人提供辩护。禁止值班律师利用自己提供法律帮助的便利，转换为委托律师收取费用。值班律师应当告知犯罪嫌疑人有权自行委托辩护律师，但值班律师不得直接转为委托律师。最后，通过立法扩大法律援助的范围，明确审查起诉阶段的认罪认罚必须由辩护律师参与，引导值班律师向辩护律师的转换。

二、有效辩护制度

认罪认罚从宽制度的确立使得我国未来 80% 以上的刑事案件都将被该程序所分流，那么，如何在提高诉讼效率的同时，保障认罪认罚案件获得公正处理，这将影响认罪认罚从宽制度的稳健运行。如前所述，单纯依靠司法机关的保障是远远不够的，律师参与认罪认罚使得该制度的存在具有了正当性基础，但仅是形式上的参与尚不足以实现人权保障的目标，必须建立认罪认罚案件中的有效辩护制度，规范和引导律师提供有效的辩护，以避免控辩双方力量失衡，实现控辩关系的实质平等，达到对被追诉人权利的有力保障。

（一）有效辩护与权利保障的关系

1. 有效辩护的引入

关于"有效辩护"和"无效辩护"的话题，在我国律师界已经探讨了许久，并引发了理论界和实务界的一些争论。但因为这两个概念都属于源自美国法律的舶来品，而美国也仅是通过联邦最高法院的一系列判例确立的一项被告人享有获得有效辩护的宪法权利，并没有明确的概念界定，所以，不少人认为，在我国刑事辩护制度中引入这些概念不具有必要性。但是，随着司法实践的不断发展，律师不尽职尽责、不履行忠诚义务的辩护时有发生，这严重损害了被追诉人的合法利益，不利于对犯罪嫌疑人、被告人的权利保障。

虽然我国目前尚未构建有效辩护制度，但相比不认罪认罚的案件，认罪认罚案件更需要有效辩护的理念，这是因为被追诉人的认罪认罚是基于对结果的预期上，而认罪认罚到从宽的过程是控辩协商的结果，是控辩合作的体现。那么，为了确保认罪认罚案件中控辩协商的有效性，被追诉人就更需要获得有效的律师帮助，在认罪认罚案件中建立和健全有效辩护制度也就更具有重要性。

随着认罪认罚从宽制度的推行，客观上催生了刑事案件的两类分流，即认罪认罚案件和不认罪认罚案件。无论是哪一类案件，都需要贯彻有效辩护的理念，但因为两类案件的辩护方向和重点不同，所以，有效辩护的内容及表现形式也应当有所区别。对于传统的不认罪认罚的案件，有效辩护强调的是辩护权的充分行使和保障，律师的辩护是以定罪量刑为主线展开，虽然也强调审前辩护的重要性，但核心仍然是庭审辩护，并以激烈对抗为主要辩护方式。在认罪认罚案件中，控辩双方对案件的定性争议已经消除，辩护的核心是量刑，方式是协商合作。认罪认罚案件中，因为诉讼程序的简化和加速，量刑"优惠"也是在法定刑期内的从宽，事实上辩护空间是有限的，这就要求律师必须在关键环节、关键节点上进行有效参与，并且将辩护重心移至审前，更侧重于对犯罪嫌疑人、被告人认罪认罚自愿性、明知性、明智性及合法性的保障上。

目前在认罪认罚的推行过程中确实存在律师辩护流于形式，缺乏有效性的问题，这使得控辩协商更加失衡，辩方在协商中明显处于被动和劣势。所以，以有效辩护为原则，建立一套规范律师辩护质量的控制体系，是构建独立认罪认罚协商诉讼程序中的一项基本要求，也是刑事辩护制度的发展方向。

2. 权利保障的要求

刑事司法与权利保护有着非常紧密的联系，刑事诉讼中的权利保障是通过政府的刑事司法行为和个人在诉讼中享有的诉讼权利而实现的，而刑事辩护制度就是为保障犯罪嫌疑人、被告人权益而设置的，其目的在于使刑事被追诉人获得有利的诉讼结果。有效辩护原则是刑事辩护制度发展到一定阶段的产物，是司法文明与进步的体现，有效性作为刑事辩护制度的生存之本，是辩护制度得以继续发展的前提。《关于律师作用的基本原则》在阐述其宗旨时就提出，"鉴于充分保护人人都享有的人权和基本自由，无论是经济、社会和文化权利或是公民权利和政治权利，要求所有人都能有效地得到独立的法律专业人员所提供的法律服务"。第 2 条则进一步规定，"各国政府应确保向在其境内并受其管辖的所有的人，不加任何区分，诸如基于种族、肤色、民族、性别、语言、宗教、政治或其他见解、原国籍或社会出身、财产、出身、经济或其他身份地位等方面的歧视，提供关于平等有效地获得律师协助的迅捷有效的程序和机制"。

有效辩护是现代刑事诉讼的重要标志之一，它坚持权利保障与正当程序的价值目标，强调辩护的实质性和有效性，被追诉人不仅有权获得律师的辩护，而且辩护应当充分且有效。有效辩护的首要内涵就是保障被追诉人在诉讼中充分享有辩护权，同时赋予被追诉人聘请合格律师为其辩护的权利，能够有效履行辩护人义务的辩护人为犯罪嫌疑人、被告人辩护，不仅是审判阶段的辩护，还包括审前辩护，甚至在审判结束后的执行程序中的辩护。此外，根据《关于律师作用的基本原则》第 6 条的规定，有效辩护还要求，"任何没有律师的人在司法需要情况下均有权获得按犯罪性质指派给他的一名有经验和能力的律师，以便得到有效的法律协助，如果他无足够力量为此种服务支付费用，可不交费"。

当前，在认罪认罚案件中引入有效辩护制度也是现实需要，其必要性在于：一是，犯罪嫌疑人、被告人认罪认罚自愿性保障的需要；二是，有助于帮助犯罪嫌疑人、被告人明知和理解认罪认罚的法律规定及法律后果；三是，有助于辩护律师与检察机关积极沟通协商，帮助犯罪嫌疑人、被告人争取最有利的结果；四是，有助于引导被追诉人自主选择诉讼程序并确定辩护方案；五是，庭审实质化的需要。认罪认罚的案件虽然简化了庭审程序，但这并不意味着允许庭审走过场、形式化，在这些案件中，也要防止审判因程序简化而完全沦为"橡皮图章"，仅起到对侦查和审查起诉程序的结论进行确认的作用。[1]

（二）有效辩护的标准

在美国的辩诉交易中，被告人获得合格律师的有效辩护帮助是一项宪法权利，向辩诉交易的被告人提供有效的辩护服务则是辩护律师的宪法义务，违背这一义务当然导致有罪答辩被驳回。这显然与我国对律师辩护的要求有很大差异。我国虽未建立有效辩护制度，但对有效辩护的关注度越来越高。有学

---

[1]　熊秋红：《审判中心视野下的律师有效辩护》，载《当代法学》2017 年第 6 期。

者认为，有效辩护的标准应当是"尽职尽责"，这就要求辩护律师在刑事辩护中忠诚地履行辩护义务，忠实于"授权委托协议"，并承担约定的辩护责任。[1]也有学者认为，有效辩护的标准是产生"有利结果"，即办案机关接受或者是采纳了被追诉人尤其是其辩护律师提出的正确辩护意见或主张，且作出的诉讼决定是在实体或者是程序上对被追诉人有利的。[2]还有学者提出，应当将辩护质量视为有效辩护的核心内容。有效辩护主要是关注律师辩护的质量，将提升律师辩护质量作为实现律师有效辩护目标的重要方面。[3]此外，也有学者把是否符合一般的执业标准作为刑事辩护质量的判断依据，认为"有效辩护的核心内容是指律师提供的帮助对被告人而言必须符合一般的执业标准"[4]。

那么，尽职尽责是否就等同于有效辩护？而单纯的以结果作为评判有效辩护的标准，在我国目前的司法实践中又并不具可操作性。比如，在实践中，一个律师尽忠尽职地进行辩护，但法院并不采纳律师的意见，或者即使采纳了律师的部分意见获得了较轻的辩护效果，但并没有达到被追诉人的心理预期，那这样的辩护到底是"有效辩护"还是"无效辩护"呢，如果界定为"无效辩护"，对辩护律师加以批评甚至惩戒，显然是不公平的。所以，以认罪认罚的案件为切入点，构建有效辩护的标准应当将"尽职尽责辩护"与"有利结果辩护"相结合，既要注重过程，又要关注结果。这是因为认罪认罚案件不同于普通案件，首先需要关注的是犯罪嫌疑人认罪的自愿性、合法性，而嫌疑人往往会认为只要认罪就会获得从轻处罚，加之检察机关也会将"认罪认罚就会轻判，不认罪认罚就重判"作为协商的条件，所以，"诱惑认罪"的情况难免发生，这单靠辩护律师的尽职尽责是无法避免的。因此，律师一开始就要以"有利目标"为标准，才能更积极地避免犯罪嫌疑人被诱惑认罪，保障认罪认罚的自愿性、合法性。其次，在认罪认罚案件中，控辩双方对案件实体定性已无争议，认罪协商的核心是量刑，这就更凸显了律师要帮助当事人争取最轻、最有利结果的必然要求，这也是律师尽职尽责的体现。可见，

[1]　陈瑞华：《有效辩护问题的再思考》，载《当代法学》2017年第6期。
[2]　顾永忠、李竺娉：《论刑事辩护的有效性及其实现条件——兼议"无效辩护"在我国的引入》，载《西部法学评论》2008年第2期。
[3]　熊秋红：《审判中心视野下的律师有效辩护》，载《当代法学》2017年第6期。
[4]　彭江辉：《有效辩护与辩护质量——美国有效辩护制度窥探》，载《湘潭大学学报（哲学社会科学版）》2015年第4期。

在认罪认罚案件中，重视过程是辩护权行使的必然要求，关注结果则是客户关系的内在需要。[1]

笔者认为，要做到"尽职尽责辩护"和"有利结果辩护"的结合，则至少需要以下标准：（1）律师必须是合格且称职的。具体表现为：在认罪认罚案件中，辩护律师要帮助被追诉人明知和理解认罪认罚的相关法律规定，全面告知被追诉人应当享有的诉讼权利，详细讲解其所涉嫌罪名的法律规定及含义，认罪认罚的程序、可能产生的利弊及法律后果等。如果辩护律师没有给犯罪嫌疑人、被告人释明清楚认罪认罚的法律规定及法律后果，没有使其充分理解和明知，辩护律师在法律适用、认罪认罚的选择、法院可能判决的结果等方面严重误导被追诉人，则可能构成无效辩护。（2）事实是辩护的关键，辩护律师是否充分行使了阅卷权，是否让犯罪嫌疑人、被告人充分知晓案件信息，也会影响辩护的有效性。辩护律师如果不知晓案件事实则无法有效帮助被追诉人。（3）在认罪协商中，最有效的辩护当然是寻求对被追诉人非犯罪化的处理方式，比如撤销案件、不予起诉等。辩护律师应当认真进行量刑协商，从而为被追诉人争取最理想的法律结果。在控辩协商中，如果被追诉方明显具有优势时，而辩护律师未能与检察官进行充分协商，则可能构成无效辩护。（4）根据律师职业道德的要求，辩护律师不能向当事人承诺或者保证案件结果。所以，在认罪认罚案件中就要求辩护律师必须与委托人进行充分且有效的沟通和交流，辩护律师要告知被追诉人可供选择的各种方案，并作出选择利弊的分析，进而提出最为合理的明确建议。辩护律师的任何说服工作都不得包含不适当的威胁与强制，包括为犯罪嫌疑人、被告人拒绝辩护的威胁或者过分夸大审判风险和后果等。（5）辩护律师要寻求积极主动的辩护方案，在研究控方证据的基础上，充分调查，收集一切与定罪量刑相关的有利于被追诉人的证据，以便在量刑协商中为被追诉人争取最有利的结果。

（三）有效辩护的实现条件

刑事案件中有效辩护的实现，并非单靠辩护律师就可以达到，需要多方面条件的共同保障，具体包括以下条件：

---

〔1〕 左卫民：《有效辩护还是有效果辩护?》，载《法学评论》2019 年第 1 期。

1. 立法条件的保障

根据联合国《公民权利和政治权利国际公约》及其他有关文件的要求，立法保障条件主要包括以下内容：

（1）赋予辩方充分且广泛的诉讼权利。具体包括会见、通信权，阅卷权，调查取证权，获得律师帮助的权利等。

（2）辩护权得以充分且有效行使的保障手段。具体包括向办案机关表达意见的权利，控辩平等协商的权利，举证、质证权，陈述权，辩论权等。

（3）诉讼权利被侵害时的救济权利。具体包括申诉权、控告权、上诉权、赔偿请求权等。

2. 司法条件的保障

（1）办案机关要严格依照《刑事诉讼法》的规定依法办案。

当前，在实现有效辩护中面临的一大问题就是立法的规定与法律的执行存在一定差距，办案机关对于立法意图的贯彻不到位，对于立法精神的理解存在偏差，不能善意理解法律，故意刁难、限制辩护权的情况时有发生，这都会影响辩护权的有效实现。所以，办案机关严格依法办事，切实执行法律规定，并且依法履行立法所要求对犯罪嫌疑人、被告人的各项告知义务，保障辩护权行使的便利和条件，是有效辩护实现的保障之一。

（2）对办案机关的违法行为应有相应的制裁措施。

"无制裁则无规则"。目前，在我国的刑事立法中对于办案机关违法办案的后果规定甚少，导致办案机关违法成本较低，即使办案中存在违法情形，也不会影响对犯罪的追诉，这显然也不利于有效辩护的实现。"作为程序违法的法律后果之一，程序性制裁是通过对那些违反法律程序的侦查、公诉和审判行为宣告无效、使其不再产生所预期的法律后果的方式，来惩罚和遏制程序性违法行为的。"[1]所以，要促进刑事辩护制度的落实，实现有效辩护，就有必要建立对办案机关违法行为的程序性纠正或者制裁机制，将违法后果与证据采信、追诉后果相挂钩，提高办案机关的违法成本，也是保障刑事辩护有效运行的重要方法，通过程序公正促进实体正义。

---

[1]　陈瑞华：《程序性制裁理论》，中国法制出版社 2005 年版，第 29 页。

3. 律师自身的要求

实现有效辩护，律师自身也要具备一定的条件。具体表现为：

（1）律师队伍必须有足够的人数。认罪认罚案件中必须有律师的参与，这是该制度正当性的基础。所以，必须有足够合格且称职的律师队伍保障，才能保障被追诉人从"有权获得律师帮助"到"有权获得律师有效帮助"的实现。足够的律师人数是有效辩护实现的基础和前提。

（2）法律援助律师队伍的保障。随着认罪认罚从宽制度的推进，未来认罪协商的案件将大量出现，对律师的需求也会随之增加，对于那些没有经济能力聘请律师的犯罪嫌疑人、被告人，国家要为他们免费提供律师帮助。这不仅需要国家一定的财力支持，也需要国家加强对法律援助律师队伍的建设。

（3）律师要具备专业的辩护技能和精湛的执业能力。要做到有效辩护，律师必须熟练掌握专业知识，灵活运用辩护技术。专业知识的掌握需要律师的不断学习，这是一个自我学习和不断提升的过程。辩护技术的运用与实践经验有着密切关系，认罪认罚案件的辩护重点是量刑，通过控辩协商为当事人争取最有利的结果。但其实即使在认罪认罚案件中，争取非犯罪化处理当然也是被追诉人的目标，这就要求辩护律师基于对法律的判断和协商技术的运用，以认罪认罚为切入，为当事人争取不起诉或者免于刑事处罚等非犯罪化的处理结果。在不具备实现非犯罪化处理的情况下，辩护律师应当善于运用辩护策略去影响量刑辩护，争取为量刑辩护带来更有利的效果。在认罪认罚案件中，辩护律师还应当转变辩护理念和方法，提升沟通和谈判的技术，以及说服检察官的能力。

（4）辩护律师要有良好的职业道德和敬业精神。刑事辩护律师始终要把维护当事人的合法权益置于辩护工作的首位，但也不能忽视捍卫法律尊严，维护社会公平和正义的神圣使命。所以，这就要求刑事辩护律师要有良好的职业道德，守住律师执业的底线，要通过尽职尽责的有效辩护维护当事人的合法利益。

（四）有效辩护的实现方法

无论是从履行律师的忠诚义务，还是维护程序正义的视角，或具体到认罪认罚的现实需要，有效辩护都应当成为刑事辩护制度中的一项基本准则。特别是在认罪认罚案件中，如果不构建有效辩护的理念，律师参与认罪协商所要发挥的权利保障、预防认罪认罚撤回、程序回转、防范冤假错案，以及保障认罪认罚自愿性等功能价值都将无从实现，这样既不利于认罪认罚从宽制度的稳步推行，也不利于辩护律师地位和作用的提升。但是，相比犯罪嫌疑人、被告人对律师辩护质量的需求而言，目前我国律师能提供的法律服务确实还十分有限，所以，从制度变革角度去反思有效辩护的建立健全，对有效辩护的实现更具直接性。

1. 建立更加完善的辩护权保障机制

在认罪认罚案件中应当保障辩护律师，包括法律援助律师自由会见犯罪嫌疑人、被告人的制度，这种会见应当是充分且不受限制的，而且不应被监听，在完全保密的情况下进行充分的案情和辩护方案的交流。特别是在认罪协商前，保障辩护律师与犯罪嫌疑人有充分的交流时间，在协商过程中，为辩护律师与犯罪嫌疑人提供单独私密的交流便利。同时，切实落实辩护律师与犯罪嫌疑人、被告人通信的权利，通过视频、电话等便利方式，保障犯罪嫌疑人与辩护律师的充分沟通，有助于犯罪嫌疑人对认罪协商程序的选择。

建立证据开示制度，保障犯罪嫌疑人对指控信息的充分知悉；明确辩护律师与犯罪嫌疑人、被告人核实证据的权利，包括对所有证据材料的核实。

完善辩护律师的调查取证权，在法律中明确规定辩护律师在各个诉讼阶段的独立调查取证权，规定任何人对律师调查取证都有配合的义务。因为在认罪认罚案件中，协商性辩护要求律师掌握更多的协商筹码，所以要寻求更加积极主动的辩护方式，积极寻找对被追诉人有利的证据，这对实现有效辩护有重要影响。

建立侦查阶段值班律师讯问在场制度，这将非常有利于保障认罪认罚的自愿性和合法性。

2. 完善我国的法律援助制度

为防止检察官滥用权力及被告人违心认罪，很多国家在认罪协商中都规定了强制辩护制度，力图保障律师的有效参与。英美法系国家也是通过设置强制辩护制度提高认罪认罚的正当性；大陆法系国家也在认罪协商程序中为被追诉人提供免费的律师辩护。有观点认为，应当考虑在认罪认罚从宽制度中推行强制辩护，所有认罪认罚的案件都应被纳入法律援助的范畴，除非被告人明确表示反对，否则应一律提供法律援助，以保证辩护律师诉讼过程的全程有效参与及辩护。[1]笔者赞同此观点，笔者认为，从加强人权司法保障、促进司法公正，发挥律师作用，推动认罪认罚从宽制度运行角度出发，应当完善我国法律援助制度，扩大法律援助的覆盖面，让具有辩护人身份的律师参与认罪认罚，以提高律师参与的质量与效果。同时，细化法律援助指派制度，提高法律援助办案的专业水平，健全法律援助案件质量评估机制，提高法律援助质量。

3. 确立律师辩护最低标准指引

应当发挥行业自律组织的积极作用，提升律师法律服务的整体质量，推动法律服务行业的健康发展。目前，中华全国律师协会颁布实施了《律师办理刑事案件规范》，为全国律师办理刑事案件提供了指导性的规范标准，但就刑事辩护工作而言，这远远是不够的，律师协会有必要为律师会员制定刑事辩护的最低服务质量标准，分别就认罪协商辩护规范、量刑辩护规范、程序辩护规范等作出专门性的指导标准，以便对刑事辩护工作提出更具操作性、指导性的规范，成为有效辩护的最低要求，使有效辩护的要求更加具体化。

三、认罪认罚案件刑事辩护的专业化及建设

（一）权利保障水平提升的意义

在刑事诉讼中，权利保障是一个非常重大和复杂的问题，牵扯到各个诉讼参与人，比如被告人、被害人、证人等的权利保障。当代刑事诉讼以公诉为主要形式，常常表现为被告人与政府间的对抗关系，而个人和国家力量对比悬殊。所以，刑事诉讼中被告人的权利很容易被侵犯，于是，对被追诉人的权利保障成为权利保障的一个重点。

对被追诉人的权利保障核心是对犯罪嫌疑人、被告人辩护权的保障，所以，落实权利保障就要不断深化并完善辩护权的行使，使辩护权发挥其真正的效用。虽然法律规定辩护权的实现可以通过被追诉人自行辩护完成，并在法律上赋予了被追诉人自行辩护的权利，但是，随着刑事诉讼程序日益复杂多变，刑事法律日益专业化，被追诉人所处的地位以及所面临的知识、技能障碍，使得其难以完成自我辩护的目的。犯罪嫌疑人、被告人往往被采取强

---

〔1〕 叶青、吴思远：《认罪认罚从宽制度的逻辑展开》，载《国家检察官学院学报》2017 年第 1 期。

制措施，人身自由受到限制，不可能亲自参与事实调查和收集证据的活动，加之对案件信息掌握的不全面、控辩地位的天然不平等，使得被追诉人处于恐惧、害怕或者愤怒的情绪中，难以客观冷静地应对国家机关的追诉，单靠自我辩护根本无法实现权利保障的目标。所以，辩护权的有效行使以获得律师帮助为核心，由具有专业知识和丰富技能经验的辩护律师参与其中，可以较好地维护刑事被追诉人的合法权益，制约公权力的行使，推动诉讼公正的实现，真正达到权利保障的目的。

获得律师帮助是实现权利保障的最低要求，律师帮助的质量将决定权利保障水平的高低。我国律师制度恢复至今已有 40 余年，在过去很长时间内，律师提供法律服务不区分案件类型，什么业务都可以处理，被称为"万金油式的律师"。这样的律师对每个法律领域都有所了解和触碰，但每个领域都没有精深研究，专业化程度不高，为当事人提供法律服务的质量和有效性可想而知。随着法律服务市场的细分，客户法律意识的提升，对法律服务的质量也自然提出了更高的要求，而刑事辩护关系人的自由乃至生命，对律师的要求则更高。这也就催生了刑事辩护的专业化。近十余年来，刑事辩护开始向专业化迈进，不仅出现了专门办理刑事业务的律师及律师事务所，而且刑事辩护业务本身也出现了细化，有了专门在某一犯罪类型精耕细作的律师。同时，刑事辩护工作流程的专业化、精细化也在逐步被探索和适用。专业化极大地提升了律师辩护工作的质量，也快速积累了律师在刑事辩护领域的经验，对犯罪嫌疑人、被告人的帮助也实现了从"有辩护"到"有质量辩护"的发展过程，权利保障水平得以提升。

（二）专业化建设的基本要素

1. 主体专职化

专业化建设关系到刑事辩护的质量，而"人"则是专业化建设的首要因素。所以，专业化建设的首要问题就是要解决参与主体的专业化，即刑事辩护律师的专业化。

概况而言，刑事辩护律师的专业化应当包含三个层面的要求：一是，刑事辩护应当由具有专业资格的律师提供；二是，刑事辩护的业务要进行专门化分工，形成专门从事刑事业务的律师团队；三是，律师提供刑事法律服务的专业化。

辩护人的专业化意味着只有取得律师资格的人才能从事刑事辩护业务，即法律服务主体的专职化，这是刑事辩护律师专业化的最低要求。随着现代生活的日益纷繁复杂，社会分工的不断细化，法律规定的日益缜密，法律程序的日益完备，非专业人士或者刑事辩护领域的门外汉，包括即使具有法律专业知识，但没有刑事辩护实践经验的律师，都无法有质量地完成刑事辩护代理或相关法律工作。所以，由具有博学知识、刑事辩护技巧、丰富实践经验，并且尽职、智慧的职业律师从事刑事辩护工作，是专业化建设的首要要求。未来法律的修改应当规定刑事辩护均由律师承担，将其他人员排除在辩护人之外，真正实现辩护主体的专职化。

为了评判执业律师是否具备了专门知识，各国都设置了律师资格考试等律师准入制度，但是，是否取得了法律职业资格的律师都能从事刑事辩护业务呢？答案显然是否定的。一方面，刑事案件本身的特殊性决定了不是所有律师都能胜任刑事辩护工作；另一方面，刑事案件关涉国家公权力，刑事辩护的风险远远大于民商事案件，也不是所有律师都愿意从事刑事辩护业务，这也就把一些虽然具备深厚的专业知识和技能，但因为风险的考虑而放弃的人排除在刑事辩护律师的队伍之外。所以，主体专职化不仅仅是取得资格的问题，还要考察律师的才能和道德，这就对刑事辩护律师的准入条件提出了更高的要求。取得资格仅仅是第一步，还要考虑律师在基础知识和技术方面是否受过正规教育，律师对理论知识的掌握程度是否较高，解决问题的能力是否具备，实践知识的运用是否应变自如等。只有律师专职化、专业化，才能实现刑事辩护法律服务的专业化，才能有效保障被追诉人的合法权益，实现对权利的有力保障。

2. 程序标准化

刑事辩护律师的专业化可以推动刑事法律服务的专业化，而刑事法律服务专业化就要求服务的过程标准化、规范化、精细化。当前，刑事辩护的服务过程没有具体的标准和要求，完全取决于律师的个人风格，可以说，目前刑事辩护律师的法律服务方式各异，缺乏规范和标准。虽然，中华全国律师协会制定了《律师办理刑事案件规范》，但这只是一个框架性的指引，并未形成服务内容和过程的相应标准。

要做到刑事法律服务的专业化，就应当制定服务程序的标准流程，使得刑事辩护每个环节的服务都有最低的工作要求，这有助于提升辩护的质量。如以认罪认罚案件为切入点，应当制定辩护服务的全流程标准，包括认罪协商前的会见流程、认罪协商前辩护方案的确定流程、认罪协商中提供辩护的流程、控辩协商一致后审判阶段的服务流程等。同时，要细化每个流程的最低服务内容，如认罪协商前与犯罪嫌疑人至少会见沟通的次数、会见中具体沟通的内容。再如，认罪协商前确定辩护方案的流程，其服务的程序标准至少包括律师向犯罪嫌疑人开示、核实证据；律师对证据的利弊进行分析；律师听取犯罪嫌疑人的意见；律师对证据的分析判断；律师提出辩护方案选择的建议；律师与犯罪嫌疑人就辩护方案达成一致意见等。还比如，律师参与认罪认罚案件的审判环节，也要做到会见、阅卷、再会见、收集发现量刑证据、庭审中开展量刑辩护等工作程序。

3. 规则可视化

要规范律师提供法律服务的质量，就要有相应的规则。俗话说"无规矩不成方圆"。美国律师协会惩戒执行评估委员会前主席罗伯特·B. 麦凯曾经指出惩戒执行制度的作用，"没有律师，也没有当事人，可以对惩戒执行制度漠不关心。如果能够明知、迅捷地执行该程序，它将同样为律师和当事人提供所需要的服务，从而保证令人尊敬的、有效的法律服务"。[1]律师惩戒制度作为律师管理的重要内容之一，就是通过对律师违反执业守则、职业道德甚至触犯法律的行为，依据行业规范和法律要求，承担相应责任的制度，这个规则的设置将有助于规范律师提供法律服务的质量，促进专业化的建设。

首先，惩戒规则的设置是对辩护律师不规范执业的有效规制。律师职业是一个高度自律的职业，这种自律性不仅仅体现在律师自身要严格遵守职业道德、执业纪律，严格依照专业化、规范化的服务流程办案，至少要达到最低服务标准的要求，才能称之为合格的辩护，也才能体现专业化的基本要求。同时，从反向看，外部惩戒规则的建立也是督促辩护律师严格规范执业的一种方式，惩戒不是目的，更重要的目的是促进律师专业化水平的提升。

其次，规则的设置应当与辩护律师工作程序标准相对应，以体现对未达到专业化法律服务要求的监督和管理功能。律师行业内部既需要制定一个辩

---

〔1〕 王进喜：《面向新世纪的律师规制》，中国法制出版社 2016 年版，第 268 页。

护律师最低工作质量标准，用来界定辩护律师的服务质量，界定辩护律师的专业化水平，同时也应当设立专业的惩戒规则，且规则明确、可视，用来对于那些主观上消极辩护的行为进行惩戒，对那些客观上尚未达到专业程度的律师予以劝退，以此来规范辩护律师行业的发展，提升刑事辩护的专业化服务水平。

最后，惩戒规则的设置应当以行业自律组织为主导，对于严重的失范行为，可引入司法审查制度。从我国律师惩戒的发展趋势看，应当逐步向律师协会主导的行业监管模式过渡，行业内部对于律师行为的判断更具专业性和权威性，因为专业规范也是由行业内部制定的。所以，行业自律组织更能准确判断律师的失职或者不当行为，加强对律师专业化、规范化、精细化的引导。

4. 效果可测量

刑事辩护专业化的最终目的是实现对犯罪嫌疑人、被告人合法权利的最大保护，实现辩护的有效性。所以，专业化程度的评价要素之一就是效果的可测量。效果的可测量体现在两个方面，一是认罪认罚案件的有利辩护结果；二是，客户对辩护律师的工作评价。

认罪认罚案件的有利辩护结果，一般体现在以下几个层面：（1）辩护律师的专业化、专职化，合格且称职的辩护律师；（2）律师为量刑协商辩护所做的一切准备工作；（3）辩护律师与委托人的有效沟通和交流；（4）律师有理有据、精细及时的辩护工作的开展；（5）协商结果的非犯罪化处理或者与控方协商达成了一致的共赢结果。通过正向的"过程"加"结果"的标准测量辩护的效果；同时，也可以通过反向的"无效辩护"标准测量辩护效果。如果辩护律师没有在认罪协商的辩护中尽职尽责，或者在协商程序的辩护中存在重大过错或者瑕疵，并因此造成了辩护意见没有得到司法机关的采纳，或者司法机关对委托人作出了不利的裁决时，则可能构成"无效辩护"，辩护效果显然为零甚至是负值。

客户对律师工作的评价，也是效果测量的一种方式。通常情况下，获得了有利的辩护效果自然会获得客户的积极评价，辩护效果没有达到委托人的预期，其对律师的评价自然会降低，但也会存在即使结果不尽如人意，但基于律师提供法律服务的专业化、精细化，客户并不因结果而作出对律师不利的评价。客户评价的方法对促进律师法律服务的专业化，提升辩护效果也具有积极推进的作用。

结　语

认罪认罚从宽制度是我国刑事诉讼中新确立的一项重要制度，也是近些年来刑事诉讼领域热议的话题。但选择认罪认罚从宽制度中的刑事辩护问题作为本书研究主题，并非是为了迎合热门话题，这主要是基于笔者具有较丰富的司法实践经验，希望将理论研究与实践经验相结合，能够提出既具前瞻性，又具操作性的制度构建方案，希望理论研究的结果能够真正推动实践的改变。但由于目前关于认罪认罚从宽制度的研究成果较多，能够在这一制度背景下，对刑事辩护的研究有所创新和突破，也是一个困难的挑战。

在研究过程中，笔者深刻体会到，以权利保障为视角研究认罪认罚从宽制度中的刑事辩护问题，既要对权利的基本理论有正确的认识和理解，弄清其与辩护权的关系，才能清晰研究脉络，明晰本书所研究的主题就是被追诉人的权利保障问题。同时，还要对认罪认罚从宽制度本身有正确认识和理解，才能清楚辩护权在其中的重要性，清楚研究该制度中的刑事辩护的意义。

认罪认罚从宽制度的设置初衷是提高诉讼效率，节约司法资源，但一味追求效率，就会偏离法律的轨道，造成权利保障的缺位，以及对司法公正的质疑，也就损害了制度本身的发展。辩护权在认罪认罚案件中的保障就使得正义与效率能够保持良性互动。通过对辩护权的设置与完善，在保证效率的同时，实现对被追诉人的权利保障，同时也保障了制度存在的正当性，促进认罪认罚从宽制度持久的健康发展。

在写作过程中，由于篇幅及能力所限，论证仍有未到之处。比如，对部分辩护权的理论问题还存在研究不透彻、分析不深入的情况；在对独立认罪认罚协商诉讼程序的设计中，有些程序构建考虑得还不够充分；另外，虽然也认识到认罪认罚从宽制度对被害人权利的影响，其实也是权利保障的内容，但并未纳入文中。以上这些都有待日后继续研究、拓展和深化。

参考文献

一、著作类

1. 《马克思恩格斯选集》（第 1 卷），人民出版社 1995 年版。

2. 《邓小平文选》（第 2 卷），人民出版社 1994 年版。

3. 何勤华主编：《万国公法》，中国政法大学出版社 2002 年版。

4. 杨宇冠等：《完善人权司法保障制度研究》，中国人民公安大学 2016 年版。

5. 杨宇冠、杨晓春编：《联合国刑事司法准则》，中国人民公安大学出版社 2003 年版。

6. 李龙主编：《国家治理与人权保障》，武汉大学出版社 2017 年版。

7. 樊崇义：《刑事诉讼法哲理思维》，中国人民公安大学出版社 2010 年版。

8. 樊崇义主编：《刑事诉讼法学》，中国政法大学出版社 2002 年版。

9. 樊崇义主编：《诉讼原理》，法律出版社 2009 年版。

10. 樊崇义主编：《刑事诉讼法学》，法律出版社 2020 年版。

11. 樊崇义：《刑事诉讼法学方法论》，中国人民公安大学出版社 2020 年版。

12. 马克昌主编：《中国刑事政策学》，武汉大学出版社 1992 年版。

13. 胡云腾主编：《认罪认罚从宽制度的理解与适用》，人民法院出版社 2018 年版。

14. 孙谦主编：《认罪认罚从宽制度实务指南》，中国检察出版社 2019 年版。

15. 卞建林等：《改革开放 40 年法律制度变迁》（刑事诉讼法卷），厦门大学出版社 2019 年版。

16. 顾永忠等：《刑事诉讼程序分流的国际趋势与中国实践》，方志出版社 2018 年版。

17. 顾永忠主编：《中国刑事法律援助面临的机遇、挑战与对策》，中国政法大学出版社 2015 年版。

18. 顾永忠等：《刑事辩护国际标准与中国实践》，北京大学出版社 2012 年版。

19. 孙长永主编：《中国刑事诉讼法制四十年：回顾、反思与展望》，中国政法大学出版社 2021 年版。

20. 左卫民、马静华等：《中国刑事诉讼运行机制实证研究（六）——以新《刑事诉讼法》实施中的重点问题为关注点》，法律出版社 2015 年版。

21. 陈瑞华：《刑事诉讼的中国模式》，法律出版社 2018 年版。

22. 陈瑞华：《刑事辩护的理念》，北京大学出版社 2017 年版。

23. 陈瑞华：《刑事辩护的艺术》，北京大学出版社 2018 年版。

24. 陈瑞华：《程序性制裁理论》，中国法制出版社 2005 年版。

25. 田文昌、陈瑞华对话录：《刑事辩护的中国经验》，北京大学出版社 2012 年版。

26. 熊秋红：《刑事辩护论》，法律出版社 1998 年版。

27. 冀祥德：《控辩平等论》，法律出版社 2018 年版。

28. 魏晓娜：《背叛程序正义：协商性刑事司法研究》，法律出版社 2014 年版。

29. 祁建建：《美国辩诉交易研究》，北京大学出版社 2007 年版。

30. 马明亮：《协商性司法：一种新程序主义理念》，法律出版社 2007 年版。

31. 胡铭等：《认罪认罚从宽制度的实践逻辑》，浙江大学出版社 2020 年版。

32. 施鹏鹏主编：《现代刑事诉讼模式对话与冲突》，中国政法大学出版社 2021 年版。

33. 孙道萃：《认罪认罚从宽制度研究》，中国政法大学出版社 2020 年版。

34. 贺恒扬主编：《检察机关适用认罪认罚从宽制度研究》，中国检察出版社 2020 年版。

35. 陈虎：《刑事程序的深层结构》，中国政法大学出版社 2018 年版。

36. 锁正杰：《刑事程序的法哲学原理》，中国人民公安大学出版社 2002 年版。

37. 岳悍惟：《刑事程序人权的宪法保障》，法律出版社 2010 年版。

38. 江礼华、杨诚主编：《美国刑事诉讼中的辩护》，法律出版社 2001 年版。

39. 刘哲：《认罪认罚 50 讲》，清华大学出版社 2021 年版。

40. 邱昭继、王进、王金霞：《马克思主义与西方法理学》，中国人民大学出版社 2018 年版。

41. 《德国刑事诉讼法典》，岳礼玲、林静译，中国检察出版社 2016 年版。

42. ［美］约翰·朗拜因：《辩诉交易和刑事审判的消失——来自英美和德国法律史的教训》，江溯译，载陈兴良主编：《刑事法评论》第 31 卷，北京大学出版社 2012 年版。

43. ［美］斯蒂芬诺斯·毕贝斯：《庭审之外的辩诉交易》，杨先德、廖钰译，中国法制出版社 2018 年版。

44. ［美］伟恩·R. 拉费弗、杰罗德·H. 伊斯雷尔、南西·J. 金：《刑事诉讼法》下册，卞建林、沙丽金等译，中国政法大学出版社 2003 年版。

45. ［美］乔治·费希尔：《辩诉交易的胜利——美国辩诉交易史》，郭志媛译，中国政法大学出版社 2012 年版。

46. ［日］谷口安平著：《程序的正义与诉讼》（增补本），王亚新、刘荣军译，中国政法大学出版社 2002 年版。

47. ［美］艾伦·德肖微茨著：《最好的辩护》，唐交东译，法律出版社 1994 年版。

48. ［日］田口守一：《刑事诉讼的目的》，张凌、于秀峰译，中国政法大学出版社 2011 年版。

二、论文期刊类

49. 樊崇义：《理性认识"认罪认罚从宽"》，《人民检察》2019 年第 10 期。

50. 樊崇义：《认罪认罚协商程序的独立地位与保障机制》，《国家检察官学院学报》2018 年第 1 期。

51. 樊崇义：《认罪认罚从宽实施必须变主观认定为程序审理》，《人民法治》2019 年第 15 期。

52. 樊崇义：《认罪认罚从宽与无罪辩护》，《人民法治》2019 年第 12 期。

53. 樊崇义：《认罪认罚从宽与刑事证据的运用》，《南海法学》2017 年第 1 期。

54. 樊崇义：《认罪认罚从宽与自首坦白》，《人民法治》2019 年第 1 期。

55. 樊崇义：《认罪认罚从宽与自由证明》，《人民法治》2017 年第 6 期。

56. 樊崇义：《认罪认罚从宽制度与程序选择权》，《人民法治》2019 年第 19 期。

57. 樊崇义：《我国认罪认罚从宽的立法发展与完善》，《人民法治》2019 年第 17 期。

58. 樊崇义：《武汉市汉阳区认罪认罚从宽制度调研报告》，《人民法治》2018 年第 5 期。

59. 樊崇义：《小议法律援助律师与值班律师》，《人民法治》2018 年第 7 期。

60. 樊崇义：《刑事程序繁简分流的几个证据问题思考》，《人民法治》2016 年第 10 期。

61. 樊崇义：《刑事诉讼模式的转型——评〈关于适用认罪认罚从宽制度的指导意见〉》，《中国法律评论》2019 年第 6 期（总第 30 期）。

62. 樊崇义：《值班律师进行时——赴杭州市余杭区调研有感》，《人民法治》2017 年第 12 期。

63. 樊崇义：《值班律师制度的本土叙事：回顾、定位与完善》，《法学杂志》2018 年第 9 期。

64. 樊崇义：《值班律师制度的规范化——湖北省武汉市汉阳区值班律师试点工作纪实》，《人民检察》2018 年第 10 期。

65. 樊崇义：《值班律师制度是实现司法人权保障的重大举措》，《人民法治》2019 年第 11 期。

66. 樊崇义、李思远：《认罪认罚从宽程序中的三个问题》，《人民检察》2016 年第 8 期。

67. 樊崇义、李思远：《认罪认罚从宽制度的理论反思与改革前瞻》，《华东政法大学学报》2017 年第 4 期。

68. 樊崇义、常铮：《认罪认罚从宽制度的司法逻辑与图景》，《华南师范大学学报（社会科学版）》2020 年第 1 期。

69. 樊崇义、徐歌旋：《认罪认罚从宽制度与辩诉交易制度的异同及其启示》，《中州学刊》2017 年 3 月第 3 期（总第 243 期）。

70. 樊崇义、徐歌旋：《证明方法的体系化构建——兼论如何实现认罪认罚从宽的制度初衷》，《北京工业大学学报（社会科学版）》第 19 卷第 5 期。

71. 陈光中：《认罪认罚从宽制度实施问题研究》，《法律适用》2016 年第 11 期。

72. 陈光中、马康：《认罪认罚从宽制度若干重要问题探讨》，《法学》2016 年第 8 期。

73. 孙长永：《认罪认罚从宽制度实施中的五个矛盾及其化解》，《政治与法律》2021 年第 1 期。

74. 孙长永：《认罪认罚案件"量刑从宽"若干问题探讨》，《法律适用》2019 年第 13 期。

75. 孙长永：《认罪认罚从宽制度的基本内涵》，《中国法学》2019 年第 3 期。

76. 孙长永：《比较法视野下认罪认罚案件被告人的上诉权》，《比较法研究》2019 年第 3 期。

77. 孙长永：《完善认罪认罚从宽制度的两个重点》，《人民检察》2018 年第 11 期。

78. 孙长永：《认罪认罚案件的证明标准》，《法学研究》2018 年第 1 期。

79. 孙长永、冯科臻：《认罪认罚案件抗诉问题实证研究——基于 102 份裁判文书的分析》，《西南政法大学学报》2020 年第 4 期。

80. 顾永忠：《量刑协商须以控辩平等为基础》，《人民检察》2020 年第 16 期。

81. 顾永忠：《关于"完善认罪认罚从宽制度"的几个理论问题》，《当代法学》2016 年第 6 期。

82. 顾永忠：《刑事辩护制度改革实证研究》，《中国刑事法杂志》2019 年第 5 期。

83. 顾永忠：《追根溯源：再论值班律师的应然定位》，《法学杂志》2018 年第 9 期。

84. 顾永忠、李逍遥：《论我国值班律师的应然定位》，《湖南科技大学学报（社会科学版）》2017 年第 4 期。

85. 顾永忠、肖沛权：《"完善认罪认罚从宽制度"的亲历观察与思考、建议——基于福清市等地刑事速裁程序中认罪认罚从宽制度的调研》，载《法治研究》2017 年第 1 期。

86. 顾永忠、李竺娉：《论刑事辩护的有效性及其实现条件——兼议"无效辩护"在我国的引入》，《西部法学评论》2008 年第 1 期。

87. 陈卫东：《认罪认罚从宽制度研究》，《中国法学》2016 年第 2 期。

88. 陈卫东：《认罪认罚从宽制度的理论问题再探讨》，《环球法律评论》2020 年第 2 期。

89. 陈卫东：《认罪认罚从宽制度试点中的几个问题》，《国家检察官学院学报》第 25 卷第 1 期。

90. 卞建林、刘华英：《论认罪认罚从宽制度中的律师参与机制》，《河南社会科学》2019 年 2 月第 27 卷第 2 期。

91. 龙宗智：《完善认罪认罚从宽制度的关键是控辩平衡》，《环球法律评论》2020 年第 2 期。

92. 左卫民：《量刑建议的实践机制：实证研究与理论反思》，《当代法学》2020 年第 4 期。

93. 左卫民：《有效辩护还是有效果辩护？》，《法学评论》2019 年第 1 期。

94. 朱孝清：《认罪认罚从宽制度中的几个理论问题》，《法学杂志》2017 年第 9 期。

95. 朱孝清：《认罪认罚从宽制度的几个问题》，《法治研究》2016 年第 5 期。

96. 胡云腾：《完善认罪认罚从宽制度改革的几个问题》，《中国法律评论》2020 年第 3 期。

97. 胡云腾：《正确把握认罪认罚从宽 保证严格公正高效司法》，《人民法院报》2019 年 10 月 24 日，第 5 版。

98. 陈国庆：《量刑建议的若干问题》，《中国刑事法杂志》2019 年第 5 期。

99. 杨立新：《认罪认罚从宽制度理解与适用》，《国家检察官学院学报》2019 年第 1 期。

100. 熊秋红：《比较法视野下的认罪认罚从宽制度——兼论刑事诉讼"第四范式"》，《比较法研究》2019 年第 5 期。

101. 熊秋红：《"两种刑事诉讼程序"中的有效辩护》，《法律适用》2018 年第 3 期。

102. 熊秋红：《审判中心视野下的律师有效辩护》，《当代法学》2017 年第 6 期。

103. 陈瑞华：《有效辩护问题的再思考》，《当代法学》2017 年第 6 期。

104. 陈瑞华：《刑事诉讼的公力合作模式——量刑协商制度在中国的兴起》，《法学论坛》2019 年第 4 期。

105. 陈瑞华：《刑事诉讼的私力合作模式——刑事和解在中国的兴起》，载《中国法学》2006 年第 5 期。

106. 陈瑞华：《论量刑协商的性质和效力》，《中外法学》2020 年第 5 期。

107. 陈瑞华：《辩护律师职业定位的演变与反思》，《中国司法》2019 年第 11 期，总第 239 期。

108. 陈瑞华：《论协同性辩护理论》，《浙江工商大学学报》2018 年第 3 期。

109. 陈瑞华：《认罪认罚从宽制度的若干争议问题》，《中国法学》2017 年第 1 期。

110. 周光权：《量刑的实践及其未来走向》，《中外法学》2020 年第 5 期。

111. 卢建平：《认罪认罚从宽：从政策到制度》，《北京联合大学学报（人文社会科学版）》2017 年 10 月第 15 卷第 4 期总 58 期。

112. 姚莉：《认罪认罚程序中值班律师的角色与功能》，《法商研究》2017 年第 6 期。

113. 韩旭：《2018 年刑诉法中认罪认罚从宽制度》，《法治研究》2019 年第 1 期。

114. 石经海、田恬：《何为实体"从宽"：基于认罪认罚从宽制度顶层设计的解读》，《北方法学》第 13 卷总第 78 期。

115. 张建伟：《认罪认罚从宽处理：中国式的辩诉交易？》，《探索与争鸣》2017 年第 1 期。

116. 张建伟：《协同型司法：认罪认罚从宽制度的诉讼类型分析》，《环球法律评论》2020 年第 2 期。

117. 秦宗文：《认罪认罚从宽制度的效率实质及其实现机制》，《华东政法大学学报》2017年第4期。

118. 秦宗文：《认罪认罚案件被追诉人反悔问题研究》，《内蒙古社会科学（汉文版）》2019年第3期。

119. 闵春雷：《回归权利：认罪认罚从宽制度的适用困境及理论反思》，《法学杂志》2019年第12期。

120. 刘伟琦、刘仁文：《阶梯式从宽量刑不同诉讼阶段的认罪认罚》，《学术论坛》2019年第6期。

121. 吴宏耀：《我国值班律师制度的法律定位及其制度构建》，载《法学杂志》2018年第9期。

122. 魏晓娜：《结构视角下的认罪认罚从宽制度》，《法学家》2019年第2期。

123. 魏晓娜：《冲突与融合：认罪认罚从宽制度的本土化》，《中外法学》2020年第5期。

124. 魏晓娜：《完善认罪认罚从宽制度：中国语境下的关键词展开》，《法学研究》2016年第4期。

125. 胡铭：《认罪协商程序：模式、问题与底线》，《法学》2017年第1期。

126. 万毅：《认罪认罚从宽程序解释和适用中的若干问题》，载《中国刑事法杂志》2019年第3期。

127. 曹东：《论检察机关在认罪认罚从宽制度中的主导作用》，《中国刑事法杂志》2019年第3期。

128. 高童非：《契约模式抑或家长模式？——认罪认罚何以从宽的再反思》，《中国刑事法杂志》2020年第2期。

129. 梁健、鲁日芳：《认罪认罚案件被告人上诉权问题研究》，《法律适用》2020年第2期。

130. 杨宇冠、王洋：《认罪认罚案件量刑建议问题研究》，《浙江工商大学学报》2019年11月第6期，总第159期。

131. 赵菁：《认罪认罚案件上诉问题研究》，《法学论坛》2020年1月第1期（第35卷，总第187期）。

132. 汪海燕：《三重悖离：认罪认罚从宽程序中值班律师制度的困境》，《法学杂志》2019年第12期。

133. 汪海燕：《认罪认罚从宽制度中的检察机关主导责任》，《中国刑事法杂志》2019年第6期。

134. 周新：《认罪认罚从宽制度立法化的重点问题研究》，《中国法学》2018年第6期。

135. 周新：《值班律师参与认罪认罚案件的实践性反思》，《法学论坛》2019年7月第4期（第34卷，总第184期）。

136. 周新：《认罪认罚被追诉人权利保障问题实证研究》，《法商研究》2020 年第 1 期（总第 195 期）。

137. 祁建建：《美国辩诉交易中的有效辩护权》，《比较法研究》2015 年第 6 期。

138. 谢澍：《直面认罪协商制度的"复杂性"——〈庭审之外的辩诉交易〉之方法论启示》，《政法论坛》，第 37 卷第 6 期 2019 年 11 月。

139. 裴苍龄：《辩诉交易"易"什么》，《河北法学》，第 35 卷第 8 期，2017 年 8 月。

140. 王敏远、顾永忠、孙长永：《刑事诉讼法三人谈：认罪认罚从宽制度中的刑事辩护》，《中国法律评论》2020 年第 1 期。

141. 郭松：《认罪认罚从宽制度中的认罪答辩撤回：从法理到实证的考察》，《政法论坛》，第 38 卷第 1 期，2020 年 1 月。

142. 贾宇：《认罪认罚从宽制度 与检察官在刑事诉讼中的主导地位》，《法学评论》2020 年第 3 期（总第 221 期）。

143. 周长军：《认罪认罚从宽制度推行中的选择性不起诉》，《政法论丛》，2019 年 10 月第 5 期。

144. 刘军、潘丙永：《认罪认罚从宽主体性协商的制度构建》，《山东大学学报（哲学社会科学版）》2020 年第 2 期。

145. 董坤：《认罪认罚从宽制度下"认罪"问题的实践分析》，《内蒙古社会科学（汉文版）》2017 年第 5 期。

146. 董坤：《认罪认罚从宽中的特殊不起诉》，《法学研究》2019 年第 6 期。

147. 孔令勇：《认罪认罚辩护的理论反思——基于刑事速裁案件辩护经验的分析》，《刑事法评论》2017 年第 2 期。

148. 贾志强：《论"认罪认罚案件"中的有效辩护——以诉讼合意为视角》，《政法论坛》2018 年 3 月第 36 卷第 2 期。

149. 李奋飞：《中国律师业的"格局"之辩——以辩护领域的定性研究为基点》，《政法论坛》2017 年 7 月第 35 卷第 4 期。

150. 张泽涛：《认罪认罚从宽制度立法目的的波动化及其定位回归》，《法学杂志》2019 年第 10 期。

151. 赵恒：《"认罪认罚从宽"内涵再辨析》，《法学评论》2019 年第 4 期（总第 216 期）。

152. 孙道萃：《我国刑事司法智能化的知识解构与应对逻辑》，《当代法学》2019 年第 3 期。

153. 孙道萃：《我国定罪理论体系构造的设想》，《内蒙古社会科学（汉文版）》2016 年第 1 期。

154. 向燕：《我国认罪认罚从宽制度的两难困境及其破解》，《法制与社会发展》2018 年第 4 期。

155. 张智辉：《认罪认罚从宽制度适用的几个误区》，《法治研究》2021 年第 1 期。

156. 黄京平：《认罪认罚从宽制度的若干实体法问题》，《中国法学》2017 年第 5 期。

157. 王戬：《认罪认罚从宽的程序性推进》，《华东政法大学学报》2017 年第 4 期。

158. 王飞：《论认罪认罚协商机制的构建——对认罪认罚从宽制度试点中的问题的检讨与反思》，《政治与法律》2018 年第 9 期。

159. 叶青、吴思远：《认罪认罚从宽制度的逻辑展开》，《国家检察官学院学报》2017 年第 1 期。

160. 李振杰：《困境与出路：认罪认罚从宽制度下的量刑建议精准化》，《华东政法大学学报》2021 年第 1 期。

161. 彭江辉：《有效辩护与辩护质量——美国有效辩护制度窥探》，《湘潭大学学报（哲学社会科学版）》2015 年第 4 期。

162. 陈金金：《中国式认罪协商制度中可协商内容的构建》，《人民法治》2017 年第 1 期。

163. 林劲松、朱珏：《对法官庭外调查权的反思——从刑事诉讼价值角度的分析》，《中国刑事法杂志》2002 年第 3 期。

164. 石泰峰：《法治的核心价值是尊重和保障人权》，《学习月刊》2010 年第 13 期。

165. 李璐军：《"人权司法保障"的语义分析》，《华东政法大学学报》2019 年第 4 期。

166. 江国华：《新中国 70 年人权司法的发展与成就》，《现代法学》2019 年 11 月，第 41 卷第 6 期。

167. 史立梅：《美国有罪答辩的事实基础制度对我国的启示》，《国家检察官学院学报》2017 年第 1 期。

后　记

本书是在我的博士论文基础上修订而成。

"千秋邈矣独留我，百战归来再读书"，这是我决定重返校园的初衷，也是我收到法大博士研究生录取通知书时对自己的寄语。如今夙愿已成，而暖暖的回忆和满满的收获对我的未来仍是不竭的鼓舞与鞭策。

2018年是我专业从事刑事辩护的第十个年头，事业上略有所成，但也进入了难以逾越的瓶颈期——未来路，该如何走？在我踌躇不安时，敬爱的恩师樊崇义先生为我指点了人生与事业的新航向，先生建议我回校深造，一方面为专业刑事辩护加强宽广扎实的理论根基，另一方面从刑事辩护视角为刑事诉讼理论研究提供有益的实践支撑。承蒙恩师引领教化，令我的人生中增添了这段返校求学的宝贵经历。

在恩师悉心教诲下，面对富有挑战性的研究课题、理论联系实际的学习方式、高标准高质量的学术要求，我求知若渴、精研深思。但毕竟离开校园十多年，严谨艰深的治学过程也伴随着自我突破的巨大压力。在这场对心性的考验与磨练中，恩师的一席话"既然选择重返校园，就要放下一切杂念，心无旁骛地研究问题，踏踏实实地做好学问"始终萦绕在我心头。我立下目标——充分发挥丰富的实务经验优势，努力做好刑事诉讼专业课题研究；为了实现目标，我告别嘈杂喧嚣，回归宁静平和，须臾不可敷衍，丝毫不能懈息。

梅花香自苦寒来，我的博士论文选题也经历了一番曲折。作为樊崇义教授在法大招生的最后一名博士研究生，恩师对我的期望很高、要求更严。一段时期以来，理论界对刑事辩护制度的系统性研究并不多见，已有的研究成果距今也较为久远，而将刑事辩护制度蕴含的法理上升到哲学高度进行研究更为鲜见。鉴于此，恩师希望我结合刑事辩护实务经验，从哲理角度对刑事辩护制度作系统研究。这对研究者的诉讼法理论功底，特别是哲学理论水平要求很高。我曾多次尝试破题，但因课题体系庞大，哲理根基不足，又恐难在规定时间内高质量完成。正当我对论文选题纠结迷茫时，恩师再次给我指点迷津，提出要扬长避短、发挥优势，坚持研究刑事辩护，但不必过于宏大，可聚焦于具体问题，在某项具体制度下进行研究。此时，恰逢2018年10月《刑事诉讼法》修订，将认罪认罚从宽制度正式写入《刑事诉讼法》，在全国范围内统一适用。早在试点期间，认罪认罚从宽制度就是理论界研究的热点，相关研究成果不少，但入法后应如何发展尚需考察；此外，关于该制度的研究虽涉及面广，但成果比较分散，专注于系统研究刑事辩护的较少。经恩师点拨启迪，发挥自己长期专业从事刑事辩护的经验优势，并具有搜集一手素材的便利条件，遂确定将《认罪认罚从宽制度中的刑事辩护问题研究》作为我的博士论文选题。

博士论文的写作是一个"痛并快乐"的过程。从素材搜集到框架定型，从初稿修改、终稿审校，前后历时两年多时光。其间有百思不得其解的困惑、感觉无从下笔的苦恼，也有思如泉涌的兴奋及得到恩师首肯时的喜悦。当论文答辩获得全票通过时，一切付出都是值得的。

博士论文的完成及出版，要特别感谢恩师樊崇义先生。多年来，樊崇义教授为我提供了难得的学习实践机会，并给予我耐心细致的指导。在博士论文写作阶段，从选题到开题确定大纲和思路，再到初稿后不断调整、修改，倾注了恩师极大的心血。初稿完成后，恩师指导我对论文逐章逐节修改，提出从结构到表述的诸多建议，带领我对研究主题持续加深认识。先生的精神境界、人格风范、学识修养让我深深感受到，师从先生是我的幸运和自豪！

衷心感谢我敬爱的师母——韩象乾教授。韩教授学识渊博、为人谦和，对每一位学生的关爱如同自己的孩子。我和同学们每次到老师家中求教时，韩教授和蔼可亲、盛情难却，为我们沏茶倒水、准备水果，还常常邀请我们在家中吃饭。恩师偶尔对我稍稍"严厉"，韩教授又担心我有压力，语重心长地鼓励我"既然选择读博士，就要认认真真地读、真正学些东西"。遗憾的是，在我写下这篇后记时，韩象乾教授永远离开了我们，但师母的音容笑貌我会永远铭记在心，感恩一生！谨以点滴文字表达对师母的敬意和感恩，永远怀念我们敬爱的韩教授！

感谢中国政法大学人权研究院及院里的各位老师们。法大人权研究院是我人生再次提升的摇篮，三年半的学习生活中，法大人权研究院的老师们帮助我在人权理论方面获得提升，让我对辩护权作为一项重要的人权有了更深刻的理解，我能够在博士论文中更好地将辩护权与人权相结合正是得益于此。感谢博士论文答辩委员会的各位老师！当答辩委员会宣布"全票同意通过答辩，建议授予博士学位"时，我的泪水夺眶而出。感谢预答辩以及正式答辩时各位老师提出的宝贵修改意见，使得我的博士论文不断得以完善。还要感谢我的师兄中国政法大学孙道萃副教授的无私帮助，为我的博士论文提出了有益建议，并在写作过程中给予了巨大的帮助。感谢很多默默支持我的同事和朋友们，正是你们的支持和鼓励让我得以顺利完成学业。感谢我的家人，我的父母、先生和儿子，他们为我解决后顾之忧，让我安心治学，他们是我不断进步的动力源泉。

博士论文完成标志着我博士学习研究生活的结束，同时也是未来学术研究和实践的开始。这是对我三年多以来学习和十几年刑事辩护经验的总结与思考，也是我对一些实践问题的见解和建议，期望能够对司法改革发展有所裨益。我深知，论文中有一些问题的思考还不够深入，论证还不够充分，但我从三年多的时光中领悟到，深入的理论研究可以为实践进步提供更多的思路和借鉴，勤学善思、修身养性是法律人应有的品质，而我也要继续训练自己的理论素养，继续在理论与实践的相互关照中为中国特色社会主义法治建设贡献绵薄之力。

是为后记！

常　铮

2022 年 10 月 1 日